마작하는 공자 옆에 스타하는 플라톤

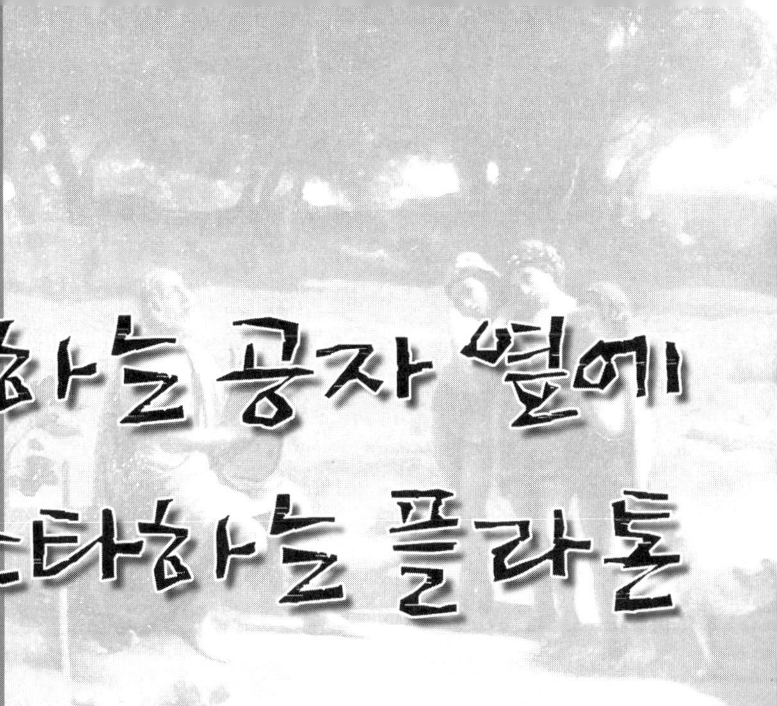

한올출판사

머리말

마작하는 공자 옆에 스타하는 플라톤. 이것은 동양인과 서양인의 사상의 차이점을 보여준다. 만일 공자와 플라톤이 살아있다면 공자는 수천 년 전부터 내려오는 마작을 그대로 할 것이고 플라톤은 스타크래프트를 할 것이다. 이것은 동양인들은 주변 환경의 변화를 추구하지 않고 그대로 과거의 풍습을 답습할 것이고 서양인들은 빨리 주변 환경에 변화를 맞추어 나갈 것이다.

왜 서양사회가 동양사회보다 앞서 나가는가? 여기에 대한 답은 간단하다. 서양인들이 동양인들보다 진보적인 사고를 가지고 있기 때문이다. 서양의 역사는 광란의 역사이다. 이 말은 서양은 발전을 위해서 지속적인 개혁을 추구해 나가고 있다. 반면에 동양은 서양에 비해서 개혁의 고삐를 항상 늦추어 왔다.

인류의 역사는 부족한 것을 서로 가지기 위한 투쟁의 역사인 것이다. 만일 인간이 부족하지 않고 완전한 상태에서 인간으로 지구상에서 존재하고 있다면 인류의 역사는 달라졌을 것이다. 따라서 부족한 것을 서로 가지기 위해서 인간 사이의 갈등이 생기게 되었다.

토마스 홉스는 자연 상태에서 인간을 만인의 만인에 대한 투쟁의 역사라고 규정하고 있다. 99개를 가지 사람이 1개 가진 사람의 것을 빼앗아서 100개를 채우려고 하는 것이 인간의 심리인 것이다. 사르트르에 의하면 인간의 무의식의 내면에는 항상 부족한 것이 존재하고 있다. 죽는 날까지 항상 필요한 것을 메우기 위해서 끊임없는 노력을 하고 있는 본능이 잠재해 있다. 실재로 인간은 99퍼센트의 풍부한 생활을 하고 있어도 만족해하지 못하며 나머지 부족한 1퍼센트의 목적을 달성하기 위해서 끊임없는 노력을 하고 있는 것이다.

이러한 인간의 무한한 욕망은 인간 사이에 갈등을 초래하고 자신이 가지고 있는 것에다 더 많은 것을 차지하려는 욕망이 존재하고 있다. 인간사회는 다른 사람보다 많이 가진 것을 유지해 나가려는 집단과많이 가진 자로부터 빼앗으려는 덜 가진 집단의 양자 간의 갈등현상이인류의역사를 만들어 나가고 있다.

진보와 보수의 역사는 인류가 사회를 형성하면서 시작 되었다. 보수는 인간의 사유재산과 생명문제, 남녀 간의 차별문제, 인간 개인 간의 능력문제, 소수 엘리트 통치문제, 인간존재의 불완전성 등에 있어서 그대로 유지해 나가면서 기득권을 지키려는 성향을 보수주의라고 한다. 반면에 진보는 사회의 급격한 변혁을 통해서 기득권층이 가지고 있는 특권을 빼앗아서 고루 고루 분배하자는 성향을 진보주의라고 규정할 수 있다.

보수와 진보간의 작용과 반작용을 되풀이 하면서 인간사회는 발전을 거듭해 오고 있는 것이다. 진보는 큰 그림을 그리겠다는 이상주의적 접근법을 사용하고 있다. 또한 추상적인 사고방식을 가지고 있다. 반면에 보수는 현실적인 접근법과 눈앞에 보이는 구체적인 생각을 가지고 있다.

보수는 역사를 옆으로 나가지 못 하게하는 현상유지를 바탕으로 한 발전을 원한다. 반면에 진보는 역사를 바로 한 단계 높이 끌어 올려보려고 노력한다. 진보로 인해서 인류의 역사는 내적인 면에서나 외적인 면에서 많은 발전을 했다. 그러나 보수는 인류의 역사가 진보로 인해 옆으로 급속하게 나가서 인류를 파멸의 길로 나가는 것을 막아 주는 제동장치 역할을 해서 인류의 발전에 공헌 해왔다.

만일에 보수 없이 진보만이 인류의 역사를 이끌어 왔다면 인류의 역사는 어떻게 되었을까? 경제학자 조셉 슘페터는 발전을 위해서는 창조적인 파괴가 절대적으로 필요하다고 한다. 진보는 인류의 모험과 파괴라는 개혁과 혁명을 항상 동반하고 있다. 개혁과 혁명은 인간사회를 혼란에 빠질 위험을 가지고 있다.

보수는 개혁과 혁명에 대해서 제동을 거는 브레이크 역할을 하고 왔기 때문에 인류가 파멸의 역사가 아닌 발전의 역사를 만들어 나가는데 중요한 역할을 하고 있는 것이다.

인류의 역사는 대부분의 기간 동안 보수 세력이 역사를 이끌어 왔다. 진보에 의해서 시작된 역사는 안정을 찾으면서 보수그룹에 의해서 역사를 이끌어 가면서 서서히 대다수 국민의 지지를 받기 시작한다. 보수화 사회에서는 기득권층이 다수의 국민을 착취하면서 다시 진보주의자들에 의한 혁명이 요구되면서 사회는 혼란기에 빠진다.

무정부 상태에서 혼란한 사회는 얼마 후 안정을 찾으면서 역사는 인류를 위해서 한 단계 발전을 더 하게 된다. 혼란한 사회에서 안정된 사회로 들어서면서 기득권층인 보수 세력이 다시 등장하면서 사회를 이끌어 나가게 된다. 인간의 역사는 이렇게 보수와 진보의 연속을 되풀이 하면서 발전을 거듭해 오고 있는 것이다. 여성 정치 철학자인 한나 아렌트는 그녀의 저서 전체주의에서 혁명의 사이클을 주장하고 있다.

인류의 역사는 광란의 역사이다. 이러한 광란의 역사 속에서 인류의 발전을 위해서 역사를 앞서간 진보주의자들은 역사적으로 그들의 업적을 높이 평가하여야만 한다. 그들은 그들의 생명과 모든 명예를 담보로 하여 역사에 도전한 인물들이다. 역사에 앞서간 인물들은 기존의 역사와는 화해하기를 거부한 인물들이다.

이 책은 서양의 고대 그리스시대부터 현대에 이르기까지 인류역사의 획기적인 발전에기여한 진보주의의 전도사들의 사상을 시대별로 분류하여 그들의 사상과 역사적인 기여를 설명하고 있다. 이 책은 이론적인 측면을 견지하면서도 현실적인 관점을 고려하고 있어 현재 한국사회에서 논란의 대상이 되고 있는 보수냐 진보냐의 대립양상에도 시사하는 바가 크다.

동양사회의 기본사상을 형성하고 있는 공자와 맹자의 사상인 공맹사상에 비유되는 서양사회의 사상의 기반을 제공했던 그리스 도시국가 시대의 플라톤과 아리스토텔레스의 진보적 사상을 다루고 있다.

중세 신 중심사회에서 교황 권에 도전하여 부패된 교황중심의 사회를 정화시키는데 절대적인 역할을 한 마르틴 루터, 인류의 삼대혁명인 명예혁명에 이론적인 뒷받침을 제공한 토마스 홉스, 미국혁명과 미국헌법의 기초를 제공한 존 로크, 프랑스 혁명을 일으킨 원동력을 마련한 장 자크 루소 등의 역사적인 진보주의적 인물을 다루고 있다.

인류 철학사에 획기적인 변화를 가져온 헤겔과 전 세계 인류의 삼분의 일에 해당하는 공산주의 사상을 만든 칼 마르크스의 사상은 인류의 역사를 한 단계 끌어올린 진보의 전도사임에 틀림없다. 마르크스와 헤겔의 사상은 사르트르와 마르쿠제 등 현대의 위대한 사상가들을 탄생시키는데 결정적인 역할을 하였다.

한국의 경우는 해방 후 처음으로 진보정당인 민주노동당이 제도권에 진입하는데 성공하였다. 우리나라는 현재 진보냐 보수냐를 두고서 치열한 공방을 벌이고 있다. 이 책은 광란의 역사 속에서인류의 역사를 발전시킨 진보주의자들의 사상을 논하고 있다.

이책은 이들 진보주의 사상가들의 사상과 현재 우리나라가 처해 있는 입장을 접목시켜서 문제를 해결해 나가는데 도움이 되리라고 기대한다. 또한 세계화시대에 서양의 진보주의 사상가들의 사상과 서양의 진보역사와 문화를 이해함으로써 우리가 나가는 방향에 지침서가 되리라고 기대한다.

이 책의 출간을 위해 힘써주신 많은 분들께 감사의 말씀을 드린다. 특히 많은 조언을 해준 딸 영민에게 감사를 드린다. 또한 이 책의 출판을 위해 끝까지 수고해 주신 한올 출판사 임순재 사장님과 최혜숙 실장님 이하 출판사 여러분께 감사를 드린다.

2006 년 5 월

화창한 봄날 개화산 기슭에서

조해경

차 례

서 문

제1장
서양초기의 진보의 전도사들

제2장
후기 그리스 사회에서 진보적 사상의 전도사들

제3장

헬레니즘 시대와 초기 로마사회에 대항한 진보주의의 전도사들

제4장

중세 신 중심 사회의 진보주의 전도사들

제5장

근대 서양 3대 혁명을 주도한 진보주의 전도사들

제6장

현대 복지사회의 기초를 만든 진보주의의 창시자들

제7장

현대 이상주의 사회를 위한 혁명을 주도한 진보의 전도사들

결 론

서 문

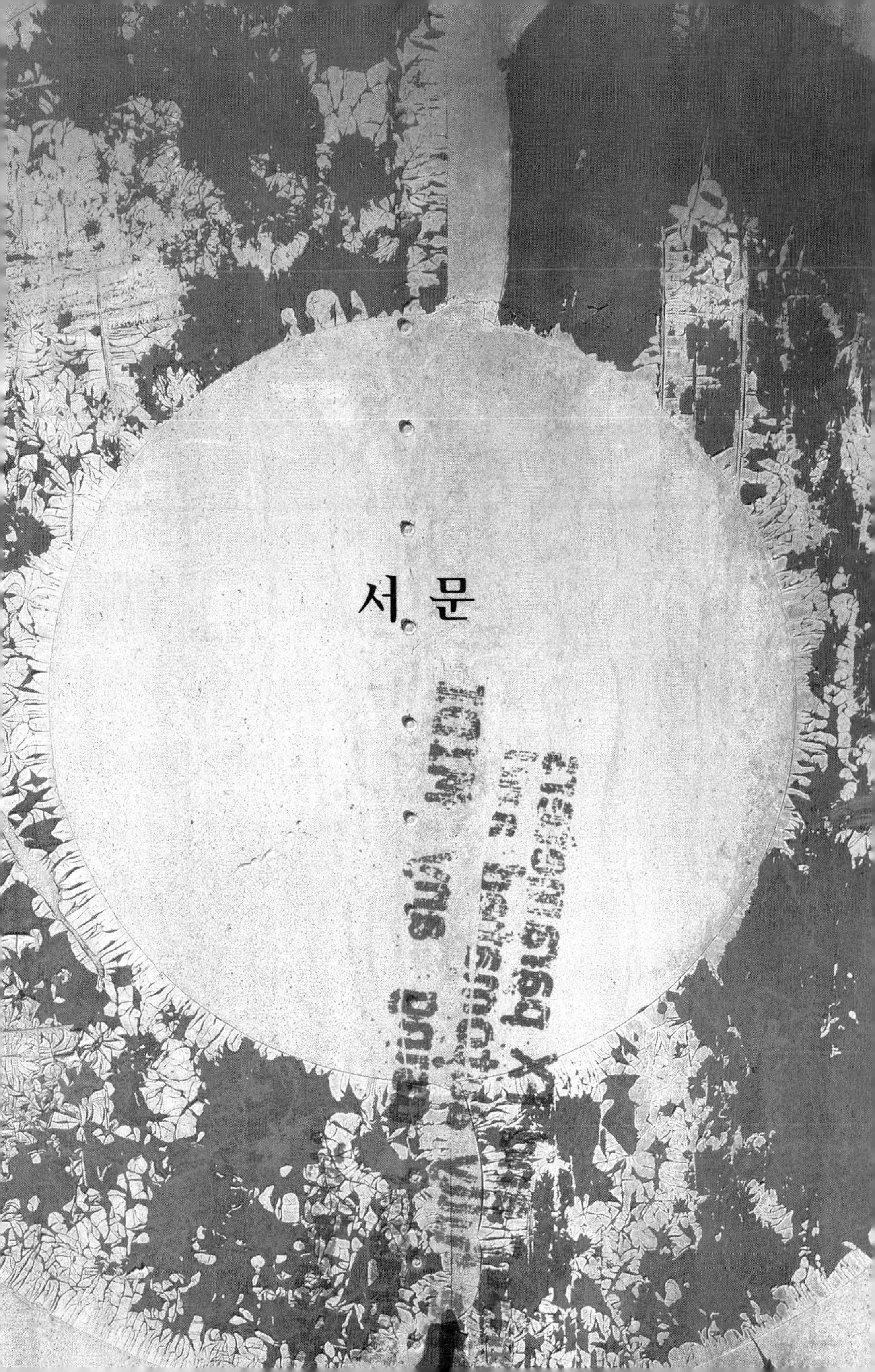

진보와 역사

칼 마르크스는 인류의 역사를 인간과 인간사이의 필요에 의한 노동의 작용과 반작용의 연속이라고 정의를 내리고 있다. 인류의 역사는 인간과 인간 사이에서 서로 필요에 의해서 일차 집단인 혈연집단에서 이차집단인 도시와 국가를 형성하면서 시작되었다. 인간은 부족한 것을 매우기 위해서 행동을 하면 거기에 대응해서 반작용이 반드시 따르게 된다. 이렇게 필요한 것을 찾아서 행동을 하면 거기에 맞추어서 반작용으로 행동이 뒤따르게 마련이다. 이러한 인간의 작용과 반작용의 끊임없는 연속을 역사라고 규정할 수가 있다.

실존주의 사상가 사르트르는 "인간은 태어날 때는 동그라미나 네모 모양의 빈 통을 가지고 태어났기 때문에 그 빈 통을 채우는데 따라서 계속해서 변화되어 지고 있다는 것이다. 사르트르의 주장은 인간이 본질은 어떤 모양을 하고 태어나든지 현재 인간이 실제로 존재하는 모습이 본인의 실제 모습이라는 실존은 본질에 앞선다." 라는 유명한 실존주의를 만들었다.

사르트르에 의하면 인간은 부족한 부분을 영원히 채우지를 못하면서 죽는 날까지 그 부족한 부분을 채우기 위해서 끊임없는 변화를 추구해나간다는 것이다. 인간은 실제로 누구나 자신의 행위에 대해서 만족하지 못하며 만족한다고 하더라도 또 다른 만족을 추구하기 위해서 끊임없는 변화의 노력을 추구해 나가고 있는 것이다.

공리주의사상의 대부인 존 스튜어트 밀은 만족스러운 돼지 보다는 불만족한 소크라테스가 되라고 했다. 이 말은 인간은 개인과 사회 발전의 원동력이 바로 인간의 불만족에서 시작된다는 것이다. 인간이 동물과 다르게 고도의 문화와 문명을 창조한 근원을 인간의 끊임없는 불만족에 있다는 것이다. 그러면 인간의 본질은 무엇인가?

실제로 인간은 목과 다리를 자르고 몸속의 심장을 도려내서 나눌 수 있는데까지 나누고 나면 무엇이 남으며 무엇이 인간이라고 단정할 수가 있는가?

인간이 단지 알 수 있는 것은 과학적인 방법이라고 말할 수 있다. 과학적으로 인간은 단지 단백질 덩어리에 불과하다고 말할 수 있다. 그러나 인간이 단지 단백질 덩어리라고 규정해 버릴 수는 없는 것이다. 인간의 본질규명에 대해서는 수 천 년을 두고서 철학자들이 해명하려고 노력하고 있지만 아직도 연구의 대상으로 실마리를 찾지 못하고 있다.

좁은 관점에서 인간의 본질은 다른 동물들이 구성하고 있는 단백질이 아닌 많은 다른 것을 가지고 있다. 그중에서도 인간이 다른 동물과 다른 점은 아리스토텔레스가 말한 것처럼 인간은 정치성을 가지고 있는 정치적 동물이라는 것이다. 오늘날 인간이 다른 동물과 다르게 문명이 발달한 이유가 바로 정치적인 성향 때문이다.

인간은 정치적 동물이기 때문에 정치와는 한시라도 벗어나서는 살 수가 없다. 인간은 정치라는 테두리 속에서 살아야만 하는 운명을 타고 태어난 것이다.

사회 사상가이자 불란서 혁명에 절대적 영향력을 행사한 장자크 루소는 그의 유명한 고상한 야만인에서 인간사회의 모든 것이 정치로 시작해서 정치로 끝난다고 하고 있다. 루소는 그의 사회계약론에서 인간은 자연 상태에서는 고상한 야만인으로 최고의 인간본성을 유지해 나갈 수가 있다. 그러나 인간은 타고나는 순간부터 쇠사슬에 묶여서 사회생활을 하지 않으면 안 되게 되어 있다는 것이다.

루소에 의하면 우리인간은 자연으로 돌아가야만 가장 행복한 삶을 누릴 수가 있다. 그러나 인간은 사회생활을 해야 만하는 운명을 타고 난 것이기 때문에 타락하고 부패한 집단속에서 통치자와 통치당하는 국민으로 분리되어서 사회를 운영해 나가고 있는 것이다. 루소는 그를 무명에서 일약 석학의 자리에 올려놓은 그의 유명한 논문인 인간불평등 기원론은 보수와 진보의 역사를 명백하게 보여주는 것이다.

인간은 사회를 형성하면서부터 남성과 여성의 능력의 차별인 성의 차별, 경제적으로 가진 자와 못가진자의 차이의 사유재산상의 문제, 사회활동 능력에 의한 인간능력의 불평등, 소수엘리트에 의한 사회지배, 인간의 불완전성 등으로 인해서 보수주의와 진보주의는 명백하게 나타난다. 이러한 사회의 불평등과 모순을 개선해 나가는데 사회의 태두리 범위 내에서 점진적인 변화를 추구하느냐 또는 급진적인 변화를 추구하고자 하는가를 방법과 생각에 의해서 우리는 보수와 진보를 어느 정도는 구분한다.

우리 인류의 역사는 바로 통치자와 피통치자 사이에서 서로의 필요에 의한 작용과 반작용의 연속인 것이다. 혈연집단인 가족으로부터 이차집단인 도시국가를 형성하면서부터 인간은 행동의 구속과 제약을 받기 시작하였다. 비록 행동의 구속과 제약이 있더라도 인간은 스스로 즐겁게 그 길을 택하고 있는 것이다. 그것은 인간이 더 큰 행복을 위해서 스스로 구속과 제약을 허용한 것이다.

인간은 어느 순간에는 내가 가지고 있는 권리가 내어준 것보다 훨씬 적으며 통치자로부터 침해를 받고 있다는 것을 문득 의식할 때가 자주 있다. 만일에 본인이 기득권층에 속한다고 생각한다면 이러한 생각이 덜날 것이다. 그러나 본인 스스로 판단하는 과정에서 본인이 기득권층에 속하지 못한다고 생각한다면 본인의 권리침해에 대한 피해의식이 자주 살아날 것이다.

인간이 조직과 집단속에서 자신의 권리를 양도하고서 만족을 얻는 경우와 만족을 얻지 못하는 경우의 두 종류로 나누어 생각할 수가 있다. 인간이 조직사회에서 어느 정도의 만족을 얻는 경우는 우리는 기득권층이라고 부른다. 기득권층은 사회계층적인 차원에서 대부분 중류이상의 사회계급을 형성하고 있다. 반면에 자신의 권리를 양도하고서도 만족을 얻지 못하는 계층은 하위계층의 계급을 형성하고 있다.

인간이 조직사회를 형성하면서 기득권층과 피 기득권층으로 분류되면서 사회계층간의 갈등이 일어나기 시작하였다. 진보적 성향과 보수적 성향이란 조직과 개인 모두에서 분류될 수가 있다. 일반적으로 정당이나 개인 등에서도 진보와 보수는 뚜렷이 분류된다.

보수적인 성향이란 조직이나 개인에 대해서 급격한 변화를 원하지 않으며 점진적인 변화를 원하는 것을 보수적인 성향이라고 할 수 있다. 반면에 진보적 성향이란 조직과 개인에 대해서 급격한 변화를 원하는 성향을 진보적인 성향이라고 규정할 수가 있다.

개인적으로 볼 때 나이가 들면 들수록 대체로 보수적인 성향으로 바뀌게 되며 오래되고 안정되고 체계가 잡힌 사회가 보수적인 성향이 있다. 반면 개인적으로 나이가 젊고 사회의 체계가 잡히지 않은 사회일수록 진보적인 성향이 강하다고 생각할 수 있다.

민주주의 체제를 유지하는 국가에서도 체계가 잡혀나가면 나갈수록 보수화 성향을 나타내게 된다. 현재의 미국의 경우 공화당과 민주당 모두가 보수적인 색체가 강하게 나타나고 있다.

미국의 공화당과 민주당은 본질적으로는 민주당은 진보적인 성향이 강하고 공화당은 보수적인 성향이 강한 색체를 띠고 있었다. 그러나 현재는 두 개의 정당이 동전 한입을 앞과 뒤로 뒤집어 놓을 만큼 차이가 없어지고 있다. 이것은 미국도 서서히 사회가 보수적인 사회로 변화를 거듭하고 있으며 민주당과 보수당이 모두 보수 양당체제로 자리를 완전히 굳혀 가고 있다는 것을 의미한다.

역사적으로 진보와 보수는 언제부터 생겼으며 어떻게 분리를 하여야 할까?

우리 인간의 역사는 사회를 형성하면서부터 진보와 보수가 형성되어 졌다고 할 수 있다. 보수라면 영어로 conservatism이며 진보는 liberalism 또는 Progressivism 이라고 말 할 수 있다. 보수라는 말의 의미는 어느 정도 윤곽이 드러난 상태에서 공감대를 형성해 나간다고 할 수 있다. 그러나 진보라는 의미는 여러 가지 의미를 가지고 있기 때문에 역사적인 차원에서 진보를 규명하는 일은 쉽지가 않다.

학자들 간에도 진보라는 의미는 혼미한 상태에 있다. 진보와 보수를 구분할 수 있는 카테고리를 어디에 잡을 것 인가부터가 문제이다. 일반적인 진보와 보수에 대한 카테고리는 인간의 불평등, 능력 있는 소수의 통치, 사유재산의 신성불가침, 이성에 대한 불신, 인간존재의 불완전성 등을 들 수가 있다.

진보와 보수에 대한 개념은 사회와 시대에 따라서 달라질 수가 있다. 또한 사회체제에 따라서 보수는 무분별한 진보에 대한 신중하게 제동을 거는 브레이크장치로 생각 될 수도 있다.

일반적으로 진보와 보수는 인간의 어느 시대 어느 국가에도 존재해 나오고 있다. 인간의 개인 자신을 보더라도 개인의 환경에 의해서 보수적인 사상에서 진보적인 사상으로 바뀌게 된다.

국가도 마찬가지 이다. 국가가 불안정한 시기에는 진보적인 성향의 국가의 모습을 보인다. 그러나 국가가 점차적으로 안정된 국가로 변하게 되면 보수적인 성향을 띠는 국가로 된다. 세계 유일 초강대국 미국의 경우 영국으로부터 독립 초기에는 종주국 영국 보다는 진보적 성향의 국가 이였다. 그러나 점차적으로 보수화 경향으로 흘러서 미국도 현재는 보수적인 국가로 분류된다.

서구 역사를 통해서 진보와 보수에 대한 견해는 다양하다고 할 수가 있다. 일반적으로 서양사의 경우 진보의 역사는 불란서 혁명을 전후해서 진보와 보수를 구분하는 경향이 생겨났다.

영국의 사상가이자 보수주의의 대명사인 에드먼드 버크를 우리는 보수주의 대명사로 부른다. 버크하면 우선 정치인이자 사상가로서 불란서 혁명에 대해서 부정적인 시각을 가지고 반대를 한 대표적인 인물이다.

버크의 대표작인 불란서 혁명에 관한 고찰에서 불란서에서 사회변화를 혁명에 의한 급진적인 변화를 원하지 않고 있다. 버크는 사회의 변화를 급진적이 아닌 점진적인 방법에 의한 변화를 요구하고 있다. 진보적인 사상은 사회변화를 요구하는 과정에서 보수보다는 과격한 변화를 요구하고 있다. 당시 불란서 혁명이 과격한 방법으로 진행되자 구라파 각국들은 그 파장이 다른 국가에까지 미치는 것을 염려하여 국가들이 연합군을 보내 혁명을 진압 하려고까지 생각하게 되는 단계에까지 갔다.

그러나 불란서 혁명을 계기로 확실하게 구분된 진보와 보수주의는 이미 그보다 수 천 년 전에 모태를 형성하고 있었다. 일반적으로 현재의 서양인들의 사상의 모태를 형성하고 있는 사상은 고대 그리스 시대에 형성되었다. 그리스 도시국가 시대의 아리스토텔레스, 플라톤, 소크라테스의 사상이 현재 구라파인들의 사회 문화적 사상을 형성하고 있다. 현재 우리나라의 사회문화적 사상의 뿌리를 형성하고 있는 공맹사상을 바탕으로 한 유교문화와 같은 맥락에서 생각할 수 있다.

플라톤과 아리스토텔레스 이전에 이미 인류가 1차 집단인 혈연집단을 벗어나서 2차의 이익집단인 도시사회 문화를 형성하면서 역사는 진보와 보수의 대결 구도의 장으로 형성되었다. 이미 기원전 수천 년 전에 초창기 서양사회에서는 보수와 진보의 대결구도를 형성하였다.

보수와 진보의 대결구도는 지역적으로 보아도 교통이 편리하고 외부의 사람들이 잦았던 곳에 위치해 있던 곳은 일반적으로 사회전체가 진보적인 성향의 집단을 형성하였다. 그 반면 외부와의 교통이 원활하지 못한 곳은 보수적인 성향이 강했다.

사상적인 면에서도 초기 그리스 시대는 연구의 대상이 인간이 생활에 필요한 요소를 연구대상으로 삼았다. 사실상 인간 자체가 무엇이며 무엇을 위해서 살며 어디를 향해서 가고 있는가를 연구하는 것보다는 인간을 둘러싸고 있으며 인간에게 필요한 요소를 대상으로 연구하기 시작했다.

인간주변에 있는 자연을 연구대상으로 삼으면서 초기의 사람들은 인간보다도 자연이 더 중요한 요소로 생각하게 되었다. 초기의 이러한 사회의 영향으로 시민사회를 이끌어 가는 사람은 자연을 다스릴 수 있는 사람이었다. 당시 인간은 자연에 의존해서 살아야 하는 시대이었다. 자연에 의해서 인간은 존재하고 있으며 자연보다는 인간의 비중이 훨씬 약하다는 주관을 가지고 시작한 단계의 시대부터 보수와 진보의 역사는 시작되었다.

이러한 시대에 탈레스를 우리는 진보 역사의 시조라고 한다. 그리스 사회에서 토속적인 신앙을 믿던 사회에서 처음으로 만물의 근원은 물이다라고 주장함으로서 그리스 사회에 획기적인 변화를 가져왔기 때문이다. 그 후 상당히 오래 동안 탈레스의 만물의 근원은 물이다 라는 주장은 깨어지지 않고 지속되었다. 따라서 우리는 탈레스를 서양사에 최초의 진보적인 사상가라고 할 수가 있다.

탈레스의 사상인 만물의 근원은 물이다라는 이론은 수세기후에 깨어지면서 많은 이론가들이 자연에 대한 나름대로의 이론을 내어 놓았다. 그런데 이러한 새로운 사상을 내놓은 많은 사상가들은 당시의 환경으로 보아서는 상당한 용기를 가지고 주장을 내세워야 한다. 왜냐하면 남보다 앞서서 내놓는 이론이란 그 당대의 사회에 모든 면에서 행세를 하면서 살아가는 보수적인 사고방식을 가진 사람들로부터 거부감 일으킬 뿐만 아니라 보수 세력이 유지하고 있는 명예를 위시하여 많은 기득권들을 박탈 할 소지를 지니고 있기 때문이다.

따라서 어느 시대 어느 사회이든지 진보주의자들은 보수주의자들로부터 많은 반감을 사게 되고 결국은 사회로부터 추방당하는 경우가 허다했다.

서양의 초기 역사를 떠나서 우리의 역사를 보더라도 이조시대의 조광조 등이 진보적인 개혁을 주장하자 기득권 세력인 보수세력이 반발하게 되면서 진보주의자들이 대거 숙청당하는 보수와 진보의 대결이 가져온 사화가 바로 비근한 예라고 생각 할 수가 있다.

진보는 언제나 초창기에는 기득권을 형성하고 있는 층을 비롯하여 현상의 안정을 유지하려는 일반인들로부터 많은 비난을 받으면서 이단자로 몰려서 당대 사회로부터 인정을 받지 못한다. 그러나 대체로 진보주의자들은 당대에는 인정을 받지 못하지만 후세 사회에서 그들의 업적이 인정되는 경우가 더 많다.

현재 서양사회에서 정신적인 토대를 만들어 놓은 도시사회의 그리스 3대 철인인 소크라테스, 플라톤, 아리스토텔레스의 진보주의적 사상도 당대에는 크게 반발을 샀다. 특히 소크라테스는 플라톤과 아리스토텔레스에게 직접적인 영향을 준 스승이었음에도 불구하고 그는 그 당대 그리스 사람들로부터 배척당했다.

소크라테스가 배척을 당하고 아테네 광장에서 화형에 처해진 근본적인 원인이 바로 그의 앞선 사상 때문이다. 그의 앞선 생각은 당시 같이 지식을 팔아서 먹고사는 보수적인 지식인들인 소피스트들로부터 반감을 사게 만들었다. 소크라테스의 죽음도 결국은 보수와 진보의 대결구도 속에서 기득권을 유지하려는 보수세력에 밀려난 결과인 것이다.

제자인 플라톤 역시 그가 소유하고 있는 인격과 명문집안 배경으로 보아서 그는 그리스 정계로 나갈 수 있었음에도 불구하고 그의 진보적인 사상 때문에 보수 세력에 의해 그의 꿈이 좌절되고 말았다.

예수 역시 진보주의 사상을 가진 대표적인 인물이었기에 로마사회에서 보수 세력에는 위협적인 인물이었다. 예수의 죽음도 결국 기득권을 유지하려는 보수 세력에 의해 희생된 경우이다.

그러나 예수의 사상은 그 후 서양 중세사회를 천년간 이끌어온 신중심 사회를 만들어 내었다. 또한 소크라테스와 플라톤의 사상도 그 후 서양사회의 기초를 이루는 사상으로 발전하게 되었다.

인류의 역사는 수 천 년 간의 기록을 가지고 있기는 하나 사실상 예수의 출현이후의 약 이천년간 세계가 확실하게 인류에게 사회와 문화적인 발달을 보여주고 있는 것이다. 이러한 관점에서 우리가 생각 할 수 있는 것은 이 천년 중에서 약 반의 기간에 해당하는 중세 신중심의 천년간의 사회가 현재 서양사회에 얼마나 지대한 영향력을 나타내고 있는가 하는 것을 알 수가 있다.

신 중심사회에서는 인간은 단지 신의 하인에 불과한 신과 주와 종의 관계를 형성하고 있었다. 초기 그리스시대는 인간은 신의 아들로 간주하던 시대에 비하면 인간의 근본적인 가치가 많이 추락한 사회이었다. 이러한 신 중심 사회에서 가장 보수 기득권층이 바로 교황을 중심으로 한 교회의 종사자들이었다.

보수기득권층에는 어느 누구도 감히 저항할 수가 없었다. 이러한 신 중심시대에 사회의 기득권층에게 도전장을 내고 교회의 개혁에 도전장을 낸 사람들은 대부분 교회 관계자들 이었다. 물론 교황과 왕 간의 권력을 두고서 갈등을 빚기는 했으나 이것은 자신의 이익을 위한 권력투쟁이라고 간주 할 수 있다.

부패한 기득권층의 교회의 개혁을 주장하고 나선 사람들을 우리는 진보주의자라고 할 수 있다. 중세 초기의 성 아우구스티누스나 중세 후기의 성 토마스 아퀴나스를 들 수가 있다.

아우구스티누스는 초기 플라톤 철학을 부활시키면서 교회가 부패에 빠지지 않고 올바르게 교권을 확립하여 사회를 이끌어 나갈 수 있도록 기초를 확립한 중도적 진보주의자 이었다. 또한 성 토마스 아퀴나스는 중세 후기의 아리스토텔레스 철학을 교회에 접목시켜 아리스토텔레스 철학을 부활시킨 진보주의자이었다.

이 두 사람은 진보적인 성향의 인물이지만 교황을 중심으로 한 교회종사자라는 한계 때문에 급진적인 진보주의 성향은 나타내지 못했지만 그들이 쌓아놓은 공적은 중세 신 중심사회에서 그들을 뛰어 넘을 인물은 아무도 없다.

그보다도 우리는 정통 교회와 교황의 권위에 도전한 루터나 캘빈을 진보주의자라고 할 수가 있다. 루터나 캘빈이 끼친 영향력은 상당히 지대하다. 그들이 부패한 교권에 도전함으로써 서양사회는 민주주의 사회로 진일보하는데 결정적인 역할을 하였다.

또한 신 중심에서 인간중심으로 복귀하면서 신 중심 국가에 반대하고 민족국가를 형성하는데 결정적인 역할을 한 마키아벨리를 우리는 진보주의자로 분류를 할 수가 있는 것이다.

신중심사회가 서서히 넘어가고 르네상스와 함께 인간 본연의 인간 중심 사회로 복귀하면서 민족국가의 탄생을 가져오게 되었다. 민족을 중심으로 한 민족국가가 형성되면서 인간사회에 등장한 것이 왕을 중심으로 한 절대군주 이었다. 이러한 왕의 절대 권력은 막지 않으면 안 될 사회의 가장 큰문제로 대두하게 되었다.

왕을 중심으로 한 기득권층의 절대 권력에 맞서서 대항한 대표적인 진보주의자들은 토마스 홉스와 존 록크 및 장자크 루소를 들 수가 있다. 민족국가사회의 출범과 함께 나타난 왕의 권력은 왕권신수설에까지 비약되는 단계로 왕권이 강화되는 사태에까지 가게 되었다. 짐이 곧 국가다. 라는 루이 14세를 비롯하여 서양국가에서 왕이 곧 법이며 국민과는 통치자와 피통치자의 관계를 떠나서 주종관계를 형성하게 되었다.

이러한 절대 권력에 대항하여 일어난 진보주의자들은 토마스 홉스와 존 록크 및 장자크 루소를 들 수가 있다. 이들이 만든 사회계약론은 결국 구라파 근세의 3대 혁명인 영국의 명예혁명과 미국혁명 및 불란서 혁명의 삼대 혁명을 일으키는 원동력이 되었다. 이 삼 대 혁명은 궁극적으로 민주주의를 한 단계 끌어올리는 데 큰 공헌을 하였다.

절대 권력자에 대한 권력의 재제는 또 다른 문제를 발생하게 되었다. 이것이 바로 제 2의 인류혁명인 개인에서 사회전체를 보호하는 공리주의인 것이다. 이러한 공리주의를 대표하는 진보주의자들은 벤덤과 존 스튜어트 밀과 이상주의론자이며 사회복지주의자 창시자인 토마스 힐 그린을 들 수가 있다.

공리주의는 인간의 진보적 사상이 한 단계 발전한 상태를 지향하기 위해서 나온 진보사상의 혁명이다. 군주독재로부터 개인을 보호하는 차원을 넘어서 개인과 사회를 모두 보호하는 사상이 바로 공리주의 사상인 것이다. 이들의 사상은 현대의 복지주의사회의 기본 개념을 형성하였다.

현대의 전 세계 인구의 삼분의 일에 해당하는 인구가 믿는 공산주의 사상의 모태가 되는 헤겔과 마르크스는 실로 인류사회의 획기적인 변화를 초래한 진보적인 사상가이었다.

공산주의 사상은 현실사회의 부조리를 타파하기위한 하나의 유토피아적인 사상이자 진보적인 사상이었다. 헤겔과 마르크스는 모두가 뛰어난 이론가이자 사상가이다. 마르크스의 사상은 물론 적중되지 못한 이론이자 사상이지만 그가 추구한 계급 없는 이상사회의 실현은 인류사회의 발전을 위한 혁명적인 사상임에 틀림없다.

레닌 또한 마르크스 사상을 발전시켜 현실적으로 혁명을 통한 이상사회의 실현을 향한 진보주의의 전도사이었다.

마르크스 사상의 전파는 전 세계의 삼분의 일을 공산주의 국가로 만들었으며 마르크스의 사상적인 후손들은 현대 사회에 대해서 비판적인 시각으로 사회를 바라보았다. 그 대표적인 진보적인 사상가가 푸랑크푸르트학파의 창시자 마르쿠제와 사르트르를 들 수가 있다. 마르쿠제는 소련을 비롯한 공산주의 체제와 미국 등 현대의 자본주의 사회의 체제를 바꾸기를 원한 진보적인 사상의 혁명가들이었다.

인류의 역사는 한마디로 요약하면 광란의 역사인 것이다. 국내적 차원에서는 통치자와 피 통치자의 싸움, 국제적 차원에서는 항상 힘의 불균형 상태에서 나타나는 국가간의 끊임없는 전쟁, 개인간의 능력의 차이로 인한 사유재산권 침해, 인류의 반반씩을 차지하는 이성간의 불인정 등으로 인한 갈등 등이 모여서 인류의 역사를 지속해 나가고 있다.

인간사회의 모순 된 사실들이 작용과 반작용을 거치면서 인류의 역사는 광란의 역사를 만들어 버렸다. 이러한 모순들이 모여서 지탱해 나가는 광란의 역사에 인류의 역사를 바로 잡기 위해서는 보수나 진보나 다 필요하다. 그러나 모순 된 광란의 역사에는 진보의 사상을 가진 진보의 전도사들이 인류의 역사발전에 더욱 필요하다.

진보는 이상주의적 접근방법 vs 보수는 현실주의적 접근방법

보수와 진보의 구별은 역사적 관점에서 접근하는 방식에 따라서 다양하다. 일반적인 관점에서 보수는 현실을 중요시하는 접근방법을 택하고 있다. 역사적으로 볼 때 보수주의자들은 현실에 대해서는 보다 구체적으로 파고들어서 보다 합리적인 방법으로 역사에 대해서 접근하고 있다. 따라서 마구잡이식 변화를 요구하는 진보에 대해서 강한 브레이크를 거는 제동장치의 역할을 한다.

보수적인 접근법은 현실주의적 접근법이라고 할 수 있다. 그리스의 아리스토텔레스를 생각해 볼 수가 있다. 아리스토텔레스는 비록 당시에 사회에 대해서 개혁을 주장한 진보주의자임에 틀림없다. 그러나 그의 접근법은 현실주의적인 접근법을 사용하고 있다. 예를 들면 오렌지 하나를 보더라도 오렌지의 빛깔 만 보는 것이 아니라 오렌지의 속을 들여다보고서 그 오렌지가 싱싱한 오렌지 인지 아닌지를 구별해 내는 접근법을 사용하고 있다.

보수주의자의 대표로 불리는 에드먼드 버크를 생각해 보자. 그는 전적으로 불란서 혁명에 대해서 반대를 했다. 그의 사상은 철저하게 현실주의에 의한 점진적인 변화를 요구하고 나섰다. 불란서 혁명에 관한 고찰에서 그는 급격한 개혁은 구라파 사회 전체의 붕괴를 가져오며 구라파의 역사를 광란 속으로 몰아넣는다고 주장하고 있다.

일반적으로 보수는 현실에 적합한 부분부터 서서히 개혁해 나가는 방법을 말한다. 반면에 진보는 이상주의적인 접근법을 사용하고 있다. 진보주의자의 예로서 그리스의 플라톤을 생각해 볼 수가 있다. 플라톤의 접근법은 이상적 접근법을 사용하고 있다. 오렌지가 싱싱한 오렌지인지 아닌지를 구별하는 과정에서 플라톤은 오렌지의 빛깔만보면 알 수 있다는 것이다. 따라서 싱싱하고 맛있는 오렌지는 오렌지의 겉모양인 빛깔로서 분석이 가능하다는 것이다. 플라톤과 같은 진보주의적 방식은 많은 실수와 오류를 범할 소지가 있는 것이다.

플라톤은 통치자를 철인왕의 통치를 주장하고 있다. 그의 주장은 인격만 갖추고 있는 철인은 현실 정치를 이끌 수 있다고 생각하고 있다. 이러한 그의 이상주의적 접근법은 현실과 괴리를 가져왔다. 그의 여성관도 현실과 괴리가 있는 여성관을 바라보았기 때문에 그는 현실과 괴리가 있는 플라토닉 러브에 빠져 버린 사람이 되었다.

이상과 현실은 괴리가 있기 마련이다. 보수주의자들의 일반적인 접근법인 현실적 접근법은 너무 현실에 급급한 나머지 발전적이지 못하다. 또한 발전에 필요한 모험을 꺼리는 접근방법인 것이다. 우리가 경제학이나 정치학의 학문과 관련시켜서 생각해 볼 수가 있다.

경제학자나 정치학자는 사회의 정치현상이나 경제현상을 이론을 만들어서 이론에 적응해서 현실 문제를 해결해 나가려고 한다. 이론은 현실문제 뿐만 아니라 앞으로 현실 문제를 이상적으로 끌어 올려놓고서 좋은 방향으로 가도록 노력하고 있다. 따라서 경제학자나 정치학자의 이론은 이상주의적 접근방법인 것이다.

그런데 현실로 실무를 담당하는 정치인이나 경제인들은 현실의 문제를 직접 다루기 때문에 현안 문제를 보다 합리적인 차원에서 일을 처리한다. 또한 모든 정치나 경제현안 문제를 보다 구체적으로 파악해 낸다. 그들은 너무 현실의 이해 문제와 연관시켜 나가기 때문에 큰 모험이나 실수는 하지 않는다. 그러나 역사적이고 거시적인 차원에서는 실무자들은 크고 중요한 문제를 해결하지 못하는 봉착상태에 빠진다.

예를 들면 1930년대 초에 전 세계가 경제공항상태에 빠지자 실무경제인들 사이에서 해결책을 찾았으나 그 해결책을 찾아내지 못했다. 그러나 경제공항 타개책을 찾아낸 사람은 현실 실무경제인 출신이 아닌 진보주의 이론가인 영국의 경제학자 케인즈가 그 문제를 해결하게 되었다.

케인즈의 이상주의적인 접근법은 실무자들은 도저히 생각해 낼 수 없는 이론이었다. 케인즈의 이론은 거시적인 차원에서의 큰 그림을 그림으로서 전 세계가 겪고 있었던 경제공항을 해결해 냈다.

정치도 마찬가지이다. 실무 정치가들은 실무적이고 현실적인 차원에서 정치에 접근해 나가기 때문에 큰 그림을 그리지 못한다. 그 큰 그림은 바로 이상적인 차원의 정치발전인 것이다. 정치발전을 위해서는 현실적인 접근법도 중요하지만 모험이 수반된 이상적인 접근법이 필요하다. 따라서 거시적인 차원에서 정치발전은 이론적인 접근법을 병행하여야 한다.

혁명은 인류의 발전을 위해서 진보주의자들이 선택한 파괴적인 선택인 것이다. 인류의 발전을 위해서는 어느 정도의 파괴는 필수적인 요건이다. 여성 정치 사상가이자 철학자인 하나 아렌트는 그녀의 대표적 저서 전체주의에서 혁명가는 이상주의자이며 파괴는 창조를 위한 파괴라고 주장하고 있다.

혁명의 해부라는 저서로 우리에게 알려진 크레인 브린튼은 혁명은 인류가 이상과 목적을 위해서 초창기 단계로서 필요한 파괴인 것이라고 말하고 있다. 또한 경제학자인 슘페터는 새로운 기술개혁과 발전을 위해서는 파괴가 필요하며 이것을 창조적인 파괴라고 한다.

사실상 인류의 역사는 더욱 진보적인 발전을 위해서는 어느 정도의 모험과 어느 정도의 파괴는 필요하다. 파괴에 의해서 우리인간은 한 단계씩 발전을 하였다. 서양의 경우도 세계 삼대 혁명을 통해서 인간은 인류의 민주주의를 발전시켜 나갔다.

따라서 인류의 발전을 위해서는 합리적이고 현실적인 접근법인 보수와 이상주의 접근법인 진보가 모두 필요하다. 사회의 발전을 위해서 진보는 이상적으로 큰 그림을 그린다. 그리고 진보에 대해서 보수는 보다 구체적이고 합리적이며 현실적인 차원에서 진보에 대한 강력한 제동장치인 브레이크를 걸때 보수와 진보는 인류의 역사의 발전을 가져오게 되는 것이다.

1

서양초기의 진보의 전도사들

고대 서양 진보사상의 발상

고대 서양 문명의 발상지는 발칸반도 남쪽에 위치한 그리스에서 출발하였다. 고대문헌에 의하면 그리스 민족이 그리스 지방으로 남하하기 시작한 것은 B. C. 11세기 경이며 문헌상으로 기원전 6세기경부터 철학적 배경을 바탕으로 한 사상들이 나타나고 있다. 그러나 B. C. 6세기 이전에도 이러한 사상들이 나타나기는 했지만 이런 것들은 정확한 이론을 바탕으로 한 사상이라기 보다는 단지 종교적인 토템 및 관습과 전통에 의한 믿음을 바탕으로 한 집단의 규율 및 생활 방법을 기록해 놓은 정도이다.

기원 전 6세기 경에야 처음으로 순수한 합리적인 사상을 기초로 한 체계적이고 사물의 실체의 개념을 분석하는 연구가 본격적으로 시작되었다. 이 당시 사상가들은 사물의 개념을 단순하고 전체적으로 이해하는 데에 그쳤으며 그들이 연구하고자 하는 목적은 무엇이 실체인가 하는 것이었다.

이들 사상가들의 주 관심의 대상은 우주의 외관상 나타난 복잡하고 비합리적인 면과 인간의 이면에 감추어져있는 지적이고 질서정연한 면을 연구대상으로 삼았다.

인류사상의 기원은 최초에 인간은 자기가 살고 있는 주변에 대해서 관심을 가지게 된 것이 사상의 기원이다. 인간 주변에 존재하는 물체의 실체가 무엇인가를 우선 생각하고 그다음에 인간과 관련시켜서 생각하게 되었다. 또한 인간은 자신의 존재를 확인해주고 존재를 가능하게 해주는 물체가 무엇인가에 대해서 연구 대상으로 삼기 시작했다.

인간 주변에 존재해 있으면서 인간의 존재를 위해서 필요한 물체를 만물의 근원으로 생각하고 인간 존재는 이러한 만물 근원에 본질을 두고 있다는 사상에 바탕을 두고 있다. 인간 주변에서 인간의 존재를 위해서 필요한 물체가 무엇이며 이 물질이 바로 인간과 만물의 근원이자 기본요소라고 생각하고 연구의 대상으로 삼았다.

이러한 사상에 바탕을 둔 연구의 대상은 주로 인간의 생존에 필요한 물이라든가 불 그리고 공기 등 인간의 생존에 가장 필요한 물체를 만물의 근원이자 인간의 근본 요소로 규정하여 연구의 대상으로 삼았다. 이와 같이 이 시대에는 인간주변의 자연을 연구대상으로 삼았기 때문에 이 시대의 사상을 우리는 자연중심의 사상이라고 부르고 있으며 이 시대를 서양 사상의 기원으로 생각하고 있다.

자연중심의 사상은 그 후에 나타난 도시국가 사상의 맥을 잇도록 만들어 주었다. 자연주의 사상은 도시국가 사상의 대표적인 사상가인 플라톤과 아리스토텔레스의 사상이 형성되는 근원이 되었다. 플라톤과 아리스토텔레스의 사상은 동양 사상에서 공자와 맹자 사상에 비교될 만큼 서양 사상사에서 큰 비중을 차지하고 있다.

서양 사상에서 플라톤과 아리스토 텔레스의 사상을 뛰어넘을 사상가는 현재까지 나타나지 않고 있다. 이들 플라톤과 아리스토텔레스의 스승이 되는 소크라테스 역시 자연중심 사상에 영향을 크게 받았다. 진보와 보수의 역사에서 자연주의 사상은 우리가 깊이 있게 연구 할 필요는 없어도 어느 정도 기본적인 문제는 다루어야 할 사항이다.

현재 구라파인들의 내면에 깊이 자리 잡고 있는 사상도 이 자연중심주의의 사상이 큰 비중을 차지하고 있다. 초기 서양사상을 주도한 자연중심 사상가들 중에서도 진보적인 사상을 가진 수많은 사상가들이 있었다.

초기의 진보적 자연주의 사상가들

밀레토스 학파

초기의 자연주의 사상가를 밀레토스 학파라고 부른다. 이것은 대부분의 사상가들이 이 지역을 중심으로 하여 연구를 하고 있었기 때문에 밀레토스 학파라고 부른다.

밀레토스파들 중에서도 현재까지 영향을 미치는 진보적인 사상을 주장한 진보주의자들이 일부 존재 했었다. 그대표적인 진보주의 사상가로는 탈레스를 들 수가 있다.

탈레스는 희랍 사상의 시조이자 최초의 자연주의 사상가이며 상인, 정치가 물리학자 등 다양한 경험을 소유했으며 고대희랍 7대 현인중의 1인으로 추앙받고 있다. 특히 탈레스는 그가 상인으로 활약하면서 배운 천문학을 바탕으로 정확한 일식 현상을 예언해서 희랍인들을 놀라게 한 일화가 남아 있다.

탈레스는 기원전 600년경부터 500년까지 살았던 것으로 간주되며 그의 사상은 헤로도투스나 아리스토텔레스에 의해서 전해지고 있다. 탈레스는 그 당대의 사상가들의 단순한 자연에 대한 연구의 영역을 벗어나서 인간의 생존에 필요한 요소를 중심으로 한 진보적인 방법론을 주장한 인물이다. 인간이 살아가는데 필요한 자연적 요소를 바탕으로 한 연구 영역의 범위를 포착해 나갔다.

탈레스는 인간생존에 필요한 자연 연구의 영역의 범위를 물에다 한정시키고 있다. 탈레스는 만물의 근본적인 실체는 물이라는 차원에서 우주의 실체를 파악하고자 했다. 우주를 구성하고 있는 모든 물체는 물이 변경해서 이루어 진 것이며 여러 가지 형태를 구성하고 있는 사물의 근본적인 구성체를 물에다 초점을 맞추어 이론을 전개해 나가고 있다.

탈레스의 만물의 근원은물이다 라는 주장은 오늘날 발달된 과학적인 관점에서는 이 이론은 분명하게 맞지 않는 이론이다. 그가 주장한 이론은 단순히 옳고 그름을 떠나서 만물이 상대적으로 단순히 동일원소로 구성되었다는 그의 사상관은 분명히 과학적이며 철학적이라고 해명 할 수 있다. 이러한 탈레스의 정확하지 못한 이론은 현대의 과학적인 관점에서 비추어 볼 때 연구해 볼 만한 가치의 대상이 되며 탈레스의 이러한 만물의 근원은 물이다 라는 이론은 아무런 의문점을 남김없이 수 세대를 두고서 전해 졌다.

탈레스의 이론이 옳고 그름을 떠나서 그가 주장한 이론은 그 당대로서는 상당히 진보적인 주장임에 틀림없다. 인간을 포함한 모든 살아서 움직이는 생명체의 대부분이 물로서 구성되어져 있다. 또한 인간을 비롯한 모든 생명체에게 필요한 것이 물이다. 또한 우주에 존재하고 살아서 움직이는 동물 이외에 살아있는 생명체도 자연의 물과 연계시키지 못하면 살아남을 수가 없는 것이다.

기원전 4세기경부터는 "탈레스의 만물의 근원은 물이다." 라는 불변의 법칙은 그리스를 찾는 많은 여행자들에 의해서 깨어지기 시작했다. 이러한 여행자들은 그리스 사회에 자기네들의 관습과 법을 전달하게 되었다. 따라서 이들 그리스인들에게 처음으로 그리스인의 관행과 법이 보편적이 아니며 그들의 법보다도 나은 법이 있다는 것을 알게 되었다. 결과적으로 만물의 근원은 물이다 라는 탈레스의 진보적 사상은 그리스인들의 의식 구조를 바꾸어 나가기 시작했다.

그리스인들은 탈레스의 만물의 근원은 물이 아니다 라는 사실로부터 처음 반응은 도시사회의 발전을 위해서라면 어떤 좋은 법이라도 받아들일 수 있도록 하는 의식구조를 갖도록 했다. 탈레스의 만물의 근원은 물이다 라는 진보적 사상이 고대 희랍사상에 기여하는 바는 그리스인들은 영원히 불변하는 규칙과 인간이 필요로 하는 규칙으로 구분하도록 만들었다. 영원히 불변하는 규칙을 객관적인 것이라고 보면 수시로 변화하는 규칙을 주관적인 것으로 구분하도록 그리스인들의 의식구조를 바꾸어 놓았다.

탈레스보다는 덜 진보적 사상가 이기는 하나 탈레스와 함께 당대 밀레토스파를 주도해나간 그리스의 진보적 사상가는 아낙시스만도로스(Anaximandros, B. C. 610-546)를 들 수가 있다. 아낙시스만도로스는 밀레토스 학파로서 탈레스의 제자라고 하기는 확실치가 않다. 아낙시스만도로스는 천문학자이자 지리학자이며 진화론 방식에 의한 생물의 기원을 연구하여 아페이론(Apeirion) 다시 말하면 존재하는 사물의 시초와 근원은 불확정적이고 무한정하다는 이론을 만들었다. 따라서 그 당시 그가 내놓은 이론은 확실히 당시의 일반적인 이론을 내놓은 사상가들 보다는 진보적인 사상임에 틀림없다.

탈레스가 만물의 근원을 물로서 국한시킨 데 대해서 아낙시스만도로스는 우주의 근원은 무한한 것, 즉 아페이론이며 우주의 근원은 모든 규정과 제한을 초월한 무한한 것으로 간주했다. 그리고 더운 것과 찬 것으로 나누어서 찬 것은 땅과 물을 더운 것은 불과 공기를 이루어서 우주는 4개의 층인 땅, 공기, 물, 불의 4개의 층으로 구성되어 있다는 설을 전개해 나가고 있다.

그의 진보적 사상은 후기의 진화론에 영향을 주었다. 아낙시스만도로스의 사상이 진화론에 바탕을 두고 있는 근거는 세계의 모든 존재는 불확정적이고 무한정한 것으로부터 사물이 생성된다. 처음에는 차고

건조한 것에서부터 점차 덥고 습기 찬 것으로 변화되어 간다. 동시에 우주는 영원한 법칙에 의해서 끊임없이 새로운 사물이 생성되어 가며 모든 사물이 소멸해가고 있다는 사상에 기본을 두고 있기 때문이다. 아낙시스만도로스는 탈레스가 우주를 유한론적 입장에서 물로 국한시킨 데 반해 우주를 무한론적 입장에서 초경험적인 세계의 형이상학적 실체를 논한 최초의 형이상학자이다.

밀레토스를 중심으로하여 활동한 마지막 진보적 사상가로서 아낙시메네스를 들 수 가 있다. 아낙시메네스(Anaximes, B.C. 585-524)는 밀레토스의 자연주의 사상가 중에서 마지막 사상가이며 아낙시스만도로스의 제자이다. 밀레토스의 대표적 진보주의 사상가 3인중에서 가장 진보적인 사상가로 밀레토스적인 일원론을 추진한 자연학파이다.

아낙시메네스는 밀레토스 자연 사상가 중에서 마지막으로 등장하여 아낙시스만도로스의 무한정 이론을 반박하여 탈레스의 한정론에다 그의 이론을 동조하고 있다. 그에 의하면 만물의 근원은 공기라고 보고 있으며 공기는 영혼까지 포함시켜서 더욱 넓게 해석하고 있다.

메네스의 공기론은 인간을 위시한 모든 살아있는 생명체의 필요적인 요소를 공기와 연관시켜서 주장한 당시로선 가장 진보적인 사상가임에 틀림없다.

아낙시메네스는 공기의 농후와 희박성에 따라서 지구의 변화의 설명의 근원을 두고 있다. 공기가 희박하면 불이되고 또 농후화 됨에 따라서 물이 되며 더욱 더 농후화 되면 흙과 바위가 된다. 공기가 지구를 둘러싸고 있으며 지구도 일정한 기간을 두고서 생성과 소멸을 반복한다는 것이다. 아낙시메네스는 앞의 두 사상가보다도 더욱 진보적인 사상을 전개해 나갔으며 밀레토스 자연사상을 일원론적 맥락으로 이끌어 가도록 했다.

피타고라스

탈레스를 중심으로 한 밀레토스학파의 뒤를 이어서 진보적 자연주의 사상은 피타고라스에 의해서 이어졌다. 피타고라스 (B.C. 580-506)는 기원전 580년 경 밀레토스에서 조금 떨어진 에게해안의 사모스 섬에서 태어나 참주인 폴리크라에스의 폭정을 피해서 남부 이탈리아의 크로톤 (Kroton) 시로 이주하였다. 그곳에서 종교집단을 형성하여 종교 활동을 했으나 그곳 주민들의 반감을 사서 메타폰치온 (Metapontion)으로 이주하여 그곳에서 기원전 500년 경에 사망 하였다.

피타고라스는 영혼의 윤회설과 금욕생활을 주장하였다. 특히 재미있는 것은 콩을 먹는 것을 죄악시 했다. 또한 동물의 심장을 먹지 못하게 하는 등의 원시적인 신비감이 있는 종교단체였다. 피타고라스학파는 음악과 수학을 중요시 여겼다.

피타고라스는 그 당시 사회에는 배척당하고 무시당하기는 하였으나 그의 주장은 분명히 진보적인 사상임에 틀림없었다. 그 이유는 피타고라스가 죽은 후 기원전 1세기경에 그의 진보적인 사상을 부활시키기 위한 신피타고라스학파가 형성되었다.

피타고라스 및 그 학파가 학문에 공헌한 바는 수학과 철학을 연관시켜서 발전시켜 나갔다. 수가 만물의 근원이며 우주는 숫자에 의해서 정연하게 지배된다. 만물은 각각 고유의 특성을 가지고 있지만 공통적인 성격과 근본적인 원칙은 수라는 것이 이 학파의 근본적인 사상이다. 이렇게 수로서 세계가 질서와 조화를 이루고 있기 때문에 이 세계를 코스모스(Kosmos)라 한다.

피타고라스는 직각삼각형의 정리와 3각형의 내각이 2 직각이다. 라는 법칙을 비롯하여 유명한 피타고라스 정리 등 그가 수학에 기여한 바는 크다. 그러나 피타고라스에게 더욱 중요한 것은 그의 사상이 그 당대의 다른 사상가보다 진보적인 사상을 바탕으로 한 원인은 그가 철학이란 용어를 처음으로 도입한데 있다. 그는 4라는 숫자와 철학과 관련시켜서 정의의 기본 형태로서 4라는 숫자를 지적하고 4는 균분, 공평, 평등을 의미하고 있다.

또한 수학을 음악, 천문학 및 의학과도 연관시켜서 연구한 것도 그 당대의 일반적인 사상을 뛰어넘은 진보적인 생각임에 틀림없다. 특히 피타고라스는 수학을 음악과 관련하여 우주의 구조를 음악적 조화를 통해서 해석 했다.

피타고라스는 자연세계 뿐만 아니라 정신세계까지도 수 로서 해석하려고 했다. 이러한 피타고라스의 사상은 탈레스를 중심으로 한 밀레토스 학파들이 주장하는 물, 무한성, 공기 등의 질료적 사상을 완전히 벗어난 진보적 사상가 이였다. 피타고라스가 밀레토스학파보다 일보 진전된 진보적 사상은 우주를 하나의 원소 속에서 보려고 하지 않고 이 세계를 구성하는 요소로서 불변하는 수에서 찾음으로써 밀레토스학파보다 고차원 적이며 거시적인 면에서 우주를 관찰하려고 노력했다.

피타고라스의 이러한 진보적 사상은 그 후 플라톤, 아우구스티누스, 토마스 아퀴나스 등 후세 사상가들에게 크게 영향을 주었다. 피타고라스 사후 그의 학설은 피롤라우스 등에 의해서 후세에 보급되어 그 후 몇 세기 간은 신 피타고라스 학파에 의해서 그의 사상이 크게 번져나갔다.

헤라클레이토스

자연주의 사상가로서 피타고라스 다음에 나타난 진보적 사상가는 헤라클레이토스(Herakleitos, B.C. 535-475)이다. 헤라클레이토스는 밀레토스 북쪽의 에페소스의 귀족 출신으로후세 사상가들로부터 울고 있는 사상가로 불린다. 그는 신비적 정신이 농후하여 정신생활에 일생을 바쳤다고 전해지고 있다.

헤라클레토스는 밀레토스 북쪽의 에페소스시의 귀족출신으로 처음에는 공직생활을 시작했다. 그러나 학구적이며 사색적인 성품으로 인해 공직생활을 사양하고 학문에만 몰두하였다. 그는 밀레토스 학파의 자연철학을 더욱 발전시켰으며 밀레토스나 피타고라스를 정면으로 반박한 당대의 최고의 진보주의 사상가 임에 틀림없다.

헤라클레이토스의 진보적 사상은 만물은 흘러간다 라는 명언에 함축되어 있다. 이러한 세계를 변화의 과정으로 보고 변화하는 가운데서 조화와 결합이 이루어져 만물은 항상 발생과 소멸을 거듭하는데 그의 사상의 근원이 내재하고 있다. 그러나 만물은 변화하는 가운데서 무질서하게 변화하는 것이 아니라 변화하는 과정에는 어떤 일정한 법칙과 궤도적인 순환에 의해서 변화한다. 그 변화하는 가운데 불변하는 원리가 로고스(Logos)이다.

또한 모든 인간들은 야수가 매를 맞아야만 길들여지듯이 인간사회에서 힘에 의한 강제를 받아야만 질서가 유지된다. 전쟁이 가장 좋은 것이며 전쟁은 만물의 아버지요, 만물의 왕이며, 싸움은 정의이다. 모든 만물의 존재는 전쟁에 의해서 생성과 소멸을 거듭한다. 이러한 헤라클레스의 힘에 의한 안정론은 후세의 국제사회에서 이론적으로 기반을 마련한 힘의 균형론 및 패권안정론의 기초를 이루었다고 할 수 있다.

헤라클레토스는 모든 것은 변화 유전하지만 근본적으로 변화하지 않는 실체로서 불을 제시하고 있다. 밀레토스학파가 물이나 공기를 근본실체에다 둔데 반해 그는 불을 만물의 근본 실체에 둔다. 불에서 만물이 생성되며 불에서 물이 생성 다시 물에서 땅이 형성된다. 땅에서부터 물이 생성되며 다시 불로 돌아간다. 이불은 꺼져서 없어지는 불이 아니라 영원히 만물의 기본원소로 존재한다.

헤라클레토스의 사상은 불이라는 불변의 원소가 끊임없는 대립과 대립을 통해서 통일과 조화를 이루고 있다. 인간 세상에서 사람과 사람, 계급과 계급의 대립을 통해서 유지되면서 조화를 이루게 된다. 그의 이러한 이론은 당대의 최고 진보적 사상가 임에 틀림없다. 그의 이러한 진보적 사상은 후세의 헤겔과 마르크스의 이론인 변증법에 의해 소개되었다. 따라서 헤라클레토스는 변증법의 시조 사상가로서 불리고 있다.

엘리아 학파

자연주의 진보적 사상가로서 중요한 위치를 차지하고 있는 학자는 엘리아 학파의 크세노파네스(Xenophanes, BC. 580-485), 파르메니데스(Parmenides, B.C. 540-480), 제논(Zenon of elea, B.C. 490-430) 등을 들 수가 있다.

크세노파네스는 기원전 580년 경 이오니아의 클로톤에서 출생하여 페르시아 군에 쫓겨서 남 이태리의 서해안의 엘리아에 거주하면서 엘리아 학파를 형성하였다. 그는 파르메니데스의 스승이며 방랑시인으로 고대 희랍종교의 비판자로 불리 운다. 고대 그리스의 종교철학을 비판, 다신교를 반대하고 일신교를 주장 하였다. 인간이 신들을 의인화시켜서 신의 행위를 인간들과 동일시 한 것에 대해서 비판을 가하고 있다.

크세노파네스의 진보적 사상은 있는 것은 있고 없는 것은 없다는 절대 확실한 근본 명제에서 출발한다. 따라서 신도 여러 신이 존재할 수 없으며 한 신이 다른 신을 지배하거나 복종되어 질 수 없다. 그의 종교 사상은 신을 전체로 보고 들으며 생각하는 범신론적인 사상이다. 또한 신의 존재로서 신은 영원히 불멸하며 불 변동 한다. 이러한 그의 진보적 사상은 그리스인들이 도덕적으로 부패되어가는 것으로부터 구제 하자는 종교개혁을 가진 사상에서 나타나고 있다.

크세노파네스와 더불어 엘리아 학파를 이끌어 온 진보적 사상가는 파르메니데스(Parmenides, B.C. 540-480)를 들 수가 있다. 파르메니데스는 기원전 약 540년 경 남부 이탈리아 서해안의 엘리아 시에서 출생하여 그곳에서 활동한 엘리아학파의 가장 유명한 사상가이다. 그는 엘리아 도시민들로부터 파르메니데스하면 지조 있고 성실한 생활을 하는 인격적인 면에서 추앙받는 인물로 알려졌다.

그는 헤라클레이토스의 사상의 근원인 모든 것이 변화한다고 본 것과는 대조적으로 만물은 불변 한다는 것이다. 모든 사물을 구성하고 있는 실체란 생성, 소멸, 공간성 및 운동이 배제되며 일체 소멸하지 않는다. 파르메니데스의 사상은 우선 존재하는 것은 필연적으로 존재한다. 존재란 존재하지 않는 것과 완전히 다르기 때문에 존재하는 것은 불멸 불변일 수밖에 없다. 따라서 운동이나 외부의 영향에 의해서 불변 일뿐 아니라 불가분적이다. 어떤 생성이나 운동이란 있을 수 없다. 따라서 우리 눈에 나타난 만물의 생성과 소멸, 지속적인 운동과 분할은 인간의 불완전한 인식 때문이지 불변의 영원한 존재이다.

엘리아 출신의 대표적 진보주의 사상가로 제논(Zenon of elea, B.C. 490-430)을 들 수가 있다. 제논은 약 490년 경에 엘리아에서 태어났다. 그의 사상은 스승인 파르메니데스의 이론을 논리적으로 옹호하여 아리스토텔레스로부터 변증법의 발견자로 불리고 있다. 제논은 그의 스승인 파르메니데스의 사상인 존재하는 것은 어떤 것도 변화하지 않는다는 이론에 대해 역으로 논리를 전개 모든 존재가 변화를 하면 모순에 빠지게 된다는 제논의 유명한 역설을 내놓고 있다.

제논은 지적인 면에서나 양적인 면에서 아무리 많은 것이라도 작은 단위로 나눌 수 있다. 다시 세분화하면 무한대의 영속성으로 가서 불변의 영속성으로 이어진다.

또한 제논은 운동을 부정 한다. 군인인 아킬레우스(Akilleus)와 거북이와의 경주에서 만일 거북이가 한 걸음이라도 아킬레우스에 앞서서 출발 하였다면 이미 거북이와 아킬레우스 사이에는 무한대의 영속적이 점들이 존재하기 때문에 군인이 거북이를 따라가는 것은 불가능하다. 또한 날아가는 화살의 변화의 존재를 부정 한다. 화살은 언듯 보기에는 나아가는 것처럼 보이지만 순간순간 정지되어 있는 상태이다. 따라서 날아가는 화살도 운동을 하고 있지 않으며 운동 그 자체도 불가능한 것이다. 제논의 사상은 당대에 있어서는 획기적인 진보적 이론이며 변증법적 방법을 이용하여 논리적으로 전개하여 후세의 사상에 크게 기여 했다.

후기 다원론적 진보사상

엘리아 학파의 사상은 다원론적 자연주의 사상으로 이어 졌다. 다원론적 자연주의 사상가로는 엠페도클레스(Empedokles, B.C. 490-420), 아낙사고라스(Anaxagoras, B.C. 500-428)를 들 수가 있다. 엠페도클레스는 기원전 약 490년 경 남부 이탈리아의 시실리아 섬에서 출생했다. 사상가, 정치가, 의사, 종교적 예언자이였다. 그의 사상은 독창적이라기보다는 종래의 사상을 종합하는 절충주의자이다.

그는 밀레토스학파로부터 물과 공기, 헤라클레토스에게서 불, 엘리아로부터 흙 이라는 원소를 따왔다. 흙, 공기, 물, 불의 4 원소가 만물의 근원이다. 이 4원소가 만물의 근원이자 이 세상의 모든 사물은 이 4 종류의 원소가 서로 혼합되는 비율에 따라서 그 모양이 형성된다. 이 4가지 원소는 결합과 분리를 계속하지만 결코 하나로는 환원되지 않는다.

엠페도클레스의 사상은 4개의 원소를 인간의 사랑과 미움에 근원을 두고 있다. 사랑과 미움의 순환이 이세계의 역사를 형성한다. 사랑에 의해서 원소들이 지배되면 화합이 형성되어 평화가 유지된다. 반면에 사랑과 미움이 혼합되어서 원소가 형성되면 분열과 평화가 교체된다. 미움이 원소들을 지배하면 화합이 깨져서 분열과 전쟁이 일어난다. 흙, 공기, 물, 불의 4가지 원소들의 결합과 분열의 순환에 의해서 이세계가 형성되며 유지된다는 것에 사상의 근원을 두고 있는 것이다.

후기 다원론적 진보적 사상의 대가로는 아낙사고라스를 생각 할 수가 있다. 아낙사고라스는 기원 전 약 500년 경 이오니아의 크라조메나이 에서 출생했다. 그 후 아테네에서 30년간 정주하며 당대의 정치인 페리클레스의 도움으로 학문에만 전념하였다. 그 후 페리클레스의 정적들에 의해 무신론자라는 명목으로 이오니아로 추방되었다. 그가 고대 서양사상에 기여한 바는 이오니아 태생이면서 그리스에 이주하여 고대 소아시아의 자연사상을 그리스에 전한데 있다.

아낙사고라스는 비록 엠파도클레스의 다원론의 맥을 이어 가기는 했으나 그와는 대조적인 견해를 가진 진보주의자 이었다. 그는 엠페도클레스의 4가지 원소에 국한하지 않고 원소의 숫자를 무한대로까지 넓혔다. 이 작고 무한한 원소가 종자(seed)이다.

아낙사고라스에 의하면 만물의 생성과 소멸이란 그 자체로서는 있을 수 없으며 분리도 불가능하다. 우주의 종자는 성질이 다르기 때문에 사물은 그 종자가 어떤 비율로 섞여 있느냐에 따라 사물의 성질이 형성되어진다. 쇠와 나무가 다른 것은 쇠에는 나무보다 쇠의 종자가 더 많이 섞여 있기 때문이다. 사물의 구별은 종자의 양적 차이에 의해서 결정된다.

아낙사고라스는 정신이 물질을 지배 한다는 진보적 사상에 입각한 누우스의 도입은 사상에 크게 기여했다. 이 부동하고 가장 순수하고 독립된 누우스는 인간이 혼돈상태로부터 합리적이고 질서 정연한 상태로 이끌어 나가는 우주질서의 보존자이다. 그의 종자론은 다음의 원자론으로 발전하는 중간적 역할을 했다.

고대 원자론자들

밀레토스학파, 헤라클레토스 및 엘리아학파 등 소위 초기의 자연사상가들은 우주를 하나로 보는 일원론을 주장했으나 엠파도클레스 등 후기의 자연사상가들은 우주의 구성원소를 여러 가지로 보는 다원론자들이었다.

다원론이란 우주의 기본원소를 보다 과학적인 접근방법을 사용하여 우주의 기본원소를 다각적으로 분석하고 있다. 초기의 자연주의 사상가들이 수학적 과학적인 측면에서 우주를 해석하고 있는 반면 다원론자들은 생물학적, 화학적인 입장에서 우주를 분석하고 있다.

그러나 고대 그리스 사상에 있어서 가장 놀라운 사실은 20세기의 과학적인 견해를 레우키포스(Leukippos, B.C.440-430)와 데모크리토스(Demokritos, B.C.460-370)에 의한 원자론적인 사상이다. 레우키포스에 대해서는 일반적으로 알려진 것이 없으나 데모크리토스와 한데 묶어서 취급하고 있다.

레우키포스는 에게해 북단의 밀레토스에서 출생하여 5세기 중반에 활동한 것으로 알려져 있다. 엘리아 학파인 제논의 제자이자 데모크리토스의 스승이다. 당대의 최고의 진보주의적 사상을 가진 레우키포스와 데모크리토스가 미쳤던 공헌은 지대하나 데모크리토스에 대한 문헌은 약 300편에 달하나 레우키포스에 대한 문헌은 단지 2 편만 전해지고 있다. 따라서 일반적으로 두 사람을 한데 묶어서 원자론자들로 불리고 있다.

원자론의 창시자인 레우키포스는 아낙사고라스의 종자(seed)의 개념을 도입하여 만물의 근원을 무한대의 원자론에 맞추었다. 만물의 근원인 원자는 질적인 면에서는 서로 같지만 양적인 면에서는 완전히 다르다. 또한 원자는 불멸하며 더 이상 분리할 수 없다. 아낙사고라스가 사물의 모든 힘은 누우스라는 정신에 있다고 본데 반해 레우키포스는 물질을 생성하는 힘은 원자 자신이라는 관점이다.

레우키포스는 원자가 생성하기 위해서는 운동을 필요로 하며 그 운동의 장소로서 공간이 필요하다. 또한 공간의 실제를 인정하므로 일관성 있는 운동 및 변화의 이론을 위한 기초를 마련했다. 따라서 이 세상의 모든 만물은 원자와 원자가 활동할 수 있는 공간에 의해서 구성된다는데 근원을 두고 있다. 이러한 레우키포스의 진보적 사상은 그의 제자인 데모크리토스에 의해서 더욱 발전되었다.

그리스의 대철학자인 데모크리토스는 후세 사람들로부터 웃고 있는 사상가라는 별명을 듣고 있으며 아리스토텔레스 이전의 최대의 박식한 학자이자 진보주의 사상가로손꼽히고 있다. 데모크리토스는 레우키포스의 학문을 승계하여 체계화시킨 사실상의 원자론의 창시자이다.

데모크리토스는 프로타고라스, 소크라테스, 플라톤과 거의 동시대인 이었으며 피타고라스의 영향도 많이 받았다. 플라톤은 그를 잘 몰랐기 때문에 그의 저서에서 데모크리토스에 관해서는 한마디 언급이 없었으나 오직 아리스토텔레스만이 그에 관해서 설명하고 있다.

데모크리토스는 파르메니데스의 이원론과 엠파도클레스 및 아낙사고라스의 다원론을 혼합하여 원자론을 창안해 냈다. 그의 사상은 만물은 질적으로는 한 종류의 물질로만 이루어져 있으며 이것이 아토마(Atoma), 즉 원자이다.

데모크리토스는 파르메니데스의 의견과 일치하나 차이점은 파르메니데스가 모든 물질의 공간은 존재하지 않으며 결과적으로 부동하다 보는데 반해 데모크리토스는 모든 물질은 공간이 있기 때문에 공간 속의 원자들이 서로 운동에 의한 결과에 의해서 사물의 현상이 이루어진다는 것이다.

이 세상에 존재하는 무수한 원자들은 질적인 면에서는 같으나 양적인 면에서는 차이가 있다. 따라서 만물은 형상을 달리하고 있으며 양은 질에 우선 하며 질은 양의 작용에 의해서 형성된다는 것이 데모크리토스의 당시의 진보주의에 입각한 근본사상이다. 데모크리토스는 학문적인 면에서 볼 때 플라톤, 아리스텔레스와 비교할 만큼 큰 업적을 남기고 있다. 원자론과 공간설을 윤리학과 관련 시켜서 논한 것은 흥미로운 일이며 원자론과 공간설은 근세 자연과학에 크게 공헌 했다.

2

후기 그리스 사회에서 진보적 사상의 전도사들

플라톤 이전의 진보적사상의 전도사들

고대 그리스 문화는 식민지 사회인 소아시아의 이오니아 지방에서 꽃을 피웠으며 철학을 비롯한 학문도 그리스 본토에서는 크게 발달되지 못했다. 그런데 기원전 490년 경 페르시아의 다리우스왕이 마라톤에서 패배하고 또한 480년 경에는 다리우스왕의 후계자인 크세르크세스가 아테네에 패배하여 두 번에 걸친 페르시아와의 전쟁에서 아테네의 승리는 아테네를 정치, 문화, 학문의 중심지로 만들었다.

이리하여 아테네의 인구는 약 20만 정도밖에 되지 못했으나 기원전 430년에 이르기까지 약 30년 동안 아테네를 통치한 페리클레스의 지도 하에 이름 있는 학자와 예술가들이 모여들어 철학 및 예술의 발달을 가져와서 아테네의 번영은 절정에 달했다.

이 무렵 사상의 연구에 있어서도 많은 변화를 가져 왔다. 여태까지 자연에 관해서만 연구의 대상으로 삼던 자연주의 사상가들에 대해서 회의를 느끼기 시작했다. 자연주의 사상가들이 제시하는 사상의 연구는 인간이 매일 생활해 나가는 일상생활과는 관계가 없을 뿐 아니라 일반 시민들의 상식으로는 이해할 수 없는 상식에 대한 반항이었다.

따라서 이시대의 사상의 특성은 사상의 연구 대상을 순수한 자연주의 사상에서 인간의 생활과 직접 관련시켜서 연구하는 소위 휴머니즘에로 복귀 현상이다. 자연을 연구대상으로 하는 사상의 연구에서 인간의 생활과 직접 관련된 사상을 연구의 대상으로 삼기 시작하는 진보적 사상으로의 변화는 서양의 사상을 사실상 궤도에 오르도록 만들었다.

이러한 사상 연구의 변화는 여태까지 자연이 인간보다도 더욱 중요시하는 소위 자연중심의 사상에서 인간들이 터전을 마련하여 살고 있는 도시 중심의 사상으로 바뀌게 되었다. 다시 말하면 인간이 일차 집단인 혈연중심의 가족사회로부터 이익을 추구하기 위해서 모여서 형성된 이익집단이 도시사회이다.

혈연인 부족 중심사회는 그 규모가 자꾸 커지면서 도시를 형성하게 되었다. 그 당시의 도시는 인구를 감안하면 도시국가(City State)였다. 이렇게 가족과 달리 이익을 추구하기 위해서 모여든 사람들을 위해서 필요한 것이 인간을 다스리는 기술 다시 말하면 통치술이었다. 우리가 일반적으로 사상의 기원을 그리스 도시 국가시대에다 두는 원인이 여기에 있는 것이다.

그러나 도시 국가 중심 사회 이전에 이미 부족 국가 형태의 사회이든 또는 혈연 중심사회의 국가이든 인간은 혼자 살수가 없으며 집단속에서 살아야만 하는 운명을 타고났기 때문에 인간과 인간간의 관계에 관한 규율은 필요했다. 우리는 자연주의 사상은 비록 인간보다 자연을 더 중시 하였다는 의미이며 결국은 인간과의 관계를 자연과 연관시켜서 연구 대상으로 삼았다. 따라서 자연중심의 연구를 대상으로 하던 시대와는 달리 도시중심을 연구대상으로 옮겨오면서 처음으로 등장한 진보주의 학파가 그 유명한 소피스트(sophist)들이었다.

소피스트들 (Sophist)

그리스 사회의 도시중심 사상의 초기의 진보적 사상가들을 소피스트라고 부르고 있다. 소피스트(Sophist)란 말의 본뜻은 현명한 사람이란 뜻이다. 당시의 소피스트란 우리가 사회 관념상 사용하는 현명이라거나 정직이라는 말보다 더욱 지혜롭고 학식과 덕망을 갖춘 사람을 말한다.

그리스 도시사회에서 소피스트의 역할은 도시민들의 요구에 의해서 돈을 받고서 학생을 교육시키는 전문적인 직업 교사들로서 최초의 전문적인 지식을 갖춘 지식인 단체였다. 그러나 그들은 어떤 특수한 단체에 가입되어 있거나 또는 어떤 학파를 이룰 만큼 단체적으로 행동하지는 않았다. 이들 소피스트들은 그날 그날의 직업으로서 학생들을 가르쳤다. 대다수의 소피스트들은 학생들이 도시사회에 나가서 출세하기 위한 방법과 사업에 성공하기 위한 상술을 가르쳤다. 그러나 몇몇 극소수의 소피스트들은 일관성 있는 사회사상을 가르쳤다.

서양 사상사적인 관점에서 볼 때 소피스트들이 기여한 바는 앞에서도 언급 한바와 같이 고대 그리스 사상가들이 관심의 대상으로 삼았던 자연으로부터 인간중심으로의 방향을 전환했다는데 있다. 이러한 관점에서 볼 때 그들은 분명히 진보적인 행동과 진보적인 사상으로 당대 사회문화에 변화에 획기적인 기여를 한 것만은 사실이다.

소피스트 사상가들이 기여한 또 다른 공로는 고대자연주의 사상가들로부터 플라톤, 아리스토텔레스로 이어지는 아테네 사상의 전성기를 맞이하는 교량적 역할을 했다는 점에 있다.

소피스트 사상가들은 그 이전의 자연주의 사상가들이 순수한 과학적인 측면에서 연구한 사상을 직접 인간들의 일상생활과 연관해서 윤리적인 측면까지도 고려하여 합리적인 사상의 대상으로 삼음으로써 진보적 사상가로서 자리를 매김 함과 동시에 후기의 서양사상의 발전에 크게 기여했다.

소피스트 사상의 대표적 사상가로는 프로타고라스를 들 수가 있다. 프로타고라스 (Protagoras, B.C. 500-430)는 B. C. 500년 경부터 430년 경까지 생존한 사람이며 에게해 북부 아부데라 출신이다. 프로타고라스에 대해서는 플라톤의 대화에서 논의되고 있다.

프로타고라스는 소피스트들 중에서 가장 진보주의 인물로서 아테네 전역을 배회하면서 정치 및 법률에 관한 자기의 지식과 대화를 가르치면서 일생을 보낸 소피스트들 중에서 가장 대표적인 인물이다. 프로타고라스는 도시사회가 존재하기 위해서는 개인 각자의 주관성을 고려하여 일반법을 적용해야 한다는 당대의 사회에는 한걸음 앞서 간 견해임에 틀림없다.

그의 법의 주관성은 인간은 만물의 척도라는 뜻을 의미한다. 이 명언은 사물이란 각자에 맞는 대로 적용해야 한다. 이 뜻은 갑에서 옳다는 사실은 을에게는 맞지 않는다는 의미이다. 인간이란 일반적인 인간이 아니라 개개인의 인간을 말하며 일반적으로 적용하는 기준은 사회적으로 심각한 결과를 초래한다. 따라서 사람들의 의견이 일치하지 않는 경우 어떤 것은 정당하고 다른 것은 그르다고 할만한 객관적인 진리가 없다.

프로타고라스의 진보주의적 주장은 도시사회에서 도시민 각자는 모든 관습을 받아들일 준비를 하고 있어야 한다는 것이다. 도시민이 이러한 관습을 잘 받아들이지 못하면 그 도시는 위험할 뿐만 아니라 무정부 상태를 초래하게 된다.

따라서 소피스트들은 도시민이 문명된 사회의 관습에 잘 적응하여 관습과 제도를 잘 받아들일 수 있는 적응력을 기를 수 있도록 가르쳐야 한다. 이러한 적응력이 없는 경우 인간은 자연 상태에 있는 동물과 같다. 프로타고라스에 의하면 소피스트들은 법이란 주관적이며 사람에 의해서 만들어지기는 했으나 공리적인 차원에서 인간에 의해서 정당화되어졌다.

프로타고라스는 신의 존재에 대한 종교적인 문제에 대해서는 회의적인 입장을 나타내고 있다. 인간은 삶 그자체가 너무 짧기 때문에 신의 존재를 알 수 없다는 무신론적인 견해를 가지고 있었다. 그의 이러한 진보적 사상 때문에 그는 아테네에서 추방되었으며 그의 모든 저서들은 아테네 광장에서 불태워 졌다.

프로타고라스와 거의 같은 시대에 시실리의 레온더노이에서 출생한 고르기아스(Gorgias, B. C. 483-375)는 프로타고라스와 함께 소피스트들 중에서 가장 유명한 진보주의적 사상가로서 달변이자 수사가로 유명하다.

프로타고라스가 사물의 주관성을 인정한 것과는 대조적으로 고르기아스는 만물의 주관성을 부인하여 주관적인 것은 허위라고 본다. 또한 어떠한 진리도 존재할 수 없으며 실존까지도 부정하는 허무주의자이다. 그의 진보주의적 명제는 아무것도 존재하지 않는다. 만일 어떤 것이 존재한다 해도 전혀 파악 할 수 없다. 그것을 파악 한다 해도 전달 할 수 없다는 것이다.

고르기아스는 파르메니데스의 존재를 부정하면서 제논의 변증법을 이용하여 그의 명제의 증명을 시도했다. 특히 파르메데니스의 이론을 부정하여 존재란 영원한 것이기 때문에 결국은 아무것도 없는 것이 된다.

그의 진보사상은 확실한 진리란 결코 존재하지 않는다. 비록 존재하더라도 사람의 감각을 통해서 전달되며 사람의 감각은 주관적이다. 따라서 전달이란 다르게 전달되며 올바른 전달이란 불가능한 것이다.

고르기아스의 제자이자 당대의 석학으로서 진보주의 사상가로 칼리클레스를 들 수가 있다. 플라톤의 대화 고르기아스에 소개되어 있는 칼리클레스(Callicles)에 의하면 자연이란 힘의 법칙에 의해서 지배되며 시민법과 도덕법은 계약의 결과이다. 따라서 사회계약은 약자들이 강자들을 속여서 강자들로부터 안전하게 보호받기 위해서 만들어놓은 계약이다. 인간사회의 모든 법은 강자가 약자를 돕도록 만들어져 있으며 문서화된 법률은 강자의 자연적 권리에 의해서 평가되어야 한다. 칼리클레스의 이러한 진보적 사상은 국제관계는 법률에 의한 지배라기보다는 힘에 의한 지배라는 국제관계의 기초이론 정립에 영향을 주었다.

칼리클레스에 의하면 힘에 의한 지배는 당연하다. 그러나 사회법에 반해서는 안 된다. 그의 이러한 사상의 모순점은 힘이 옳고 그름을 구별하는 척도인지 아니면 강자들이 그들의 권력을 행사해도 무관한 것인지 분명하지 않다.

기원전 5세기 후반의 소피스트들 중의 진보적 사상가로 트라슈마코스(Thrasymachus)를 들 수가 있다. 플라톤의 국가론에서 소개된 칼리클레스의 사상이 트라슈마코스에 미친 영향은 상당히 크다. 그의 진보주의에 입각한 사회사상은 정의나 옳음이란 단지 강자의 이익에 불과하며 정의는 단지 강자에게 이익이 되는 것 이외는 아무것도 아니다.

트라슈마코스가 가진 진보사상에 의하면 사회에서 강자가 개인이거나 집단이거나 간에 그들의 이익을 위해서 행동하는 것이 정의이다. 국가에 있어서 절대 권력과 그 권력이 인정해서 옳다고 생각되는 권력

간에는 충돌이 있을 수 없다. 이러한 권력들 간의 행동은 올바른 행동인 것이다. 소수의 약자가 옳다고 생각하면서 행하는 행동은 다수의 강한 힘을 가진 강자가 옳다고 인정할 때까지는 약자의 행동은 올바른 행동이라 볼 수 없다.

플라톤은 국가론에서 소크라테스의 말을 인용하여 몇 가지 반론을 제기하고 있다. 강자는 그의 힘을 과시하기 위해서는 절대로 행동하지 않는다. 강자인 지배자는 의사의 기술이나 선장의 항해기술에 비유 할 수 있다. 의사는 자기의 환자가 나을 때까지 극진히 치료하려고 노력하며 선장은 자기 배가 목적지에 도착할 때까지 배가 안전하게 운행될 수 있도록 노력 한다.

이와 마찬가지로 강자인 지배자는 자기가 통치하는 도시민들을 잘 보호 하려고 노력하고 있다. 따라서 강자는 결코 자기 개인의 이익만을 위해서 행동하지는 않으며 약자인 도시민의 이익을 위해서 노력한다.

트라슈마코스의 이론에 대한 논쟁의 목적은 강자는 어떤 권력행사의 목적에 의해서 행동하는 것이 아니라 합리적인 목적에 의해서 행동한다. 그의 이론은 도덕적인 법, 즉 정의롭고 바른 법이란 그 자신의 이익 추구를 위한 목적을 가지고 있다. 따라서 그의 진보주의에 의한 사상은 국가의 절대 권력에 의해서 만들어진 법이란 그 권력 자신의 이익을 보호하기 위해서 만들어진 것으로 해석 할 수 있다.

그러나 대다수의 사회 사상가들은 트라슈마코스의 이론에 반박하고 있다. 법이 권력자의 이익추구를 위하여 만들어 졌다는 그의 이론은 그 자체가 상대적으로 부적합한 이론이다. 거의 모든 법은 권력자 개인의 이익 추구만을 위하여 만들어진 것이 아니라 객관적인 도덕성의 원칙에 의하여 만들어진 것이다.

소크라테스 (Socrates)

소피스트 사상가들의 사상이 중심을 이루고 있을 때 소피스트들의 사상에 대한 날카로운 비판으로 출발한 그리스 최대의 진보적 사상가가 소크라테스 이다. 소크라테스는 당시 그리스 사회에서 학문적으로 주도해 나가고 있던 소피스트들의 사상에 정면으로 충돌하였으며 그들의 반감을 샀다. 또한 정부에 대해서도 도전적인 행동과 발언으로 정부에 대해서도 적을 만들어서 당시 정부의 미움을 받았다.

소크라테스는 일반적으로 소피스트중의 한사람으로 불리고 있으나 소피스트들과 구별하여 설명해야 한다. 비록 소크라테스의 생존시기가 확실하기는 하나 그에 관한 연구는 대단히 힘든 일 중의 하나이다. 그것은 소크라테스는 그 자신의 저술을 한권도 남기지 않았기 때문이다.

소크라테스는 아테네의 중류 가정에서 조각가인 부친과 산파인 모친사이에서 태어나서 평생 동안 아테네를 위해서 살다가 아테네에서 죽은 충실한 아테네 시민이다. 전하는 일화에 의하면 소크라테스는 굉장한 추남으로 맨발의 초라한 차림으로 어디든지 나타났다고 한다. 그의 부인인 크산티페(Xanthippe)는 악처로 유명하다.

그는 플라토닉 러브 이외는 연애는 몰랐으며 오르페우스교의 성자로 자처하면서 어느 장소에든지 항상 사람들에게 둘러싸여 논쟁을 벌였다. 따라서 그는 많은 적을 만든 결과 정부로부터 청소년들의 신앙심을 경감하고 부패와 타락의 길로 유도했다는 죄명으로 70세에 처형당했다. 그는 악법도 법이기 때문에 반드시 따라야 한다는 주장과 함께 처형당하기 직전의 태연한 태도는 유명한 일화로 전해지고 있다.

소크라테스에 관한 연구는 그의 제자인 크세노폰(Xenophon)과 플라톤에 의해서 전달되고 있다. 소크라테스에 관한 자료는 플라톤의 국가론에서 플라톤과의 대화의 주인공으로 등장하는데서 찾아볼 수가 있다. 소크라테스의 사상은 소피스트들과 같이 자연을 중심으로 한 연구보다는 인간을 연구대상으로 삼기는 했으나 대부분의 소피스트들이 인간주의에 대해서 각자에 맞는 기준을 정하는 주관주의에 빠져 버리는 대신에 소크라테스는 소피스트들에게 결여되어 있는 객관적인 진리성을 찾으려고 노력하고 있다.

프로타고라스와 같은 소피스트들이 주장하는 모든 선이나 악의 기준은 인간 각자의 환경에 따라 각자에 맞는 기준을 정하자는 것이다. 그러나 소크라테스의 진보적 사상은 모든 인간에게 공통적으로 적용할 수 있는 선과 악의 객관적인 기준을 찾아서 정하자는데 있다. 소피스트들의 약점인 객관적이고 보편적인 진리를 찾고자 하는 것이 바로 소크라테스 사상인 것이다.

이러한 진리를 찾기 위해서 소크라테스의 진보적 사상은 두 가지 방법을 전개해 나가고 있다. 첫째의 방법은 소위 소크라테스적 반어법으로 상대방으로 하여금 자기가 무식하다는 것을 자각하도록 하는 것이다.

소크라테스의 너 자신을 알라 라는 명언은 델포이의 아폴로 신전에 새겨져 있다. 이 명언은 바로 소크라테스는 자기 자신을 아무것도 모른다. 그렇지만 나는 아무것도 모른다는 것만을 알고 있다 라는 소위 반어법을 이용하여 타인에게 지식을 전달하려고 했다.

이와 같이 소크라테스는 겸손한 태도로서 자기의 무지를 고백함으로써 상대방이 자기의 지성을 알고서 따르라는 확고한 신념을 가지고 있었다.

소크라테스는 그의 이러한 반어법 이외에 또 다른 방법으로 자기 자신이 무식하다는 것을 안 후에 지식을 얻도록 도와주는 적극적인 방법을 쓰고 있다. 이와 같이 남의 지식을 도와주는 방법을 소위 소크라테스의 산파술 또는 조산술 이라고 부르는데 이방법은 소크라테스의 모친의 직업으로부터 유래되어 졌다.

소크라테스의 반어법과 산파술을 합친 것이 소크라테스의 유명한 대화법 또는 문단법이며 소크라테스는 이것을 철학 하는 것이다 라고 규정하고 있다.

소크라테스는 그의 대화법을 실천하기 위해 30년 동안 아테네거리 어디든지 나타나서 지식을 전파하였다. 그의 사상은 인간이 지식을 내부적으로만 습득하도록 하는데 그치는 것이 아니라 그 습득된 지식을 행하도록 하는 소위 지행합일설의 사상을 주장하였다. 그가 가진 진보적 성향의 사상이 서양사상에 끼친 공헌은 이론적인 자연사상을 실천적인 정신사상으로 전향 시킨 데 있다.

소크라테스의 실천사상은 그의 국가나 법에 관한 사상에서도 나타나고 있다. 그에 의하면 국가란 단순한 이해관계에 의해서 성립된 것이 아니라 우주 만물에 의해서 형성 된 것이다.

국가에 대해서는 복종하는 것이 진리를 찾는 것이며 국가의 법률에 복종하는 것이 정의를 실현하는 것이다. 그는 국가의 모함에 의해 감옥에 있을 때 간수로부터 탈옥의 권고를 받았으나 악한 시민이 옳은 법을 침범하는 것을 방지하기 위해서 선량한 시민이 악법을 따라야만 한다는 말을 남기면서 독약을 마신 후 죽은 일화는 유명하다.

플라톤 (Plato)

플라톤은 고대 그리스 도시국가 시대에 있어서 가장 뛰어난 진보주의 사상가 중의 한사람이다. 그의 출생 배경에 관해서는 정확하게 알려진바 없으나 문헌에 의하면 기원전 427년 경 아테네에서 태어나서 347년 경 그의 나이 80세가 될 때까지 살았다.

플라톤의 부모는 아테네의 전통 명문 집안이며 그의 두 형제 골라곤(Glaugon)과 아데만두스(Ademantus)는 플라톤의 대표적 저서인 공화국(The Republic)에서 중요한 역할을 하고 있다.

플라톤은 소크라테스의 제자이자 아리스토텔레스의 스승으로 21세에서 28세까지 소크라테스에게 배웠다. 플라톤은 소크라테스의 학문과 방법에 크게 감화를 받고 현실 정치에 뜻을 두었다. 그러나 스승 소크라테스의 처형과 아테네의 부패와 타락상을 보고 학문에만 전념하기로 결심했다고 한다.

소크라테스가 처형당한 후 남부 이태리를 여행 한 후에 아테네 교외에 아카데미를 설립하여 제자들을 양성 하였다. 이후 학문에만 전념하여 피타고라스학파의 수학이나 소피스트들의 상대주의론 및 데모크라토스의 유물론 등을 집대성하여 고대 그리스 최대의 관념론적 사상가가 되어 플라톤주의적인 사상체계를 수립하였다.

그리스 사상가 중에서 최대의 저술가로 35편의 대화편과 서한집이 있으며 13세기까지 중세의 사상이 그의 영향 하에 있었다. 인류 역사상 아리스토텔레스와 더불어 그를 뛰어 넘을 사상가는 없으며 그가 서양 사상사에 끼친 공헌은 지대하다.

플라톤이 태어나서 청년기까지는 아테네는 정치적으로 매우 불안정한 시기였다. 정치적으로는 다수의 통치 형태인 민주주의와 소수의 선택된 사람에 의해 통치되는 형태인 과두제(Oligarchy Government)가 반복되고 있었다. 특히 아테네와 스파르타간의 전쟁인 펠로폰네수스 전쟁 및 몇 차례의 혁명으로 인한 도시국가의 정치적인 불안정은 청년기의 플라톤에게 양당 모두가 부패와 타락 및 자기 개인들의 이익만을 추구하고 있다고 믿었다. 플라톤의 저서 공화국은 무엇이 도시국가에 있어서 정부가 해야 할 일인가를 보여 주는데서 출발 하고자 했다.

플라톤의 진보주의적 사상에 깊은 영향을 준 것은 그가 청년기에 살던 아테네의 정치 상황과 스승인 소크라테스와의 대화에 있다. 소크라테스는 아무런 저술을 남기지 않았다. 아테네의 길거리 어디서나 사람들이 모이는 곳이면 어떤 장소든지 누구든지 와도 대화를 통해서 지식을 전달하고자 했다. 소크라테스가 사람들과 대화에 사용했던 방법은 소크라테스의 화술 또는 소크라테스의 대화법으로 유명하다. 플라톤의 공화국에서 많은 부분이 언급되고 있다.

이 방법은 오만한 아테네인들의 비위를 건드렸으며 그 결과 많은 적을 만들었다. 기원전 399년 소크라테스는 아테네의 젊은 이 들을 불손과 부패와 타락의 길로 유도하고 있다는 죄목으로 사형에 처해졌다. 그의 죄목과 처형에 관해서는 플라톤의 용서(Apology)라는 대화 부분에서 언급되어지고 있다.

소크라테스의 죽음은 플라톤의 인생에 전환점이 되었다. 소크라테스의 생존시까지 플라톤은 아테네의 정치에 적극적으로 관여하기를 원했다. 그러나 소크라테스의 죽음은 플라톤에게 큰 충격을 주었으며 이후 플라톤은 현실정치에의 참여를 포기하고 진보주의적 사상가로서 연구에만 전념하기 시작했다.

플라톤이 믿기에는 철학의 이해만이 부패와 타락한 사회를 구할 수 있다고 믿었다.

소크라테스 사후 플라톤은 약 10년 동안 아테네를 떠나서 이탈리아 이집트 등 해외여행을 떠났다. 이 기간 도중 플라톤은 메가라라는 도시에서 대화형식인 소크라테스의 변명(Apolgia Socrates)을 저술하기 시작하였다.

이탈리아 여행 중에는 피타고라스 학파인 아리기타스를 만나 수학이 철학의 근원이라는 것도 알게 되었다. 그가 후일 아카데미를 설립하여 교육하는 동안 수학을 필수 과목으로 택한 이유가 여기에 있다.

10년간의 여행으로부터 돌아온 플라톤은 아테네에다 아카데미를 설립하여 조직적인 교육을 실시하였다. 기원전 386 년 플라톤은 아카데미를 설립하여 이곳에서 그의 생애를 마칠 때까지 가르쳤다. 플라톤이 설립한 아카데미의 목적은 철인 통치자를 양성하는데 있었다. 아카데미의 기본 교재는 공화국이었다. 이 아카데미는 요즈음 서양 대학의 효시가 되었으며 중세기에 문을 닫을 때까지 약 1000년간 계속되었다. 플라톤의 아카데미가 배출한 가장 훌륭한 학자는 플라톤에게 19년 이상 배웠던 아리스토텔레스를 들 수가 있다.

플라톤의 아카데미의 목표는 이상국가론의 실현을 아카데미를 통해서 이루고자 했다. 아카데미에서 배운 최고의 지식인은 상아탑에만 머무르지 말고 바로 현실 정치에 참여하여 국가에 봉사할 수 있는 기회를 찾아야 한다. 플라톤은 이것을 동굴속의 영상에 비유하고 있다.

아카데미에서 배운 철인들은 동굴속의 쇠사슬에 얽매여 있는 사람들을 동굴 밖의 밝은 곳으로 인도하여야 할 의무를 지니고 있다. 말년의 플라톤은 그의 일생을 거의 아카데미에서 교육에만 열중 하였다. 특히 많은 정치인들이 그를 방문하여 현실 정치에 관한 조언을 받았으며 몇몇 정치인들은 그를 해외에까지 초청하기도 했다. 그의 아카데미 출신 제자들 가운데에는 많은 사람들이 현실정치에 참여하여 도시국가의 입법에 관여 하였으며 플라톤은 그들에게 많은 자문을 하였다. 플라톤은 기원전 347년 아테네에서 80세를 일기로 세상을 떠났다.

플라톤과 소크라테스의 비교

플라톤은 고대의 가장 위대한 진보적 사상가 중의 한사람으로 불리고 있다. 그의 사상은 26편의 대화를 통해서 세상에 알려졌다. 그의 스승인 소크라테스와의 대화를 통해서 그의 진보적 사상을 나타내고 있다. 플라톤과는 대조적으로 소크라테스는 자신의 작품을 남기지 않았다. 단지 플라톤과의 대화에서 그는 자기의 진보주의적 개성과 인격을 잘 나타내고 있다.

그리스에는 소크라테스, 플라톤, 아리스토텔레스 3인의 사상을 나타내는 조각품이 있다. 소크라테스는 땅 밑을 내려다보고 있으며 반면 플라톤은 하늘을 향해서 쳐다보고 있다. 이들 두 사람 사이의 중간을 쳐다보는 사람이 아리스토텔레스이다.

소크라테스의 사상은 정신불멸성, 도덕기준의 주관성, 시대와 상황에 구애받지 않는 불변의 실체이다. 플라톤의 강의 방식은 소크라테스보다 더욱 공식적이었다. 소크라테스의 교육방법은 질문과 답변의 대화방식이었다.

반면 플라톤의 강의는 소크라테스 보다 공식적인 장소인 아카데미의 학교 강의실에서만 했다. 기원전 387년 플라톤의 나이 40세가 되던 해 세운 아카데미는 비 영리목적의 순수한 지식추구를 목적으로 세워

졌다. 그 당시 상인들에 의해서 영리를 목적으로 세워진 학교들도 있었다. 플라톤이 설립한 아카데미가 오늘날 대학의 효시로 부르기 때문에 플라톤은 오늘날 대학의 총장이라 볼 수 있다.

플라톤의 진보주의 사상

플라톤의 진보적 사상에 관해서는 아카데미에서 강의한 것으로 알 수 있으나 불행하게도 아카데미에서 강의한 내용은 문헌상 기록으로 보존되어 있지 않다. 그의 사상은 그의 대화(Dialogue)를 통해서 알려져 있을 뿐이다.

플라톤의 20여편의 대화는 주제에 따라 다르기는 하지만 대부분이 소크라테스와 그의 제자들과의 대화를 기록한 것이다. 그의 대화는 소크라테스의 방법론에 의존한 것이다.

플라톤의 공화국은 플라톤식 대화의 가장 정교하고 대중적인 것이다. 주제는 도시국가에 있어서 시민의 올바른 생활의 지침서인 것이다. 완전한 인생의 삶은 완전한 사회조건 즉 이상국가 아래서만 가능하다고 믿었다. 시민 개개인의 도덕성과 정치는 매우 밀접한 관계를 가지고 있으며 대화의 상당 부분이 이상국가에 관해서 설명하고 있다.

사실상 플라톤의 공화국은 공화국이라는 말의 제목보다는 국가 또는 시민사회라는 말이 더욱 적절하다. 더욱이 현대 사회학상의 용어를 이용하면 플라톤의 공화국의 내용은 공화국의 정부형태라기 보다는 군주국의 정부형태라고 보는 것이 더욱 합당하다. 공화국에서는 많은 부분을 교육, 예술, 시, 순수철학 및 형이상학에 관해서 언급하고 있다.

공화국 (The Republic)

플라톤이 말하는 이상국가론은 공화국 안에서 대화라는 곳에서 명시되어 있다. 소크라테스로부터 상당한 영향을 받기는 했으나 그의 진보주의 사상은 소피스트들의 그릇된 사상을 바로 잡고 동시에 소크라테스의 공리인 덕이 지식이다(Virtue is knowledge)라는명언을 통해서 그의 진보적 사상을 전개해 나가고 있다.

공화국에서는 그의 특정한 주제의 철학을 발견하기는 힘들다. 플라톤은 논리학, 형이상학, 심리학과 더불어 윤리에 관한 문제도 논의의 대상으로 삼고 있다. 논쟁의 대상은 소피스트들이 주장하고 있는 주관적인 도덕성의 법칙에 반대한 합리적이고 객관적인 원칙에 근거를 두고 있다.

공화국의 근본주제는 정의이다. 공화국은 정의에 대한 토론으로부터 시작하여 정의에 대한 토론으로 끝난다. 도덕의 기본요소는 진보적 정의이다. 플라톤이 말하는 정의의 개념은 오늘날 우리사회에서 사용하는 일상적인 개념으로서의 정의보다 훨씬 넓다.현재 사용하는 영어의 정의(Justice)라는 말의 어원은 라틴어의 jus에서 유래 되었다. 그 의미는 인간이 정의에 의해서 강요되는 것을 의미하지만 플라톤이 말하는 정의는 선(goodness)이다. 따라서 플라톤의 공화국의 목적은 선을 추구하도록 하며 선의 방향으로 나가도록 하는 것이다.

덕이 곧 지식이다

플라톤의 공화국의 근본개념은 덕이 곧 지식이다. 라는 그의 스승 소크라테스의 사상을 따르고 있다. 덕이 지식이다. 라는 전제는 근본적인 선이란 직관이나 추측 또는 행운에 의해서 라기 보다는 합리적이고 논리적인 관찰을 통해서 이루어진다.

플라톤의 지식 토대의 목표는 선이며 지식을 통해서 선과 올바름이 실현될 수 있다. 플라톤이 바라는 이상 국가는 변함없는 영원한 국가를 말한다. 또한 형이상학이 형이하학보다 우선해서 적용되는 국가를 말한다.

지식은 절대로 어긋남이 없는 것이다. 지식은 옳고 그름이 있을지 모르나 불변하는 진리인 것이다. 따라서 덕을 이해하는 지식은 인간의 목적이자 선 그 자체이며 최종 목표이다. 덕은 4가지 유형의 질을 포함하고 있다. 이것은 지혜, 용기, 절제, 정의를 말한다. 덕은 지혜, 용기, 절제의 3가지 요소의 조화로 형성되며 권력을 잡은 철인왕은 선과 지혜로운 생활을 해야 한다.

플라톤의 진보주의 방법론: 이상국가

플라톤의 진보사상에 관한 이론적인 접근방법은 이상적인 접근방법을 사용하고 있다. 그의 방법론은 소크라테스의 변증법을 사용하고 있으며 변증법적 방법론에 의해 사물의 본체를 추론하는 목적론적 방법이다.

플라톤에 의하면 도시국가를 포함한 정치는 보편적인 개념으로서 완전한 국가인 이상국가에서만 존재한다. 이상국가는 끊임없고 영원한 것이며 목적을 가지고 있다. 이상국가의 궁극적인 목표는 시민의 행복에 있는 것이다. 시민을 행복하게 만들기 위해서는 이상국가는 정의를 수행하는 국가이어야 한다. 정의를 수행하는 국가가 되기 위해서는 도시민들에게 선을 최대한 수행하고 도시국가에 기여할 수 있는 특수한 교육방법을 강구하여야 한다. 따라서 이상국가의 근본적인 기능은 교육이다.

플라톤의 진보적 이상국가의 목적은 도시국가 시민의 근본적인 필요성을 충족시키는 일이다. 이상국가는 도시민들에게 필요한 상품을 생산해서 물욕적인 욕망을 충족시켜 주는 일이다. 또한 도시민의 보호를 위해서 능률적인 행정을 통한 도시민을 만족 시키는 일이다.

플라톤의 진보적 이상국가의 궁극적인 목표는 도시국가의 통합과 조화를 유지하는 일이다. 도시인들이 사회생활을 함에 있어서 모든 면에서 내부적인 조화를 통해서 단합된 사회가 이루어져 시민 각자가 만족한 삶을 누리는 것이 이상국가의 목표이다. 따라서 도시인 각 개인은 국가의 구성원으로서 단합된 국가를 형성하는데 노력해야 한다.

또한 철인왕은 강한 권력을 소유하거나 토마스 홉스의 수중괴물인 라비이디안(Leviathan)과 같은 거대한 권력의 집합체를 소유하고 있어야 한다. 홉스와 플라톤의 차이점은 홉스는 왕의 절대 권력은 강요에 의해서 창출된 것이며 플라톤의 철인왕은 합리성에 의해서 부여된 것이다.

진보주의적 이상국가의 목적과 수단은 이성에 의한 통치이다. 이상국가는 시민의 좋은 생활과 행복을 위해서 존재한다. 도덕적으로는 정의롭게 경제적으로는 자급자족 방법으로 육체적으로는 튼튼하게 행동적인 면에서는 합리적이다. 이 모든 것이 상호간에 조화를 이루는 것이 이상국가의 목적과 수단이다.

이상국가의 목적과 수단은 이성에 의한 통치이다. 시민의 좋은 생활과 행복을 위해서 존재하며 도덕적으로는 정의롭게 경제적으로는 자급자족 방법으로 육체적으로는 튼튼하게 행동적인 면에서는 합리적이며 상호간에 조화를 이루는 것이 이상국가의 목적과 수단이다.

플라톤의 진보적 이상국가는 도시민들을 3가지 계급으로 분류하고 있다. 이상 국가는 이상적인 시민과 이성의 가치에 의한 구분에 의해서 3가지 계급으로 분류하고 있다. 개인적인 능력에 기준을 둔 이상국가는 생산 층, 군인 및 지배층의 3가지 계급으로 구분하고 있다. 도시국가에 필요한 물건을 생산하는 노동자 계급, 도시를 지키는데 필요한 군인 및 도시국가를 다스리기 위해서 가장 합리적인 사고와 이성을 갖춘 지배층이다.

또한 완전한 이성을 갖춘 철인 왕이 노동자 계급과 군인을 통치해야 한다. 철인 왕 즉 지배계급은 심리적으로 도시국가를 파괴하는 모든 행위를 막을 수 있는 자세를 갖추고 있어야 하며 아울러 이성을 갖추고 있는 철인 왕 이어야 한다.

철인 왕이 가지고 있는 이성의 기능이란 철인 왕이 도시인을 가장 잘 이해하고 도시인의 이익을 위해서 노력한다는 것을 의미한다. 따라서 지배자 즉 왕이 철인이 될 때까지 다시 말하면 철인왕이 지배계급이 될 때까지는 도시국가는 재난을 피할 수 없다. 합리적인 도덕에 의해서 철인왕은 천부적으로 지배 할 권리를 가지고 있으며 지배자는 특수훈련 및 교육에 힘입어 천부적으로 지배할 능력을 갖추고 있다.

플라톤의 이상국가에서는 철인 왕이란 도시민들이 선거에 의해서 선출된 사람이 아니라 엄격한 교육제도에 의해서 도덕과 지식의 시험을 통해서 선택된 사람이다.

플라톤의 이상국가는 지배계급 다음으로 군인 계급을 들고 있다. 군인계급의 특성으로 군인계급은 무엇보다 용기를 소유하고 있는 도시민을 말한다. 용기를 갖추고 있는 도시민이란 직업적으로 국토방위에 종사하는 사람을 말하며 상당한 정신력과 강인하고 겁이 없는 도시민을 말한다.

세 번째 계급으로는 생산자 계급이다. 경제적인 시각에서 보면 생산자 계급은 노동자, 농민, 건축가, 무역상 등 도시국가의 생산력 및 노동과 자본 등 모든 경제적인 것과 관련을 가지고 있는 계급을 말한다. 생산자 계급이 경제적으로 부를 축적 할 수 있는 범위는 사유재산의 허용 및 너무 많은 부와 너무 가난한 정도가 아닌 보통 정도의 재산을 가질 수 있다.

현실 국가

플라톤은 이상 국가 다음의 국가로 현실국가론(sub-ideal state)을 들고 있다. 현실국가란 법치국가론을 의미하며 철인 왕에 의해서 통치되는 국가는 법에 의해서 통치되어야만 한다. 따라서 플라톤의 공화국의 정신이나 법의 정신은 필연적으로 동일하다.

그러나 차이점을 찾는다면 이상국가에서 플라톤의 관심은 철인왕은 법의 간섭 없이 이성에 의해서 통치할 수 있으나 현실국가에서는 통치자 한사람이 법에 따라서 통치하여야 한다. 이러한 플라톤의 법치국가론은 몽테스큐의 법의 정신에 상당한 영향을 주었다.

플라톤의 법에 의한 현실국가론에서는 남여 평등, 결혼 연령에 관한 규정 및 금욕생활의 3 가지 기본원칙을 두고 있다. 현실국가론을 정치적인 측면과 경제적인 측면으로 나누어 볼 수가 있다. 정치적으로는 여성도 남성과 같이 교육을 받을 권리가 있다는 진보적인 사상을 대변하고 있다. 특히 여성의 완전한 정치적 해방권을 주장하고 있다. 앞에서 언급한 바와 같이 이상 국가는 통치권이 철인 왕이라는 개인에게 주어진 반면 현실국가에서는 법이라는 공식화된 형태를 취하고 있다.

플라톤의 현실국가에서 법에 의한 통치라는 형태는 현대사회의 모든 국가가 취하고 있는 형태인 주권이 국민에 있는 것이 아니라 주권이 법에 있으며 모든 권력은 법으로부터 나온다. 따라서 플라톤의 현실국가는 법이 도시민들의 위에서 최고 통치자로서 군림하고 있다.

경제적인 면에서 도시국가에서 재산권의 분배 및 빈부의 격차에 대해서 다루고 있다. 빈부의 격차는 계급간의 갈등 및 도시국가 전체의 분열을 초래 할 우려가 있다. 따라서 도시국가는 중산층이 가장 많은 형태의 도시국가가 이상적인 국가이다. 각 개인간의 수입의 격차의 최대치는 4대 1을 넘지 말아야 한다. 또한 현실국가는 도시민에게 필요한 경제적 물자는 국가가 자급자족 할 수 있을 정도의 여유가 필요하다.

정치가론

플라톤의 진보적 사상을 담은 3대 대표적 전집은 공화국(The Republic), 정치가론(The Statement), 법률론(The Law)이다. 공화국은 이 세상에서 존재하는 가장 이상적인 형태의 도시국가와 통치형태에 대해서 서술하고 있다. 정치가론에서는 공화국의 통치형태를 더욱 발전시켰다. 법률론에서는 이상국가 다음의 국가인 철인 왕을 대신하여 법에 의해서 통치되는 현실국가에 대해서 집중적으로 서술하고 있다.

정치가론에서는 공화국과 법률론의 중간적인 관점인 이상국가론과 현실국가론의 중간적인 시점에서 플라톤의 정치사상을 전개해 나가고 있다.

도시국가의 모든 불안전성은 법의 통치에 의해서 치유될 수 있으며 통치자와 피통치자는 모두 법 앞에 무조건 복종하여야 한다. 플라톤의 이러한 정치사상은 근본적으로 인간의 심리적인 측면에다 초점을 맞추어 나가고 있다. 인간의 윤리관이나 심리적인 관념은 도시인 개개인과 국가를 서로 연결시키려고 하고 있다. 개개인의 부패와 이익추구가 바로 도시국가의 부패와 도시국가 전체의 불안정을 초래하며 결과적으로 도시국가를 무정부 상태의 국가로 만든다.

플라톤의 심리학적 측면에 근거한 국가관은 하나의 형이상학적이며 플라톤의 국가관은 국가 및 인간의 행동의 가장 기본적인 목적은 경제적 욕망의 충족이라는 형이하학적인 면을 무시한 모순적인 이론이라는 비난을 받고 있다.

플라톤의 진보사상은 모든 현존하는 것은 시간이 경과함에 따라 부패하기 마련이다. 라는 논리를 가지고 있다. 이러한 논리는 도시국가도 시간이 경과함에 따라서 부패될 성향이 있으며 부패를 최소한으로 줄이는 방법이 바로 정부형태의 구조에 달려 있다. 공화국 즉 이상국가에서는 공명정치(Timocracy), 과두정치(Oligarchy), 민주정치(Democracy), 참주정치(Tyranny)의 4가지 종류의 정부형태로 분류하고 있다.

플라톤의 이상국가의 정치형태는 변화될 수 있으며 변화되어서 몇 가지 형태의 부패와 타락의 정부형태로 변화된다. 첫 번째 부패와 타락된 정부형태가 공명 정치 형태로서 도시국가는 이성을 가진 철인 왕에 의해서 지배되는 것이 아니라 명예를 갈망하는 통치자에 의해서 지배되는 정치형태이다.

두 번째의 정치형태는 과두정치형태로서 소수의 금력을 가진 부유층에 의해서 지배되는 정부형태이다. 세 번째는 민주정치 제도의 형태로서 모든 도시민이 동등한 권리를 가지고 정치에 참여하는 정치형태이다. 플라톤의 이상주의 정치형태에서 모든 인간은 동등한 권리를 가지고 태어난 것이 아니라 각각 다른 신분을 가지고 태어났다. 따라서 민주주의 형태는 부패와 타락의 정부형태이다.

네 번째의 정부형태는 참주정치이다. 참주정치의 형태는 민주정치 형태에서 도시민 전체의 경쟁과 알력이 발생한 결과 도시국가가 무정부 상태로까지 번진 결과 이것을 이용해 권력욕을 가진 자가 정권을 장악하기를 희망하는 정부형태를 말한다.

플라톤의 정치가론에서는 정치도 예술의 한 종류로 보고 있다. 정치에 대한 전문적인 지식을 갖춘 전문가만이 통치를 할 수 있다. 정치가론에서는 통치술이란 정부가 어떤 종류의 형태와 기능을 갖추고 있더라도 구애를 받지 말아야 한다. 플라톤은 국가에서 법이란 필요한 것이기는 하지만 정치가란 법에 구애받지 않고서 집행할 수 있는 재판관이 되어야 한다는 것이다.

또한 정치가의 통치술이란 모든 예술가들의 예술과는 달리 가장 우수한 예술이며 플라톤은 정치가의 통치술을 예술중의 예술이라고 극구 칭찬하고 있다.

플라톤은 예술을 육체적인 노동에 의한 예술과 정신적인 노동에 의한 예술의 두 가지 종류로 구분하고 있다. 도시민이 의술을 배워서 의사가 되어서 병을 고치는 일이라든가 항해술을 배워서 항해사가 되는 기술은 육체적 예술이다. 반면에 정치인의 통치술은 지적인 기술을 요하는 정신적 예술이다.

특히 정치인의 통치술이란 일반적인 지식을 넘어선 특수하고 이론적이며 정확한 지식을 갖추는 기술을 요하고 있다. 따라서 정치가가 되기 위해서는 이론적으로 세분화 되어있는 깊은 지식까지를 시험을 치러야 한다.

플라톤의 정치가론에서는 정치인들이 수행하는 업무의 범위에 대해서 설명하고 있다. 정치인들이 해야 하는 기본적인 업무는 도시국가의 발전과 생존에 필요한 기본적인 업무를 수행하는 일이다. 정치인이 하는 업무와 목수, 건축가, 시인, 음악가 등의 정치인이 아닌 사람들이 도시국가의 발전을 위해서 하는 업무는 구별하여야 한다.

정치인은 양떼를 이끄는 목동이며 정치인이 아닌 사람들은 양떼이다. 정치인인 목동은 양떼들이 위험한 곳으로부터 막아야 할 의무가 있으며 양떼가 편히 쉴 수 있는곳으로 인도하여야 한다. 플라톤은 철인왕과 폭군과의 차이점을 철인왕은 양떼들 중에서 길들여지지 않은 양을 받아 들여서 법의 힘에 의해서 유순한 양으로 만들 수 있는 능력을 가진 왕을 말하며 길들여지지 않은 양을 포용할 능력이 없는 왕은 폭군으로 간주하고 있다.

플라톤의 진보주의 사상은 도시인 개개인의 특성을 살려서 도시국가에 반영하는데 있다. 국가와 개인은 유사하다고 보고 개인이 가지고 있는 기능과 조직을 국가에다 적용하고 있다. 개인적인 차원에서 정의란 지혜, 용기, 절제가 합쳐서 균형과 조화를 이루는 것이다. 국가론적 차원에서 정의란 3계급인 지배계급, 군인계급, 생산자 계급이 자기 맡은 일에 충실히 수행하면서 다른 사람에게 간섭하지 않으면서 3 계급이 조화와 균형을 이루는 것이 정의다.

플라톤의 정치가론은 공화국보다도 상당히 후에 저술되었기 때문에 공화국과는 상당히 다른 견해를 나타내고 있다. 정치가론에서 정치형태는 통치자의 수에 따라서 구분하고 있다. 1인에 의해서 통치되는 정치형태를 군주정치(Monarchy), 소수의 통치자에 의해서 지배되는 정치형태를 귀족정치(Aristocracy), 다수의 지배에 의해서 통치되는 정치형태를 민주정치(Moderate Democracy)이다. 이 세 가지 정치형태는 다시 법률에 의해서 통치되는 형태와 법률에 의해서 다스려지지 않은 결과 부패된 정치형태로 다시 세분화 하고 있다.

일인에 의해서 통치되면서 법률에 의해 지배되는 정치형태가 군주정치이다. 이와 대조적으로 1인에 의해서 통치되기는 하나 법에 의해서 통치되지 않은 결과 부패와 타락된 정부형태가 참주정치(Tyranny)이다. 두 번째로 소수에 의해서 통치되면서 법률에 의한 지배형태가 귀족정치(Aristocracy)이다. 그와 대조적으로 소수에 의해서 지배되기는 하나 법률에 의하지 않고 통치한 결과 타락한 정치형태가 폭민정치(Extreme Democracy)이다.

플라톤은 통치술이란 국가의 형태와 기능과는 관계가 없다고 생각하고 있다. 지배인이 진정으로 능력이 있는 왕이라면 정부가 어떤 정치 형태이더라도 좋은 통치인이 될 수 있다. 이러한 관점에서 보면 플라톤에게는 법이란 필요한 것이다. 그러나 그 법이 도시국가 사회와 도시민의 생활을 위하는 법이라 할지라도 모든인간 생활을 지킬 만큼 완전한 법은 존재하지 않는다.

따라서 인간의 생활을 관리할 만큼 좋은 법이 아닐 때는 왕이 법에 우선하여 통치 할 수 있다. 또한 시민들을 법에 우선하여 통치를 할 수가 있으며 시민들은 법에 우선하여 왕의 명령에 복종하여야 한다. 이러한 관점에서 보면 통치자가 법에 우선하는 국가가 가장 이상적 국가이다. 그러나 그것이 불가능한 경우에 도시민은 도시국가의 법을 준수하여야 한다.

법이란 만드는 과정에서 입법자는 사실 하나 하나의 경험을 토대로

해서 만들었기 때문에 법도 하나의 과학이다. 플라톤은 법도 과학이기 때문에 오류가 없다는 것이다. 따라서 도시민은 반드시 법을 준수하여야만 하며 누구도 법에 위배되는 행동을 해서는 안 된다. 단지왕은 특수한 경우에 왕이 이성과 지식을 토대로 한 판단이 법보다 낫다고 생각되는 경우는 법에 우선해서 적용 할 수 있다.

플라톤은 왕의 통치술과 일반 도시민들의 통치술을 구별하고 있다. 장군, 재판관, 웅변가들도 부하 군인들, 범인, 청중들 앞에서 통치술을 행사하고 있는 것 같이 보인다. 이들도 사실상 도시민으로서 통치술을 행사하고 있다. 그러나 정치가의 통치술은 이들 재판관이나 장군들의 통치술보다 우월하다.

재판관은 정치인이 만든 법에 따라 양심에 의해 재판하여야 하며 군인도 정치인의 명령에 의해 부하 군인을 통솔하고 있는 것이다. 따라서 통치자의 통치술은 선이 존재하는 모든 형태중의 형태인 것과 같이 예술중의 예술인 것이다. 통치자는 도시민을 다스리기 위해서 통치술을 최대한으로 향상 시켜나가야 한다.

법률론 (The Laws)

플라톤의 3대 저서인 공화국, 정치가론, 법률론은 모두가 탁월한 진보 사상을 함유하고 있다. 현재까지 이 대전집을 뛰어넘을 사상서는 나오지 않고 있다. 플라톤의 3대전집 중 공화국에서 이상적인 도시국가에 필요한 형태와 모양만을 묘사해 보려고 하고 있다. 통치술에 대해서는 정치가론에서 더욱 발전 시켜나가고 있다.

플라톤의 마지막 저서인 법률론에서는 이상국가 다음의 최상국가

(Sub-Ideal State)인 현실국가론에서 철인왕 만이 통치할 수 있는 이상적인 생각은 불가능 하다고 본다. 법에 의한 정부 형태가 개인에 의한 통치 형태보다도 나은 이유는 일인 통치의 폭군이 나타났을 경우를 고려해야 하기 때문이다. 법률에 의한 통치의 문제점은 법이란 법 혼자서는 해석 및 적용 할 수가 없기 때문에 사람이 해석을 해야만 한다.

플라톤의 이상국가론에서는 이상과 덕을 갖춘 철인왕이 경험에 의해서 법을 적용하여 문제를 해결 할 수 있다. 따라서 철인왕이 법을 적용하는 것이 재판관이 법에 따라 법을 적용하는 것보다 낫다. 철인왕은 근본적으로 이성과 덕을 갖추고 있기 때문에 정부기관에서 실질적으로 경험에 의해서 기술을 익힌 재판관 보다 법을 적용하는 가치와 기준이 다르기 때문이다.

더구나 범인이 법을 어겼을 경우 그 범인이 법을 어긴 만큼 정확하게 법률에 기록되어 있지 않기 때문에 일반법을 적용하여야 되기 때문이다. 따라서 일반법의 해석에는 이성과 도덕과 경험이 더욱 풍부한 철인왕이 일반 재판관의 법 해석 및 적용 능력보다 우수하다.

법률론에서 도시인들의 교육의 중요성에 대해서 논의하고 있다. 교육의 목표는 통치자뿐만 아니라 도시인들이 도시의 규율을 잘 지켜 나가도록 하는 것이다. 어린이들을 잘 관찰해보면 도덕성은 습관에 의해서 길들여지며 교육에 의해서 나쁜 습성은 고쳐질 수 있다.

통치의 가장 기본적인 목표는 무식한 도시민을 선량하게 이끄는 것이다. 도시민이 선량한 시민이 되기 위해서는 어릴 때의 습관에 의해서 결정된다. 어릴 때 좋은 습관을 가진 도시민들은 도시의 발전을 위해서 노력하고 있다. 이러한 좋은 습관을 길러주는데 결정적인 역할을 하는 것이 교육이다. 국가와 인간의 본성을 지혜, 용기, 절제의 세 등

급으로 분류 하듯이 교육도 필요한 과목으로 음악, 체육, 변증법의 세 과목이다.

도시민을 통치하는데 있어서 주요한 것은 도시민의 생각보다 법에 따라서 통치를 하여야 한다. 그러나 통치자가 법에 따라서 강압적으로 다스리면 과거 페르시아 왕국과 같이 몰락해 버리며 또 너무 많은 자유가 주어지면 도시는 파멸의 길로 들어선다. 플라톤은 너무 많은 자유가 부여된 민주주의 국가에서는 서로간의 존경심이 없어지고 정의는 무시되어 버린다. 이러한 형태의 국가에서는 통치자와 법률은 필요 없어지기 때문에 민주주의 국가는 곧 몰락하게 된다.

플라톤은 공화국에서 민주주의 정부형태를 폭군정치(Tyranny) 형태 다음으로 좋지 못한 정치형태로 규정하고 있다. 그러나 법률론에서는 민주주의 정부형태에 관해 수정 설명하고 있다. 법률론에서 민주주의 정부형태가 지금 영국의 군주제형태와 같이 군주제 정치형태와 혼합된 민주주의 형태를 취하면 좋은 정부형태의 국가가 될 수 있다고 설명하고 있다. 이러한 군주제와 혼합된 민주주의 형태의 정부에서는 시민 상호간의 우애와 자유로운 지혜를 갖춘 형태의 국가가 된다.

법률론에서 법은 세 가지 목표를 염두에 두고서 제정되어야 한다. 우선 도시민의 자유를 보장받도록 제정되어야 한다. 다음 단계는 계급간의 균형이 이루어지도록 제정되어야 한다. 마지막으로 도시민이 서로 서로를 이해 할 수 있도록 제정되어야 한다. 용기와 인품을 갖춘 통치자는 제정된 법률아래서 도시민들로부터 존경을 받을 것이다. 통치자 역시 법을 준수하려고 노력하기 때문에 이상국가가 될 수 있다.

현실국가에서는 법률은 통치자 위에 있으며 법률에 따라서 통치자가 통치를 하면 그 국가는 구원을 받을 수 있다. 통치자가 법을 적용할 때는 시민들에게 설득과 강요에 의해서 적용하여야 한다. 이러한 통치자의 법률적용 방법은 선을 창출하며 시민들은 통치자의 명령에 쉽게 복종한다.

플라톤의 법률론에서 논하고 있는 법이 통치자에 우선해야 한다는 근거가 어디에 있느냐에 대해서 분명히 밝히고 있지 않다. 그러나 후세에 상당한 영향을 주었다. 특히 국가의 최고법인 헌법의 합법적인 권위의 부여에 관해서는 사회계약론자인 루소, 왕권신수설의 신봉자인 존 보딘, 국가 창조론자인 마키아벨리 같은 사상가에게 상당한 영향을 주었다. 이들은 헌법의 합법성을 플라톤의 법률론으로부터 도출해 냈다.

플라톤은 그의 후기작인 법률론에서 국가는 크기의 규모나 인구 면에서 작은 국가가 이상 국가이다. 재산 면에서는 가능한 한 공정하고 정당하게 배부되어야 한다. 재산은 모든 도시민이 공통적으로 소유권을 가져야 하며 만일에 사유인 경우는 반드시 국가에 알려야 한다. 따라서 원칙적으로 모든 재산은 전 도시민이 소유권을 공유하고 있어야 가장 이상적인 도시국가 이다.

재산 분배 면에서 너무 지나치게 많은 재산을 소유한 부유층이 있거나 너무 가난한 층이 존재해서는 안 된다. 빈부의 심한 격차는 도시국가의 복지에 큰 문제가 생긴다. 법률은 빈부의 격차를 줄이는데 노력해야하며 부유층이 재산을 이용하여 권력을 행사하는 것을 막도록 해야 한다.

법률론에서 플라톤은 교육의 중요성에 대해서 강조하고 있다. 교육은 도시사회에서 기능이나 구조면에서 미흡한 점을 개발해 나가는데 중요한 역할을 하고 있다. 법률은 도시국가를 통치해 나가는데 있어서 단지 골격과 윤곽에 불과하다. 윤곽과 골격들 사이에 풍습들이 엉켜져 있으며 이러한 것들을 잘 운영해 나가야 한다. 좋은 풍습을 가르친다는 것은 법을 잘 준수하도록 가르치는 것과 같다.

그밖에 예술 면에서 시나 댄스 등은 법으로 정해서 검열하도록 해야 한다. 특히 나쁜 희곡이나 문학은 젊은이들을 자극하여 도시 사회에 피해를 주며 희곡에 나오는 주인공을 모방하려고 한다. 따라서 나쁜 희곡은 법으로 규제해야 하며 반면에 도덕적으로 수준이 높다고 평가되는 희곡은 젊은이들이 모방해도 도시 사회를 불안하게 만들지 않기 때문에 허용해도 된다. 공화국이나 법률론에서 수학을 가르치도록 하고 있으며 이중에서도 대수, 기하, 천문학을 집중적으로 가르치도록 권장하고 있다.

교육론에서 남여는 동등한 교육을 하여야 한다. 그러나 남여 간에 지켜야 할 몇 가지 점 중에서도 이성간의 사랑에 대해서 청소년들이 육체적으로 부끄러운 성행위, 단순한 정신적이고 순수한 남여간의 사랑, 정신적이고 육체적인 사랑으로 구분하고 있다. 이중에서 순수한 정신적 사랑은 도시국가에서 법으로 정해서 허용할 수 있다. 그러나 부정한 성행위와 육체적 사랑은 금지되어야 한다.

정신적인 순수한 남녀간의 사랑은 법으로 정해서 지원을 하여야한다. 근친상간은 도시국가에서 가장 나쁜 죄 중의 하나로 관습화되어 있다. 또한 지나치게 음란한 성행위도 다른 흉악한 죄인 강도, 살인과 같이 사회에서 나쁜 죄 중의 하나로 관습으로 여기도록 해야 한다. 이러한 성적인 욕망은 쾌락 충족을 위한 수단에 불과하기 때문에 청소년들이 자기 맡은 일에 충실히 일하면 이러한 욕망은 없어진다.

플라톤은 형법학적인 관점에서 형법의 필요성을 강조하고 있다. 도시국가의 죄인 모두를 위해서 죄인에게 맞는 형량의 벌을 주어야 한다. 죄인이 교육을 받고 지성을 갖춘 사람일 때는 엄한 벌을 주어야 한다. 이러한 플라톤의 진보적 법철학적 관점은 그의 스승 소크라테스로부터 많은 영향을 받았다.

소크라테스에 의하면 사람은 알고서는 죄를 저지르지 않기 때문에 현명한 사람은 죄를 범하지 않는다. 남을 기만하는 사람은 자기가 무식하다는 것을 모르기 때문에 남을 속이며 현명한 사람은 자기가 아무것도 모른다는 것을 알기 때문에 죄를 범하지 않는다. 법적인 관점에서 플라톤의 견해는 범죄는 인간의 정신부분의 가장 아래에 있는 이성이 없는 욕망과 쾌락의 추구 때문에 남을 속이고 죄를 범하게 된다.

법철학적인 관점에서 플라톤의 이러한 진보주의적 견해는 루소와 칸트에게 영향을 주었다. 루소에 의하면 이성에 의하지 않고서 본능에 의해서 행동하는 사람은 짐승과 같다. 칸트는 인간이 이성에 따라서 행동할 때는 도덕적인 것이 될 수 있다. 그러나 육체가 지시하는 바에 따라 행동을 하면 그 행위는 폭력적이며 범죄행위가 된다. 플라톤의 견해는 법이란 야수와 같은 사람을 위해서 필요하며 선한 사람은 법에 제약받는 것을 거부한다.

플라톤의 세 가지 계급론

진보주의적 관점에서 플라톤의 세 가지 계급론은 소크라테스의 이론을 발전시킨 것이다. 플라톤이 발전시킨 이론은 개인적인 정의에서 도시국가의 정의로 전환이다. 플라톤에 의하면 개인은 어느 누구든지 자급자족 할 수가 없기 때문에 자기가 필요로 하는 것을 공급받기 위해서는 개인 상호간에 협조를 하여야 한다는 논리에서 시작하고 있다.

문명된 도시국가는 세 가지 부류의 도시민으로 구분된다. 생산자계급은 도시국가의 부를 위해서 물자를 공급하는 계급이다. 군인계급은 외부의 적의 공격으로부터 도시민을 보호하고 질서유지를 위해서 필요한 계급이다. 통치자 계급은 국가의 정책을 집행하는 계급이다. 이 세 가지 계급이 모여서 국가를 형성하고 있다. 생산자 계급은 통치자의 권위에 순응하는 절제를 갖추어야 한다. 군인계급은 위험을 무릅쓰고 용감하게 싸울 수 있는 용기를 갖추어야 한다. 통치자 계급은 사물의 도덕적인 가치관을 측정하여 올바르게 판단할 수 있는 능력을 갖추어야 한다. 이상적인 국가의 구성조건으로서 세 가지 요소와 세 계급이 서로 간에 조화를 이루는 것이 필요하다.

정의란 계급내의 각자간의 조화와 계급간의 조화를 이루는 것이 정의이다. 건강한 육체는 신체내의 장의 기능이 각기 기능을 수행하면서 다른 부분과 조화를 이루고 있듯이 국가도 똑같은 것이다. 이것이 플라톤의 국가 조직이론이다.

국가의 정의의 개념과 마찬가지로 개인의 정의의 개념은 욕망, 정신, 이성이다. 개인의 욕망, 정신, 이성의 조화를 유지하는 것이 정의이다. 플라톤은 도덕이란 개인과 국가와의 관계를 말하며 개인이 성공한다는 것은 도시국가에서 필요로 하는 것을 잘 공급한다는 것을 의미한다.

조직이란 전체가 부분보다 중요하다는 것을 뜻하며 살아있는 물체로부터 부분을 떼어 버리면 조직은 존재할 수 없다. 조직론에서 보면 각 부분은 중요한 정도가 다르다는 것을 의미한다. 신체에 있어서 위가 편도선 보다 중요하다는 의미이다. 이것은 도시국가에서 계급간의 차별대우를 뜻하며 도시민은 각자 맡은 바를 잘 수행해 나가는 것이 좋은 시민이다.

플라톤은 통치자는 이성에 의해서 지배되기 때문에 사물의 옳고 그름을 정확하게 판단하는 초인간적인 힘을 가지고 있다. 국가 정책도 이성을 가진 통치자가 많이 참여 하여야 하며 군인이나 생산자는 국가 정책에 관여해서는 안 된다. 따라서 플라톤은 도시민 각자가 자기의 의견과 영향력을 도시국가 정책에 반영하는 것에 대해서 반대하는 입장을 가지고 있다. 이러한 점에서 볼 때 플라톤은 민주주의 정부형태에 대해서 강력하게 반대하는 견해를 가지고 있다.

선에 관한 여론과 지식

진보적 관점에서 플라톤은 정치가 잘 수행되어 나가기 위해서는 도덕적인 지식에 따라서 해야 하며 여론에 따라서는 안 된다는 견해이다. 일반시민들은 선의 본질과 표면상 나타난 선을 구별하지 못하고 있다.

플라톤은 미의 본질 자체와 아름다운 사물을 구별하고 있다. 이러한 사물의 본질과 표면을 구별하기 위해서 특수성과 보편성을 분리하고 있다. 예를 들면 오렌지 하나 하나는 특수성은 가지고 있지만 보편적인 면에서는 오렌지하면 노랗고 달다는 것이다. 따라서 어떤 사물이 아름답다면 본질적으로 미 자체를 가지고 있기 때문이다.

플라톤이 보는 선의 지식이란 단순히 보편적으로 아름답다고 하는 것보다 더욱 복잡하다. 따라서 철인만이 사물의 진실과 본체를 볼 수 있기 때문에 전문인에 의한 정부형태의 필요성을 강조하고 있다. 플라톤이 민주주의 형태의 정부를 비난하는 이유는 공민의 요구와 필요에 의해서 행하여지기 때문이다. 플라톤은 전문가에 의한 통치를 요구하고 있으며 이러한 전문가를 양성하기 위해서는 두 가지 조건을 요구하고 있다.

전문가가 되기 위해서는 선의 지식을 얻기 위한 마음의 자세를 가져야 한다. 아울러 교육을 받은 후에 18세부터 2년간 군사훈련을 받은 후에 군인이 되어야 한다. 철학과 수학도 필수과목으로 해야 한다. 수학은 순수한 사상을 순수한 사실로 전환시키는 한 방편이다. 특히 수학은 20세에서 30세까지 배워야 하며 5년간의 변증법도 곁들여서 공부해야 한다. 변증법은 오늘날의 철학에 해당하며 선의 법칙을 공부하기 위해서는 필요하다. 또한 기하학, 천문학, 음악 등도 상당히 필요한 과목으로 여기고 있으나 역사학에 대해서는 언급이 없다.

플라톤에 의하면 이상국가에서 통치자는 사유재산이나 돈을 소유해서는 안 되며 국가로부터 허용하는 생활필수품에 의해서 생활하여야 한다. 군인들이 집단으로 생활하듯이 통치자들도 가족과 떨어져서 집단생활을 하여야 한다. 그렇지 않은 경우 통치자는 도시의 장래와 발전에 앞서 가족들의 이익을 우선 생각하게 되며 결과적으로 사심이 생기게 된다.

통치자의 자녀들은 부모의 소유가 아닌 공동체의 소유가 되도록 하여야 한다. 이러한 생활에서 만이 통치자는 사유재산으로부터 유혹을 방지할 수 있다. 이와 같은 플라톤의 진보사상은 오늘날 공산주의 사상의 모태가 된다.

플라톤은 사유재산의 포기는 경제적인 면에서가 아니라 도덕적인 관점에서 강조하고 있다. 공산주의 사상과 플라톤 사상의 차이점은 모든 생산물의 국유화가 아니라 도시국가를 위해서 경제적인 이익의 분배에 중점을 두고 있다. 통치자의 사유재산의 포기는 재산의 소유로 생기는 사심과 공직자로서 지켜야 할 의무감 사이에 생기는 갈등문제인 것이다. 이러한 갈등을 해소하기 위해서 플라톤은 통치자의 사유재산의 포기를 강조하고 있다.

진보주의적 시각에서 플라톤은 도시국가의 대다수를 차지하고 있는 생산자 층의 사유재산의 포기에 대해서는 언급을 하지 않고 있으며 생산자 층은 경제적인 생활을 누리도록 권유하고 있다. 통치자들의 개인적인 이해와 욕망을 제거하기 위한 방법으로 권력에 접근하고자 하는 사람은 모든 사유재산에 욕심이 없는 사람이어야 한다. 따라서 철인왕 만이 통치자로서 자질을 갖추고 있기 때문에 통치자가 되어야 한다. 또한 사심을 가지고 있는 사람은 자연적으로 정치인이 될 수가 없다.

플라톤의 진보적 이상국가론은 도덕적인 이론이며 그의 기본적 이론은 좋은 도시국가를 만들기 위한 운영 방법에 있다. 그러나 이상국가론에서의 모순점은 통치권은 힘이나 권리에서 나오는지 아니면 피지배자의 복종에서 나오는지 분명하지 않다. 이것은 플라톤의 공화국에서 문제점이다.

그러나 분명한 것은 선에 관한 지식을 얻은 사람은 그들이 무엇을 해야 하는지를 모르는 사람에게 말할 권리가 있다. 선이 무엇인가를 아는 사람은 도시국가를 통치하는 방법을 아는 사람이기 때문에 피통치자는 그들에게 권력을 주어야만 한다. 플라톤의 이러한 사상은 현대의 권위주의 독재정권을 연상하게 할 수 있다. 특히 플라톤은 다수에 의한 민주주의 정부형태에 반대하고 있다. 플라톤의 민주주의 정부형태에 대한 반대는 이상적인 정치를 하기 위해서 이성을 가진 통치자가 정부를 운영해나가는 것이 이성이 없는 다수에 의해서 정부를 운영하는 것보다 이론적으로나 실질적으로 옳은 정부 형태라고 보기 때문이다.

아리스토텔레스 (Aristotle)

플라톤의 제자로서 당대 그리스 최고의 석학이며 진보적 사상가로서 아리스토텔레스를 들 수가 있다. 아리스토텔레스는 기원전 384년 트라키아(Thracia)의 스타게이라(Stageira)에서 태어났다. 그의 부친 니코마고스는 마케도니아 왕 아민타스 2세의 개인의사로 유명하다. 아리스토텔레스는 부친으로부터 초기의 지적 성장의 영향을 많이 받았다. 특히 그의 생물학이나 자연과학에 대한 관심은 그의 부친으로부터 물려받은 의학을 토대로 이루어 졌다.

아리스토텔레스는 그의 양친과 사별한 17세 되던 해 플라톤의 아카데미에 들어가기 위해 아테네로 갔다. 이곳에서 이십년 가까이 수사학 교사로 머물렀다. 이 기간 동안 플라톤과 아리스토텔레스 간에 많은 인간적인 갈등에 관한 이야기가 있으나 확실한 근거는 없다. 그가 아카데미에서 공부하면서 대부분의 초기의 저서들은 플라톤의 사상에 크게 영향을 받았다. 플라톤의 사후에까지도 학문적으로나 인격적으로 플라톤을 존경하는 마음을 그의 윤리학에서 찾을 수 있다. 플라톤이 붙여준 별명이 독서광이었다. 그 후 아리스토텔레스는 아카데미에서 가장 뛰어난 학자중의 한사람이 되었다.

기원전 384년 플라톤이 죽자 플라톤의 생질인 스페우시프스(Speusippus, BC. 395-339)가 학교의 학장으로 임명되었다. 아리스토텔레스는 학장인 스페우시프스와는 개인적인 친분관계가 없었으며 학문적으로도 철학에서 수학까지 모든 분야에서 의견의 대립을 가져왔다. 그 결과 아리스토텔레스는 아카데미를 떠나게 되었다. 그러나 일부 학자들은 그가 아카데미를 떠난 것은스페우시프스가 물러 받은 학장 자리를 아리스토텔레스가 승계하지 못했기 때문인 것으로 본다.

이후 몇몇 학생들을 데리고 아카데미시절부터 가장 친한 친구이자 소아시아 근처의 작은 도시인 아트라누스를 통치하는 헤르미아스(Hermias)에게로 갔다. 그곳에서 아리스토텔레스는 헤르미아스의 사촌과 결혼하여 헤르미아스가 제공한 트로이 근처의 아소스에다 자신의 학교를 설립하였다.

몇 년후 헤르미아스가 친 페르시아 일당에게 살해되자 아리스토텔레스는 신변의 위협을 느껴 더 이상 그곳에서 머물러 있을 수 없게 되었다. 곧 아카데미시절의 친구인 데오프라스토스(Theophrastos, BC. 372-288)의 집인 레스모스 섬에 있는 미테렌스에다 그의 가족을 데리고 갔다. 그곳에서 3년을 보내면서 생물학을 공부하기 위한 자료를 모집하는데 시간을 보냈다. 이곳에서 3년간의 공부는 아리스토텔레스로 하여금 그의 사상을 완전히 바꾸는 계기가 되었으며 특히 플라톤의 사상으로부터 탈피하기 시작했다.

기원전 343년 마케도니아의 필립왕의 13세 된 왕자의 가정교사로 제의를 받아 가족과 함께 마케도니아의 수도인 펠라로 옮겼다. 그곳에서 약 8년 간 머물렀으나 알렉산더가 아버지와 함께 정치에 관여했기 때문에 가정교사로서는 약 4년밖에 일하지 못했다. 그 후 알렉산더와 아리스토텔레스 사이는 좋은 친구가 되었다. 그러나 알렉산더의 경력이나 사상으로 미루어 그의 교육은 알렉산더에게 크게 영향을 주지 못했다.

기원전 335년 마케도니아 필립왕이 암살되자 알렉산더가 왕이 되었다. 얼마 후 알렉산더가 그리스 국가들을 평정한 후 페르시아 및 동방국가들의 원정에 나서자 아리스토텔레스도 동행하여 동 · 식물 및 광물 등을 채집하여 관찰하였다. 원정동반에서 돌아온후 자신의 교육기관인 리케이온(Lykeion)을 설립하였다. 이 리케이온은 후에 페리파토스학파 또는 소요학파라고 불렀다. 아리스토텔레스가 매일 아침 일찍 그의 제자들과 산보하면서 다양한 주제를 가지고 강의를 하였기 때문에 소요학파라고 불렀다.

아리스토텔레스는 아테네에서 12년 동안 머물면서 저술 및 강의를 하였다. 그의 강의는 결론을 내리기 전에 경험적인 연구와 축적된 자료를 이용하였다. 리케이온은 플라톤이 세운 아카데미의 경쟁 학교로서 그 후 약 800년 동안 존속 하였다.

기원전 323년 알렉산더가 페르시아에서 죽었을 때 아테네 및 그리스에서는 반 마케도니아 감정이 일어났으며 알렉산더의 친구이자 가정교사인 아리스토텔레스가 그 첫 희생자였다. 아테네의 자유를 박탈한 알렉산더의 친구라는 이유에다 소크라테스와 마찬가지로 무신론자라는 누명까지 쓰게 된 아리스토텔레스는 아테네인들로부터 고발당했다. 그의 나이 62세 되던 해인 기원전 322년 그의 어머니의 고향이자 사유재산이 있는 하르키스(Harkis)에서 세상을 떠났다.

아리스토텔레스가 죽은 시기는 폴리스가 완전히 붕괴된 것과 같은 시기였다. 그의 오랜 친구인 테오프라스토스가 그를 계승하여 리케이온의 학장이 되었다. 또한 그의 아들과 제자들이 그의 강의 내용을 기록 보존하는데 공헌하였다.

아리스토텔레스의 방법론

아리스토텔레스의 윤리학이나 모든 분야의 연구에 있어서 그의 방법론은 그의 진보적 사상에 기원을 둔 비평적이고 경험적이다. 그의 연구방법론은 현대사회과학의 관점에서 보면 상당히 진보주의적인 경험적인 접근방법이다. 어떤 분야에 있어서도 우선 자료를 모으기 시작한다. 그 다음으로 모든 상관되는 사실들을 단위별로 선정하여 서로 상관되는 것들을 체계적으로 분석한다. 이렇게 분석한 정확한 사실들을 토대로 하여 어떠한 규정이나 법칙을 만들어서 일반화 시키려고 한다.

일반적으로 아리스토텔레스는 귀납적인 접근방법을 이용하여 관찰들로부터 일반적인 사실을 만들어내는 방법을 사용한다. 그의 방법론은 삼단논법을 사용하고 있다. 이 방법은 두 가지 주제를 사용하여 하나는 평범한 방법을 사용하고 하나는 특수한 방법으로 구분하여 끝으로 결론을 내리고 있다. 예를 들면 평범한 주제로서 모든 사람은 죽는다 라는 주제와 특수한 주제로서 소크라테스는 사람이다 라는 주제를 상호 관련시켜서 결론을 내리고 있다. 결론은 소크라테스는 죽는다 라는 추론적인 방법을 사용한다. 아리스토텔레스의 방법은 플라톤의 방법과는 다르다. 플라톤은 인간이 척도가 되어야 한다는 원칙을 무시하고 이상적으로 존재하는 절대적 원칙과 기준을 세우고 있다. 그러나 아리스토텔레스는 이러한 추상적이고 절대적인 기준의 존재를 부정하고 있다. 똑같은 문제에 대해서 경험적인 관찰과 논리적인 분석에 의해서 어떤 사실의 특성을 결정한다. 또한 아리스토텔레스는 자료에 의한 실험의 결과에 의존하지 않고서는 결코 가설을 설정하지 않는다.

아리스토텔레스의 진보적 작품과 방법은 서양 사상의 발전에 크게 공헌 하였다. 특히 그의 진보적 방법론은 초기 중세의 학자들에 의해서 무시당하기 는 했으나 그의 사상은 토마스아퀴나스에 의해서 진정한 사상가로 불려졌으며 단테에 의해서 모든 것을 알고 있는 지식인이라는 평으로 존경을 받았다.

아리스토텔레스의 진보주의적 기술과 영향은 후기 중세 사회에 크게 영향을 끼쳤으며 경험과학과 자연과학의 시조로 불리고 있다. 그가 학문 분야에 공헌한 분야는 논리학, 심리학, 정치학, 문학비평, 과학적인 연구방법, 생물학 등 모든 자연과학 분야이다. 아리스토텔레스가 인류문명의 발전에 기여한 영향에 대해서 일부학자는 크게 평가하고 있고 일부학자는 적게 평가 하고 있어서 현재까지도 논란의 대상이 되고 있으나 그가 진보주의적 사상가로서 인류의 학문 발전에 기여한 공로가 크다는 것만은 어느 누구도 부인 할 수 없는 사실이다.

아리스토텔레스의 본질의 개념

당대의 사상가들과는 달리 아리스토텔레스는 진보적 시각에서 사물의 본질에 대해서 접근을 시도하고 있다. 아리스토텔레스는 사물의 본질이라는 것은 현재의 사물 그 자체가 아니라 그 사물이 변할 수 있는 능력을 말한다. 생물학에서 씨앗의 본질은 그 씨앗의 성장 과정을 통해서 발견된다.

국가적 시각에서도 한 국가의 특성은 그 국가의 발전과 성향을 분석함으로서 발견될 수 있다. 한 국가가 살기 좋은 국가 인지 아닌지는 그 국가의 경제적 안정도를 조사함으로써 알 수 있다. 따라서 아리스토텔레스는 구체적 상황 판단만이 최상의 것이며 이러한 구체적 상황 판단이 없이는 참된 도덕을 찾을 수 가 없다.

본질에 관해서 아리스토텔레스는 국가가 그 국가의 본질을 창조한다. 인간은 본성적으로 정치적 동물이다. 개인은 개인이기에 앞서 혼자 고립되어 있는 경우는 충분한 것이 못되며 개인이라는 것은 전체에 관련된 하나의 부분에 불과하다.

아리스토텔레스는 국가의 조직이론을 가지고 설명하고 있다. 그의 이론은 국가도 하나의 조직이며 국가는 단지 부분을 합쳐 놓은 것이 아니라 부분들이 조직적이고 복합적으로 합쳐져서 이루어져 있다. 만일 한 부분이라도 분리되어 버리면 다른 부분까지도 쓸모가 없어진다.

아리스토텔레스의 정치학 (Politics)

당시 사회에서 아리스토텔레스가 내놓은 정치학은 당시로서는 사회를 바꾸는 혁명적인 진보주의 사상에 관점을 둔 사상이었다. 아리스토텔레스의 정치학은 사상사에 있어서 최대의 업적이며 인류문화의 큰 유산이다. 그가 정치학을 저술한 동기에 관해서는 의견이 다양하다. 정치학을 저술한 목적은 플라톤과 같이 모든 형태의 독재를 싫어했으며 도시민들이 정치적 야심이 없는 도시에서 생활해 나가기를 바랐기 때문이다. 아리스토텔레스가 정치학에서 제자인 알렉산더에 대해서 한마디 언급이 없는 것을 보면 통치자가 권력을 휘두르는 것에 대해서 동정심을 나타내고 있다.

그의 정치학은 일관성이 없을 뿐만 아니라 플라톤으로부터 영향을 적게 받은 상태에서 저술되었다. 정치학의 구성을 보면 제 2장, 3장, 7장, 8장은 플라톤의 이상국가론에 근거를 두고 플라톤이 죽은 직후인 기원전 347년에 저술되었다. 또한 제 4장, 5장, 6장은 현실국가론에 기초를 두고서 기원전 335년에 저술되었다.

정치학은 플라톤 영향으로부터 벗어나려고 노력하기는 했지만 근본적으로 그의 영향을 받지 않을 수가 없었다. 플라톤이 수학에 관심을 가지고 수학의 정확성과 확실성의 원칙을 정치학에다 적용하려고 했다. 반면 아리스토텔레스는 오랜 경험적인 관찰을 통해서 정치학을 일반화 시키려고 했다.

플라톤은 선의 형태를 이해하는 것이 도시국가를 조직화하고 다스리는 방법을 말한다. 아리스토텔레스는 국가의 조직이 잘되어 있는지는 그 국가의 여러 가지 특성들을 실험 관찰 하는데 있다. 아리스토텔레스의 정치학은 그 당대의 그리스인들이 정치에 대해서 가지고 있는 선입견 및 일반 개념 등에 크게 의존하고 있다.

아리스토텔레스의 정치학은 정치학을 윤리학과 분리시키고 있다. 최종 저서인 윤리학과 최초의 저서인 정치학과는 상당한 관계를 가지고 있다. 윤리학은 좋은 생활, 행동의 원인, 행복에 대해서 설명하고 있다. 반면에 정치학은 행복과 좋은 생활을 목표로 하여 추구한 행동의 결과로서 나타나는 정치적 문제점을 논리적으로 정당화 시키고 있다.

아리스토텔레스는 정치학에서 국가의 기원과 존재에 대해서 설명하고 있다. 국가란 특수한 집단으로서 다른 집단에서는 얻을 수 없는 인간의 필요성과 인간의 목적을 만족시킬 수 있는 집단이다. 아리스토텔레스에 의하면 국가의 근본은 인간의 본성에 있다. 인간은 누구도 필요한 것이 제공되지 않으면 살 수가 없다. 이러한 물질적이고 정신적인 필요성은 정치적인 집단 내에서만 제공되어 질 수 있다. 다시 말하면 인간은 정치적 동물이다.

인간이 천성적으로 정치적 동물이란 의미는 인간은 정치적 집단 내에서만 완전히 행동할 수 있는 천성적인 잠재력과 기능을 가지고 있다. 또한 인간은 합리적인 동물이며 이성에 의해서 움직인다.

아리스토텔레스의 정치학은 현존하는 국가들뿐만 아니라 이상적인 정치집단에 대해서도 설명하고 있다. 정치학은 8권의 책으로 구성되어 있다. 주제는 다양하게 구성되어 있지만 몇 가지 주제와 관심사에다 초점을 맞추고 있다. 정치학의 주제는 도시인의 정치적인 생활과 관련하여 도시인의 윤리에 대해서 설명하고 있다. 국가가 논리적으로 개인에 앞서기는 해도 국가의 근본적인 목적은 인간의 행복을 최대한 창출하는 것이다.

정치학은 도시 생활에서 윤리를 가르치는 것을 전제 조건으로 삼고 있다. 아리스토텔레스의 관심은 사람은 천성적으로 정치적인 동물이기 때문에 정치적으로 행동할 것 인가 라기 보다는 어떻게 잘 행동 할 것 인가에 있다. 인간의 정치적 행동은 도시민의 성격, 습관, 이성 등의 교육에 의해 좌우되어 진다. 교육이란 인간의 근본적인 능력을 수정해서 인간이 가지고 있는 목적이나 행동을 이룰 수 있도록 영향력을 행사 할 수 있도록 한다.

아리스토텔레스는 인간의 사회적 역할을 발전시킬 수 있는 윤리에 대해서 설명하고 있으며 넓은 의미의 윤리는 도덕이다. 도덕적인 덕은 후천적으로 배워서 알 수 있으며 어려서부터 습관에 의해서 길러진다. 도덕적으로 덕망이 있는 사람은 특정한 행동의 요구에 의해서 극단적인 방법을 피하고 신중한 판단과 합리적인 방법에 따라 행동해야 한다는 것이다.

아리스토텔레스에 의하면 도덕의 목적은 심사숙고를 한다거나 이론화 시키는 것보다 행동하는데 있다. 사회적 행동이란 인간으로서 도덕적인 범위 내에서 가족과 도시전체의 이익을 위해서 공공적인 행동에 전념한다는 것을 의미 한다. 좋은 시민을 만드는 문제는 아주 복잡하다. 좋은 시민이란 여러 정부 형태 중에서 실제 현존하는 국가와 관련해서 생각해야 한다. 따라서 나쁜 국가에 좋은 시민이 존재 할 수도 있다. 좋은 시민이란 인간성이 좋다는 것과 다르다. 나쁜 국가에서 좋은 시민이란 도덕적으로 좋은 성격을 가지고 있다는 것을 의미한다.

아리스토텔레스는 플라톤의 공화국에서 서술하고 있는 이상적인 계획을 혹평하고 있다. 플라톤의 사유재산제도의 폐지와 부인과 어린이들의 공동 소유에 대해서는 의견을 달리한다. 플라톤의 이러한 건의는 목적과 수단에 있어서 모두 그릇된 것이다. 플라톤의 사유재산과 개인가족 폐지는 근본적으로 잘못이 있다. 플라톤의 추천은 결코 어떤 한 국가를 단일 국가로 만들 수 는 없다는 것이 아리스토텔레스의 주장이다. 플라톤의 이러한 논리는 국가를 분열의 기회로 만들 가능성이 크다며 논박하고 있다.

아리스토텔레스는 몇 몇 관점에서 플라톤의 법률론을 비평하고 있다. 플라톤의 법률론은 외국과의 관계를 설명하지 않고 있다.신생 국가들은 지역적으로 너무 크게 자리를 잡고 있으며 재산이나 인구 면에서 범위를 확정하지 않고 있다. 또한 통치자와 피통치자 간에 지켜야 할 사항을 규정하는데 실패했다.

플라톤과 같이 아리스토텔레스도 진보적 관점에서 세 가지 정부형태로 분류하고 있다. 각 정부 형태를 좋은 정부와 타락한 정부의 형태로 분류하고 있다. 좋은 정부형태는 군주제, 귀족제, 입헌민주제이며 타락한 정부형태는 폭군제, 과두제, 급진 민주제의 형태이다. 타락한 정부형태로서 급진민주제는 절대로 제약을 받지 않는 선거제도로서 사람의 인품과 자격에 제약을 가하지 않는 모든 사람이 동등한 권리를 갖는 것을 의미한다. 이상적인 현실국가로서 최상의 국가는 입헌민주주의 형태이다. 입헌민주주의제는 가난한 사람과 부유한 사람이 혼합되어 구성된 정부형태이다.

과두제와 민주제 간에는 각 국가는 각각 다른 목적에 중점을 두고 있기 때문에 균형을 이루는 일은 힘이 든다. 과두제는 인간의 정치적 권리는 동등하게 보는 것이 아니라 부의 소유에 따라 균등하게 분배하고 있다. 반면 민주주의의 형태는 인간의 동등성에다 정치적 권력의 분배를 강조하고 있으나 민주제나 과두제가 모두 절대적으로 옳지는 않다. 어떤형태의 정치조건이건 도덕적인 행동이 정치적으로 가장 정의로운 형태로서 국가의 일반적인 목적이다. 입헌민주제는 선거나 재산 등을 잘 결합한 중간 형태의 헌법이며 혼합적인 헌법의 형태이다.

혁명의 원인

아리스토텔레스는 당시사회에 대해서 진보적인 입장에서 혁명에 대해서 그의 주장을 강하게 나타내고 있다. 아리스토텔레스는 정치학에서 국가의 존속성과 안정성을 강조 하고 있다. 모든 현존하는 정부는 정의의 인정과 도시민의 능력에 의한 동등성의 두 가지 형태의 목적을 가지고 있다. 국가가 사람들 사이의 평등과 불평등한 관계의 균형을 맞추지 못하고 통치자나 지배자 자신만의 이익을 추구하는 결과를 초래 할 때는 국민들이 혁명을 일으킬 소지가 있다.

사람들은 그들의 도덕성에 맞추어서 행동해야 하기 때문에 시민들은 선천적으로 혁명을 일으킬 우선적인 권리를 가지고 있으며 또한 혁명에 참여 할 권리를 가지고 있다. 혁명을 하는 사람들은 반기를 드는 사람들의 감정이나 태도를 이해하여야 하며 반역자의 특수한 동기나 반기를 드는 직접적인 요소들의 이해가 필요하다.

혁명의 일반적인 원인은 평등에 대한 욕망에 있다. 약자들은 혁명을 통해서 동등성을 찾으려고 노력하고 있으며 강자들은 그들이 다른 사람들과 동등한 대우를 받고 있다는 불만에서 혁명을 일으키게 된다.

명예나 부를 얻겠다는 욕망이나 이것을 잃어버릴지 모른다는 불안감이 혁명의 또 다른 요인이 된다. 경멸, 두려움, 무시, 몇몇 사람의 불균형한 우월감등이 혁명의 중요한 원인으로 등장하고 있으며 선거에서 속이거나 국가의 부조리 및 사소한 일에서 국가의 소홀함 등도 혁명의 원인이 된다.

아리스토텔레스는 실질적인 혁명의 요인은 국가의 헌법의 형태에 달려 있다고 본다. 민주주의의 형태는 지도자들의 무절제한 선동적인 마음 때문에 혁명이 일어나게 된다. 과두제의 형태는 사람들의 심한 억압과 지도자들 간의 경쟁 때문에 혁명이 발생한다. 귀족제의 정부 형태는 너무 극소수의 귀족에게만 명예를 부여할 때 혁명이 일어난다. 입헌제의 국가에서는 헌법자체의 정당성이 결여된 상태에서 혁명이 발생한다. 아리스토텔레스는 일반적으로 민주적인 요소를 가미하고 있는 혼합된 헌법의 형태가 가장 안정된 정부 형태로 본다.

아리스토텔레스는 정부가 인구와 영역을 통제할 수 있을 만큼의 작은 규모의 국가가 가장 이상적인 국가로 간주한다. 도시국가에서 국가는 경제적으로 자급자족 할 만큼의 충분한 여유가 있어야 한다. 농민, 상인, 공인은 도시민의 자격이 없으며 노예는 아무런 권리가 없다. 단지 군인, 성직자, 통치자만이 시민권을 가질 권리가 있다. 이러한 도시민들은 자기의 나이에 따라서 군인, 성직자, 통치자로서 역할을 하여야 하며 이 세 가지 직능을 일생을 두고서 모두 경험하여야 한다.

교육의 기능은 국가를 결속 시키는데 크게 기여하고 있다. 예비시민은 국가의 법률을 어떻게 지켜야 하는지를 배워야 하며 국가의 입법부의 기능은 도시민이 교육을 통해서 법을 준수 할 수 있도록 해야 하며 선한 사람으로 만드는데 노력해야만 한다.

아리스토텔레스의 진보적 사회사상의 특징은 국가의 도덕적인 정당성에다 역점을 두고 있다. 그의 작품 정치학을 통해서 그의 진보주의적 사상을 방어하는데 주력하고 있다.

아리스토텔레스는 복잡한 이론을 제시하여 개인을 감동시키기 보다는 일반적인 교양 상식정도의 사상을 보이는 정도에 그쳤기 때문에 정치인들의 세심한 판단을 위한 청사진을 제공할 정도의 지침서는 되지 못했다. 아리스토텔레스의 정치학은 사람들에게 장소와 때에 따라서 정치적인 문제에 부딪 쳤을 때 정상적인 방법으로 해결 할 수 있도록 하는 지침서이다.

아리스토텔레스의 이상국가론

아리스토텔레스는 플라톤 보다는 덜 급진적인 진보주의 사상가이다. 플라톤과는 대조적으로 아리스토텔레스의 이상국가는 현존하는 세상과 떨어져 있지 않다. 아리스토텔레스의 이상국가란 현실과는 독립해서 생활 할 수 없으며 플라톤의 현실국가와 별로 차이가 없다. 따라서 플라톤의 현실국가가 아리스토텔레스의 이상국가라 보면 거의 정확하다.

아리스토텔레스는 이상국가가 되기 위해서는 세 가지 조건을 요구하고 있다. 첫째 조건으로 이상국가가 되기 위해서는 물질적으로 풍부해야 하며 경제적으로 모든 시민이 생활 할 수 있는 풍부한 여건이 구비되어야 한다. 다음으로 이상국가란 도시민들이 육체적으로 건강해야 한다. 셋째는 이상국가란 도시민들이 지적 및 정신적으로 확신성을 가지고 있어야 한다. 이러한 지적인 확실성을 소유함이 없이는 도시민들 간의 우정이 유지될 수 없다. 이상국가란 기능적으로 서로 의존하며 협동정신을 가져야 하며 서로간의 일의 분배정신을 가지고 있어야 한다. 일의 분업이란 전문성을 말하며 아리스토텔레스가 보는 이상국가는 여섯 가지의 직업으로 분류하고 있다. 이 여섯 가지 직업은 목사, 입법자, 행정관, 군인, 생산자, 예술인 등으로 분류하고 있다. 아리스토텔레스는 모든 도시인이 직업에 종사 할 수 있는 조건으로서 나이를 강조하고 있으며 각자는 나이에 따라서 직업에 종사하여야만 한다.

아리스토텔레스에 의하면 젊었을 때는 군인 또는 군 복무에 종사하여야 하며 중년기에는 입법자 또는 행정관으로 활동해야 하며 노년기에는 사회에 기여하는 종교인 또는 목회자로서 활동해야 한다. 그러나 노동자와 예술가는 도시민의 자격에서 제외 시켜야 한다.

아리스토텔레스의 목적은 도시인의 직업의 전문화이며 나이가 들어감에 따라서 한 직업에서 다른 직업으로 옮기는 것을 원하고 있다. 플라톤과 같이 아리스토텔레스도 직업의 전문성을 통해서 단합을 촉구하고 있다. 또한 계급간의 분열을 원하지 않으며 모든 도시인이 동등한 교육을 받기를 원하고 있다.

그러나 아리스토텔레스의 단점은 시민권을 가진 도시민이 노동이나 예술로부터 불참가를 원하는 것은 논리상의 문제점을 가지고 있다. 또한 아리스토텔레스의 직업의 전문성은 부유층 계급에 치우치는 느낌이 있다. 이것은 이상국가에 기초를 두고 있는 평등과 협동의 정신에 어긋난다. 그가 보는 이상국가의 지역적 범위는 토지는 자급자족하기에 충분하여야 하며 면적은 그리스 도시국가에 국한하여야 한다.

아리스토텔레스의 사회 경제적인 면에서의 사상은 플라톤의 법률론 보다는 더욱 유동적이다. 도시민의 사유재산과 개인가족은 도시사회에 피해를 끼치는 악으로 여기고 있으나 귀족의 사유재산 및 개인 가족은 허용하고 있다. 또한 여성의 지위에 대해서 여성은 단지 덜 완성된 남성과 같기 때문에 남성이 여성보다 우월하다. 이상국가의 인구는 만 명이 가장 적합하며 교육제도는 국가에서 권장하는 제도가 가장 바람직하다. 국가는 도시민이 법률을 잘 지킬 수 있도록 가르쳐야 한다.

아리스토텔레스의 이상국가론은 귀족적이고 보수적인 정부형태이다. 그러나 플라톤의 이상국가론과 현실국가론은 아리스토텔레스의 이상국가론보다 더욱 급진적이고 진보적이다. 플라톤은 가문과 재산의 특권 성을 부인 했으나 아리스토텔레스는 계급의 특권 성을 간접적으로 인정하고 있다. 플라톤은 남녀 평등성을 인정하나 아리스토텔레스는 여성의 열등성을 주장하고 있다.

플라톤은 이상국가를 세 가지 계급으로 분류하고 있으며 이중에서 두 계급이 정치권력을 누릴 수 있다. 그러나 플라톤의 계급의 분류 목적은 상하의 위계질서를 목적으로 하는 것이 아니라 단지 기능상으로 분류하고 있다. 아리스토텔레스는 여섯 가지 계급으로 분류하고 있다. 그중에서 네 계급이 정치권력을 누릴 수 있다. 아리스토텔레스는 계급의 분류를 계급상호간의 위계질서를 두는데 목적이 있다.

플라톤의 진보적 이상국가의 통치계급은 이성과 철학에 바탕을 두고 있는데 반해 아리스토텔레스는 문화와 부에서 통치계급의 바탕을 두고 있다. 플라톤은 지배자는 훈련에 의한 귀족을 말하며 아리스토텔레스는 지배자는 연령, 재산, 가문에 의한 귀족을 말한다. 따라서 아리스토텔레스의 이상국가는 소수의 덕과 부와 문화를 갖춘 귀족주의 형태이다.

아리스토텔레스의 현실국가론: 입헌민주주의 (Polity)

진보적 시각에서 아리스토텔레스는 이상국가 다음의 형태로 현실국가론을 들고 있다. 입헌민주주의 형태의 국가가 차선의 이상국가 이다. 그의 차선의 국가는 헌법에 의해서 통치되는 불완전한 형태의 국가이다. 이상국가 다음의 차선 국가형태는 입헌민주주의 형태의 중도민주주의 국가이다. 최선의 현실국가 형태인 입헌 민주주의는 헌법에 의한 국가원칙의 수립, 법률의 최우선 적용, 정의의 공정한 분배, 중류계급이 우선 중요시되는 정부형태의 국가이다.

입헌민주주의 형태의 정부는 부에 의해서 지배되는 과두제와 도시민에 의해서 통치되는 민주제의 복합적인 형태의 정부이다. 입헌민주제에서는 헌법과 법률의 적용에 의한 통치를 기본원칙으로 하고 있다. 이 형태 하에서는 비록 통치자라도 법률에 복종하여야만 한다.

정의의 분배란 상대적인 정의의 분배형태를 말하며 중류층에게 주권을 부여하는 것이 아리스토텔레스의 진보주의적 현실국가의 최상의 특징이다. 아리스토텔레스는 양극의 극단적인 입장을 피하면서 중도적인 입장을 택하여야 한다. 정부나 법률의 적용 등 모든 면에서 중용의 입장을 취하는 것이 강하고 힘 있는 중류층의 형성과 안정된 사회를 이루는 중요한 요소이다.

아리스토텔레스는 다양한 정부형태를 연구한 결과 최상의 국가 형태로서 과두제와 민주제가 병합한 정부형태로서 중간계급이 다수로서 균형을 이루고 있는 정부형태를 들고 있다. 계급 간에 부유층이나 빈민층 중에서 너무 한쪽에 치우쳐 버리면 한 계급은 다른 계급에 구속되어 버리며 결과적으로 혁명을 일으킬 소지가 있다. 또 한 계급이 다른 계급의 착취를 막기 위해서는 정부가 기본원칙을 정하면 문제를 해결 할 수 있으며 약한 계급이 강한 계급으로부터 착취를 당하지 못하도록방지 할 수 있다.

합리적 진보주의자인 아리스토텔레스는 통치자와 피통치자 간에는 서로 좋은 관계를 유지해 나가야 한다는 관점이다. 어떤 개인이나 한 계급이 너무 강한 권력을 소유하지 말아야 하며 통치자와 행정장관은 부정부패를 하지 말아야 한다. 아리스토텔레스는 계급 간에 힘에 의한 경쟁은 불안을 초래할 뿐 아니라 혁명의 원인이 된다. 그러나 계급간의 서로 균형을 이루고 모든 사람이 적용할 수 있는 법률에 의해서 통치되는 기본적인 도덕의 원칙이 서 있는 국가는 안정되고 행복한 국가이다.

노예제도의 필연성

합리적 진보주의자인 아리스토텔레스가 노예제도 문제에 있어서 그가 진정한 진보주의자인지를 의심하게 만들고 있다. 아리스토텔레스는 플라톤과 같이 도시민 각 계급은 각자의 가치와 기능을 가지는 조직론을 인정한다. 따라서 그는 현대 사회에서 보는 관점과는 다른 노예제도의 중요성을 강조하고 있다. 그의 견해에 의하면 인간은 두 종류의 계급으로 분류된다. 한 계급은 이성을 소유하고서 태어난 계급이며 다른 계급은 이성을 소유하지 않고서 단지 이성을 존중하는 계급으로 분류된다.

때때로 주인이 환경에 따라서 노예 역할을 할 수 있으나 그들은 노예가 아니며 자연적인 노예란 태어날 때부터 열등한 존재로 태어났기 때문에 보통시민으로서 감당 할 수 없는 사람을 말한다. 따라서 그들은 사실상 동물적 도구에 불과하다. 노예와 보통 인간간에 우열이 있다고 보는 아리스토텔레스의 신념은 인권문제에 있어서 현대사회에서 볼 때는 큰 문제가 된다. 아리스토텔레스의 이론은 현대의 인종 차별주의자들에게까지 이용 될 수 있다.

아리스토텔레스의 노예의 인정은 도시인들의 일상생활과 관련이 있으며 플라톤과는 다른 견해를 달리한다. 플라톤은 도시인이면 생산자, 군인, 통치자 누구를 막론하고 도시사회의 복지에 기여하고 있다. 그러나 아리스토텔레스는 정치학에서 최고의 선은 행동하는 것이 아니라 진리를 추구하는 것이다.

또한 인생의 궁극적인 목적은 가치를 수단으로 삼는 것이 아니라 가치를 추구하는데 즐거움이 있다. 예를 들면 음악을 감상하거나 지식을 추구하는 일은 가치가 있는 일이며 단순히 살기 위해서 필요한 것을 얻는 일은 그 자체가 아무런 가치가 없다. 따라서 더 좋은 행동을 추구하는 것이 진정한 가치 있는 생활을 누리는 것이다.

아리스토텔레스의 교육론

아리스토텔레스의 진보적 교육론은 정치가론에서 언급하고 있다. 플라톤과 같이 아리스토텔레스는 교육이란 근본적으로 도시사회의 발전을 위해서 중요한 역할을 한다. 아리스토텔레스는 도시인은 그가 살고 있는 정부에 대해서 협조하여야 한다. 이렇게 정부에 대해서 협조하기 위해서는 젊은이들에게 공동의 이익을 위한 교육을 하여야 한다. 또 교육은 직업을 위한 훈련에 그쳐서는 안 되며 작문이나 음악 감상 또는 흥미 없는 과목이라도 지식의 추구를 위해서 노력하는 것이 필요하다.

아리스토텔레스의 당대 진보적 시각에서 보는 교육은 단순한 수단으로서 보다는 목적을 위해서 노력해야 한다. 단순한 즐거움을 위해서 일하는 것은 그 자체가 아무런 가치가 없으며 일로부터 편안함을 찾는 것이 그 직업의 참 가치를 얻는 것이다. 아리스토텔레스는 여가의 바른 선용에 대해서는 언급하지 않았으나 음악, 과학, 철학의 연구가 여가를 선용하는 가장 좋은 방법이다. 아리스토텔레스의 인간의 초기교육에 대한 사상은 플라톤의 사상과 유사하다. 교육이란 우선 자기의 몸을 가꾸며 다음에 욕망을 억제해서 교양을 키우며 최종적으로 인격을 수양하여야 한다. 인격수양이 무엇보다도 초기교육의 궁극적인 목적인 것이다. 플라톤과 아리스토텔레스의 교육론의 차이점은 플라톤은 군인이건 생산자이건 구별함이 없이 개인의 재능을 도시국가에 기여 할 수 있는 곳에다 초점을 맞추고 있다. 따라서 군인이 더 많은 교육을 받는다는 것은 자기 직업에 시야를 넓혀서 궁극적으로 도시국가 전체에 더 많은 봉사를 하는데 있는 것이다.

반면 아리스토텔레스는 플라톤 보다 더욱 개인적인 차원에다 치중하여 개인의 인격수양에다 더욱 관심을 두고 있다. 도시국가가 안정되고 조화를 이룰 수 있도록 하는 도시민을 만드는 것이 교육의 목적이기는 하나 그것은 단지 수단에 불과하다. 교육의 궁극적인 목적은 개인이 가치 있는 지식과 교양을 습득하여 개인의 인격을 수양하는 것이 교육의 궁극적인 목적이다.

아리스토텔레스의 국가형태의 분류

아리스토텔레스의 진보적 이론의 특성은 사회도덕의 기준은 상대적이며 국가에 따라 다르다. 플라톤과 달리 아리스토텔레스는 최상의 국가는 국가에 따라 다양한 형태를 취하고 있다. 정부의 권력은 한사람에 있을 수도 있고 소수 또는 국민전체에 있을 수도 있다. 최상의 국가는 이중에서 어떤 형태도 취할 수 있다. 정부가 선한국가 인가 악한국가 인지는 권력이 한사람, 소수, 다수에 있는 것이 아니라 정부의 권력을 어떻게 행사하느냐에 있다. 정부가 권력을 증가함에도 불구하고 도시 전체가 그 권력을 도시전체의 복지를 위해서 사용 한다면 그 국가는 선한 국가이며 통치자 자신의 목적을 위해서 행사한다면 나쁜 국가이다.

아리스토텔레스는 헌법 또는 국가를 두 가지 형태로 구분 하고 있다. 모든 정부는 두 가지 형태를 갖추고 있다. 하나는 도시민의 이해에다 중점을 두는 정부형태와 다른 한 형태는 통치자들의 이익만을 위해서 존재하는 정부형태이다. 전자의 경우는 도시민과 도시전체의 이익추구에 국가의 목적을 두고 있기 때문에 진정한 정부형태이다. 후자의 경우는 통치하는 형태가 통치가 개인의 이해에다 목적을 두고 있기 때문에 타락한 정부형태이다.

아리스토텔레스는 통치자의 수가 1인, 소수, 다수에 따라서 좋은 정부와 나쁜 정부의 형태로 구분하고 있다. 1인 통치의 군주제가 타락해서 폭군정치의 형태로 바뀌었으며 폭군정치는 통치자 1인에 의해서 움직이고 있다.

귀족정치의 형태가 바뀌어서 과두제의 형태가 되었고 과두제는 몇몇 금력을 가진 사람에 의해서 움직이는 타락한 정부형태이다. 또한 다수에 의해서 움직이는입헌 민주제(Polity)가 타락해서 민주제의 형태로 변했다. 민주제는 가난한 사람들에 의해서 움직이는 정부형태이며 누구에게도 공통적인 도움을 주지 못한다. 아리스토텔레스는 어느 곳이든 소수의 부유한 사람이 다수의 가난한 사람을 움직인다는 주장이다.

민주주의 정부형태에서는 사람은 나면서부터 동등한 정치권력을 가지고 태어났으며 과두제의 정치형태에서는 정치적인 권력은 부의 비율에 따라 결정된다. 아리스토텔레스에 의하면정치권력은 도시국가를 위해서 시민 각자가 그의 위치에 따라서 행사하고 있는 정치적인 역량의 비율에 의해서 도덕적인 가치기준을 세워서 정치권력을 분배하는 것이 정의의 개념이다.

다수인들은 정치문제에 대해서 다양한 견해를 가지고 있기 때문에 소수의 사람에 의해서 통치되는 정부형태보다 잘못을 저지를 확률이 적어진다. 아리스토텔레스의 진보적 사상에 의하면 전문인은 정책을 수립하여 적용해야 하지만 전체 국민들은 자기들의 이익을 위해서 그 정책이 좋은 정책인지 아닌지를 전문가들 보다 더 잘 알 수 있다. 예를 들면 예술가는 자기가 만든 작품이 좋은 작품인지 아닌지는 예술가 자신이 결정할 문제가 아니며 집이 좋은 집인지 아닌지는 그 집의 건축가가 판단하는 것이 아니라 그 집을 사용하는 사용자가 더 잘 알며 또한 배가 좋은 배인지 아닌지는 배를 만든 목수보다도 직접 배를 모는 항해사가 더 잘 안다.

이러한 아리스토텔레스의 주장은 파티에 초대된 손님이 직접 음식을 만든 요리사보다도 그 음식의 맛을 더 잘 안다는 것은 현대 민주주의의 가장 기본 원칙인 것이다. 현대사회는 아리스토텔레스가 알았고 비난했던 것보다 더욱 다수가 뽑은 집회에 의한 정부형태를 운영하기에는 너무나 방대하다. 이러한 문제점은 국민투표에 의해서 극복될 수 있다.

전문인에 의해서 정책이 수립되고 집행해 나가는 것이 필요하다는 것은 잘 알려진 사실이다. 민주주의 사상을 가진 사람들은 그 정책이 옳게 수행되어 나가고 있는지 아닌지를 구별하는 최종 결정권을 가지고 있다. 만일 그들의 정부가 옳게 그 정책을 수행해 나가지 못하면 다른 통치자를 선택 할 권리를 가지고 있다.

아리스토텔레스는 좋은 정부형태와 나쁜 정부형태를 구별하면서 민주주의 형태의 국가에서 필요로 하는 동의에 의한 정부형태의 기본원칙을 제시하고 있다. 나쁜 정부형태로서 동의에 의하지 않는 자유인의 집단은 포악한 정부형태이다. 정부가 도시국가의 한부분의 이익만을 위해서 포악한 방법에 의해서 운영되는 형태의 정부가 가장 나쁜 형태의 정부이다. 좋은 정부란 도시국가 전체의 이익 증진 뿐만 아니라 전 도시민의 동의의 의사를 받아 드리는 정부형태이다.

아리스토텔레스에 의하면 민주국가의 정부형태는 지역적으로 공통적인 이익의 증진을 위하여 노력해야 한다. 정부는 다른 계급간의 이익이 생겼을 경우 폭력적인 방법에 의해서 다른 계급의 보호를 위해서 노력해야 한다. 또한 나쁜 형태의 정부를 막기 위해서는 제정된 법률을 존중해야 한다.

플라톤과 마찬가지로 아리스토텔레스는 이러한 법률은 몇몇 재능있는 사람들의 직관에 의해서 제정되는 것이 아니라 오랜 경험을 통해서 발견되는 법률이어야 한다. 법이란 국가로부터 간섭을 받지 않으며 그것을 적용하는 도시환경에 따라 다르다.

3

헬레니즘 시대와 초기 로마사회에 대항한 진보주의의 전도사들

플라톤과 아리스토텔레스의 사상에 크게 의존하고 있던 도시국가는 기원전 322년 아리스토텔레스가 죽은 후 마케도니아의 필립왕과 알렉산더대왕이 만들어 놓은 거대한 왕국의 일부분이 되어 버렸다.

그리스 도시국가에서 거대한 왕국으로 변화는 사상에 변화를 가져오게 되었다. 개인 각자는 도시국가의 독립으로부터 거대한 왕국의 틈에 끼여 작고 무기력한 단위로 변했다. 따라서 황혼기에 들어선 도시국가 시민들은 국가의 정치에는 관여하지 못했으며 개인들의 범위 내에서 개인의 만족과 행복을 추구하는데 그쳤다. 이러한 시대에 초기에 나타난 진보주의적 사상은 에피큐로스 학파와 스토아학파를 들 수가 있다.

에피큐로스학파의 창시자인 에피큐로스의 진보 사상은 간략하게 요약하면 국가란 개인의 행복을 위해서 반드시 필요한 수단 이외에는 더 이상의 것은 아니다. 합리적은 사람은 이상적인 생활의 조건으로서 그 자신의 것만을 사용하면 된다.

에피큐로스에 의하면 개인의 쾌락의 추구 및 만족은 인간의 가장 좋은 목적이며 인간은 정치적으로나 사회적으로 독립해서 자신을 추구해나가면 된다.

에피큐로스의 이러한 진보적 사상은 개인의 현실형태로 나타나서 개인의 방종의 구실로 밖에 볼 수 없을 정도로 나타났다. 그러나 사회적으로나 정치적으로 조건이 어떻든 간에 인간의 개인적인 내면에서 이상을 찾는다는 것이 그 전의 플라톤이나 아리스토텔레스의 사상과는 다른 당시 사회에 도전하는 진보적 사상인 것이다.

에피큐로스와는 다른 진보적 학파는 스토아학파이며 대표적인 학자는 제노였다. 제노의 사상은 개인의 정치적 무기력한 상황을 가장 강하게 반박 하였다. 인간사회의 정치적 변화에도 불구하고 인간 개인의 중요성을 나타내려고 했다. 스토아학파의 진보적 개인주의적 형태는 에피큐로스학파에서 보다 더욱 강하게 나타났다.

스토아학파의 진보적이고 도전적인 사상은 로마인들의 기질 속에 역력히 나타나 있으며 로마의 보통법과 로마 시민권에 이 사상이 포함되어 있다. 그 후 스토아학파의 사상은 크리스천 사회에서 인간의 교회구성원으로서 형태와 신의 의식에 관한 새로운 형태의 사상으로 나타났다. 따라서 스토아학파가 비록 개인적인 차원에서의 강령에다 역점을 두기는 하지만 로마의 제국주의와 크리스천 종교에다 근본 원칙을 두고 있다.

에피큐로스 (Epikuros)

에피큐로스학파의 창시자인 에피큐로스(Epikuros)는 기원전 340년경 사모스섬에서 출생하여 데모크라토스의 신봉자로 알려져 있다. 그의 당시 사회에 도전하는 진보적 사상은 인생의 최고의 행복은 쾌락의 추구에 있으며 육체적 쾌락 보다는 정신적 쾌락을 더욱 중요시 하였다. 그는 개인은 국가나 정치에는 무관심 해야하며 오직 개인의 사생활에만 열중해야 하며 숨어서 살지어다 라는 명언을 남겼다.

에피큐로스에 진보적 사상에 의하면 국가란 단지 개인의 행복을 위해서 필요한 수단에 불과하며 합리적인 사람은 이상적인 생활조건으로서 개인의 쾌락추구 및 만족을 위해서 추진해 나가야한다. 또한 인간은 정치적으로나 사회적으로 독립해서 자신의 쾌락을 추구해 나가면 된다는 것이다. 그러나 잘못 이해하면 에피큐로스의 개인쾌락추구 사상은 개인의 방종의 구실로만 보여 질 수 있다.

사회의 정치적인 조건이야 어떻든 간에 인간의 개인적인 내면에서 이상을 찾는 다는 점이 이전의 플라톤이나 아리스토텔레스의 사상과는 다른 점이다. 에피큐로스가 아테네에 세운 학교는 남여 노소를 불문하고 모두 집단생활을 해야 했으며 노예나 창녀들까지도 집단 거주 생활을 하였다 하여 주위의 학교들로부터 많은 비난을 받았다.

에피큐로스가 세운 학교는 매우 엄격하였다. 학생들이 검소한 생활을 하도록 교훈으로 삼았으며 음식도 주로 물과 빵 만을 먹었다. 검소한 생활을 강요한 이유는 호화로운 생활로부터 생기는 고통은 검소한 생활로 인하여 생기는 고통보다 더욱 크기 때문이다. 따라서 에피큐로스는 육체적인 쾌락보다도 정신적인 쾌락을 더욱 중요시했다. 정신적인 쾌락을 추구하는 가장 좋은 방법은 개인 각자가 자기의 마음을 고유하고 만족스러운 상태로 지켜나가는 일이다.

에피큐로스의 당시 사회에 도전하는 진보적 사상은 데모크라토스로부터 자연적인 유물론을 개인적인 차원에서 도입하여 개인 각자가 자기의 행복을 추구하는 윤리학으로 변경시켰다. 따라서 에피큐로스의 사상은 플라톤이나 아리스토텔레스 등 그리스 도시국가 사회의 사상가들이 개인보다는 도시국가 자체의 이익과 행복을 중요시 했던 사상에 반기를 들었다고 볼 수 있다. 에피큐로스에 의하면 국가는 개개인의 안전과 행복을 지켜주기 위해서 존재하는 것이며 각자는 자기의 이익과 쾌락을 추구하기 위해서 노력하여야 한다.

그의 진보적 관점에 의하면 문제는 인간 개개인의 쾌락과 이익의 추구는 다른 사람들과 마찰을 초래 할 염려가 있다. 더욱이 모든 인간은 본성적으로 이기적이기 때문에 그대로 두면 폭력과 불의가 난무하는 사회가 우려된다. 따라서 개인 각자는 의무적인 동의 하에서 국가를 만들었다는 계약론적 국가관을 주장하고 있다.

퀴니코스학파

안더스테네스 (Antisthenes)

퀴니코스학파는 소크라테스의 사상을 이어받아 발전시킨 학파이다. 이학파의 최초의 창시자인 안더스테네스는 소크라테스의 제자로서 나이가 플라톤 보다 20세 가량 위였다. 그의 성품은 당시 정상적인 사회인들이 볼 때는 괴짜라고 불리 울 정도로 개성이 강한 사람이었다.

안더스테네스는 소크라테스의 죽음에 크게 영향을 받았으며 소크라테스가 죽은 후에는 그의 귀족적인 생활태도에 갑자기 변화를 가져왔다. 그의 옷차림은 걸인과 같이 하고 다녔으며 항상 빈민들, 노동자, 걸인들과 동행하고 다녔다. 강의도 학교 밖에서 했으며 개와 같이 생활하려고 노력했으며 또한 개와 같은 생활을 즐겼다. 따라서 이 학파를 개와 같은 학파 즉 퀴니코스학파라고 한다.

퀴니코스학파는 사회로부터 도피사상이라고 볼 수 있으나 이면에는 혁명의 정신이 누적되어있는 진보적 사상 이었다. 그들의 사상은 도시국가 사회에서 최 하류를 이루고 있는 계급의 항의라 볼 수 있다. 그들의 진보적 주장은 도시사회에서 존재하는 계급의 철폐, 빈부격차의 금지, 도시 일반인과 노예의 차별대우 금지 등 범세계적인 차원에서 모든 인간의 평등과 동등한 사상을 주장하고 있다.

안더스테네스의 사상은 인간은 사회로부터 생기는 재산욕, 명예욕, 혼인, 종교 등 모든 관습적인 규범으로부터 벗어나서 사회에 대해서는 아무런 의무도 지지 않는다. 인간은 자기 스스로가 자연의 이치에 따라서 행동하는 것이 바로 선을 수행하는 길이라고 믿었다. 따라서 그의 사상은 자연으로 돌아가야만 한다는 사회에 대한 비판적인 것이며 국가에 대한 도전적인 사상인 것이다.

디오게네스 (Diogenes, B.C. 412-325)

디오게네스는 안더스테네스의 제자로서 고리대금업자의 아들로 태어나서 모든 화폐는 불태워 버리고 개와 같은 걸인 생활을 하였다. 안더스테네스의 제자이기는 하지만 퀴니코스학파를 대표하는 디오게네스는 정처 없는 방황생활로 일생을 보냈다. 그의 생활은 퀴니코스학파하면 디오게네스 할 만큼 철저하게 개와 같은 걸인 생활을 하였다.

그는 이 세상의 인간사회에서 존재하는 화폐, 명예, 지식, 관습, 예의 등 모든 것을 부인하는 사회에 도전하는 진보적 사상가 이다. 오직 부러워하는 것이 있다면 개의 생활관을 부러워했으며 개의 생활이 가장 행복한 생활이라고 믿었다. 개의 생활은 인간들이 가지고 있는 모든 위선적인 행동이라든가 명예욕이나 수치심으로부터 해방되어서 만족한 생활을 누리고 있다는 것이다.

디오게네스는 평생 걸인 생활을 하면서 큰 원통형의 통나무에 숨어 살았다. 그의 사상을 대변해 주는 일화는 디오게네스가 알렉산더 대왕과의 일화에서 나타나고 있다. 알렉산더가 그의 괴팍스러운 생활에 관심을 가지고 그를 방문해서 그에게 무엇을 원하는가라고 물었을 때 디오게네스는 그가 원하는 것은 단지 알렉산더대왕이 그의 앞에서 햇빛을 가리고 서 있지 말고 옆으로 비켜서주는 것만을 원한다는 유명한 일화가 있다.

디오게네스의 사상은 우리가 보기에는 단지 사회 현실에 대한 도피적인 사상으로 보기 쉬우나 사실은 그의 사상은 철저한 현실주의 사상을 부르짖은 사회에 도전한 사람이었다. 개와 같은 생활을 부르짖은 이유는 모든 인간이 가지고 있는 모든 욕망으로부터 해방되어서 덕을 향해서 행동하기를 원했다.

그의 진보적 사상은 당시 헬레니즘 사회에서 차별당하고 있는 사람과 사회 부조리에 대한 강한 도전이었다. 따라서 그의 진보 주의 사상은 당시 헬레니즘사회에 깊숙이 파고들어서 그 당대의 사회에 크게 영향을 주었다. 이러한 퀴니코스 사상은 다음의 스토아 사상의 모태가 되었다.

스토아학파 (Stoics)

고대 그리스 도시국가 사회의 사상은 개인보다도 도시국가의 번영을 위해서 개인을 희생시켜야 한다는 것이었다. 이러한 사상은 아리스토텔레스가 죽은 후 정치적 환경의 변화에 의해서 개인의 만족과 쾌락을 추구하는 국가에 도전하는 진보적 사상으로 변화되었다. 이처럼 개인의 행복과 쾌락을 추구하는 대표적인 진보주의적 학파로서 스토아 학파와 에피큐로스 학파를 들 수 있다.

스토아학파는 기원전 4세기 중반부터 제논에 의해서 창건되어서 180년 경 로마황제 마르쿠스 아우렐리우스가 죽을 때까지 약 4세기 반 동안 계속되었다.

제논은 스토아학파의 대표적인 진보주의 학자로서 아테네에서 살았으나 원래는 사이프러스섬에서 태어나서 그곳에서 성장하였다. 제논은 인간사회의 모든 법률의 제정보다는 자연법을 중요시하였다.

제논에 의하면 인류는 각자 다른 정의의 법칙 하에 각기 다른 도시에 나누어져 살아서는 안 된다. 공동의 목장에서 풀을 뜯는 양과 같이 공동의 법아래 오직 하나의 생활과 하나의 질서를 이루고 살아야 한다.

제논은 급진적 진보적 유물론자였으며 퀴니코스학파와 헤라클레토스학파를 결합한 교설을 주장하고 있다. 그는 헤라클레이토스가 주장하는 만물의 근원은 불이다. 라는 생각을 따와서 정신이 인간의 육체에 있어서 불과 같다. 신이란 단순히 어느 곳이든지 있는 단순한 불이며 이 세상은 완전히 질서가 정연하고 운명적이다. 제논은 후기 스토아학파들과 같이 점성술을 믿었으며 별들이 어떤 신적인 능력을 가지고 있다고 믿었다.

제논에 의하면 모든 자연현상과 법칙은 우연에 의해서 이루어진 것이 아니라 신의 섭리와 자연의 법칙에 의해서 이루어진 것이며 자연이 일정한 목적을 달성하기 위해서 이루어진 것이다. 예를 들면 돼지가 존재하는 이유는 인간들의 식용을 위해서 존재하며 벼룩이 존재하는 이유는 인간들이 아침에 일찍 일어나도록 깨우기 위해서이다. 따라서 자연은 존재 이유를 분명히 가지고 있으며 인간은 자연과 조화를 이루는 곳에서 선과 덕을 찾을 수 있다.

인간의 일상생활은 덕을 지켜나가는 것이 올바른 길이다. 이러한 덕을 지켜나가기 위해서는 인간사회에 존재하는 물질적인 재산이나 명예와 같은 세속적인 욕망으로부터 벗어나야만 완전한 자유의 몸으로 순수한 인격자가 된다. 따라서 제논을 비롯한 스토아학파의 특징은 우주에 존재하는 만물의 결정론에서 출발하여 인간의 자유의사를 내세움으로서 덕을 주장하는데 있다.

스토아학파의 사상도 에피큐로스학파와 같이 인간의 행복의 추구에 있다. 그러나 에피큐로스 학파는 인간의 행복을 쾌락에서 구했으며 스토아학파는 인간의 행복을 금욕으로부터 얻을 수 있다는 사상으로부터 출발 하였다. 따라서 인간은 행복하기 위해서는 모든 욕정으로부터 벗어나서 자율적인 경지에 이르러야한다. 자신과의 일치 및 자연에 맞추어서 생활하여야 하며 극기의 덕을 추구하는 것이 스토아학파의 목표인 것이다. 이러한 자신의 극복이 스토아학파의 목표이기 때문에 오늘날까지 스토이즘하면 금욕주의를 연상하게 한다.

회의주의학파

에피큐로스, 스토아학파와 더불어 또 하나 주목되는 진보주의적 학파로서 회의학파를 들 수 있다. 대표적인 사상가로는 퓌론(Phron)과 아르케시리오스(Arkesilaos)를 들 수가 있다.

퓌론은 진보적 회의학파의 시조로 여겨지고 있다. 알렉산더 군을 따라서 인도에까지 종군한 후 고향인 엘리스에다 학교를 설립하여 그곳에서 평생을 보냈다. 퓌론은 인생의 목적은 행복을 추구하는 것이며 이 행복을 달성하기 위해서는 회의로부터 행복을 달성하여야만 한다.

퓌론과 더불어 회의학파를 주도한 진보적 사상가로 아르케시라오스를 들 수 있다. 아르케시라오스는 플라톤의 형이상학을 부인하고 학문적인 면에서 새로운 관점에서 접근을 시도한 사람이다.

그의 진보적 사상은 이 세상에 존재하는 모든 것들을 부정하는데서 출발하여 부정하는 것으로 결론을 지었다. 그가 남긴 말은 우리는 아무것도 알 수 가 없다 라는 말이며 그의 이러한 사상은 이 세상에 존재하는 모든 것을 부정하고 의심하는데 있다.

신플라톤 학파

플로티누스 (Plotions)

신플라톤학파의 대표적인 진보주의 사상가로서 플로티누스를 들 수가 있다. 플리토누스 (Plotions)는 기원후 204년 경에 이집트의 리코폴리스에서 태어나서 알렉산드리아의 암모니우스 삭카스 밑에서 배웠으며 삭카스가 죽은 후 로마에 학교를 세워 약 25년간 이곳에서 강의를 하였다.

플로티누스의 사상적 기여는 플라톤의 사상을 중심으로 아리스토텔레스와 스토아 사상을 결합하여 발전시켰다. 그는 고대사상과 아우구스티누스를 잇는 다리 역할을 하였다는 점에서 그의 공헌을 크게 평가하고 있다. 플로티누스는 플라톤, 아리스토텔레스, 피타고라스, 스토아 등 모든 사상을 집대성하였다.

그는 플라톤 사상을 기본으로 하는 당시에는 진보적인 사상에 바탕을 두었기 때문에 플로티누스를 중심으로 한 사람들을 신플라톤주의 학파라고 부른다. 플로티누스는 플라톤의 진보적 이상국가론에 근거를 둔 플라토노 폴리스라는 이상도시를 건설할 계획을 세웠으나 그 뜻을 이루지 못했다. 그는 전 54 편에 달하는 글을 썼다. 그의 제자 프로티리오스에 의해서 다시 9편 6권으로 나누어 안네아세 라는 이름의 저서로 후세에 남겨졌다.

키케로 (Cicero)

키케로는 기원전 106년부터 43년까지 살았던 진보적 사상가 이었다. 그가 활동하던 시대는 전 세계가 기독교 중심의 중세시대가 성립되기 바로전인 로마시대 이었으며 이 시대에 가장 영향력 있는 사상가 중의 한사람 이었다. 그는 로마법에 근거를 둔 금욕주의에 의해서 자연법과 보통법으로 구분하였으며 신에 의한 법과 인간에 의한 법으로 분류하였다.

키케로의 진보적 이론에 따르면 모든 인간은 동등하다는 사상에 근거를 두고 있다. 인간은 그의 능력이나 재산에 의해서는 필연적으로 동등하다는 것은 아니지만 선과 악 사이에 합리적으로 판단하는 능력에 따라서 구분하여야 한다.

키케로에 의하면 국가란 개인 각자가 자기의 주관에 따라서 합리적인 방법으로 판단하는 개인들로 구성되어 있는 도덕적인 집단이다. 국가란 어떤 행동과 관련된 사람들의 각 집단을 말하는 것이 아니다. 국가란 상호간의 이익을 위한 집단에 참여할 욕망에 의해서 법과 권리에 관한 공동적인 동의에 의한 사람들의 단체를 말한다.

이러한 키케로의 국가에 관한 진보적 시각에서의 정의는 만민법과 개인의 동등성의 원칙이 국가의 개념에 잘 적용되었는지 하는 것을 보여준다. 그가 주장하는 금욕주의에 관한 기본원칙은 민주주의의 원칙, 법치주의의 원칙, 정부의 도덕적인 차원에서 지켜야 할 기본원칙 등 현재의 자유민주주의 원칙에 대해서 크게 영향을 미치고 있다.

세네카 (Seneca)

키케로와 더불어 또 다른 로마의 진보주의적 대 사상가는 세네카(Seneca)이다. 세네카는 기원 전 3년부터 기원 후 65년까지 살았다. 네로황제의 통치기간동안 집정관으로 황제가 독제정치를 못하도록 막았으며 네로가 자살하도록 강요까지 했다.

세네카가 태어날 당시의 로마사회는 모든 권력은 황제에게 주어져 있었으며 절대적인 권력형태의 정부가 되어야 한다는 이론이 지배적으로 작용하고 있었다. 그러나 세네카는 절대적인 권력은 옳은 사상을 가진 개인이나 계급에 주어져야 한다는 당시사회에 도전하는 사상을 주장한 사상가 이었다.

세네카가 살던 시대는 폭군정치가 난무하여 정치적으로 부패 와 타락된 사회였다. 세네카는 개인이 시민으로서 존재하는 시민국가와 인간이 그의 합리적 도덕성에 의해서 살려는 합리적으로 구성된 국가의 두개의 형태로 나누고 있다. 이러한 양분적 성격에 역점을 두고서 세네카는 그 당시의 정치적 타락성에 대해서 더욱 당황과 실망을 거듭하였다.

세네카는 그리스도 하에서 지배되는 세계와 타락된 인간세계로 구분하고 있다. 그리스도 세계가 아닌 당시의 인간 사회는 암흑기였기 때문에 올바른 교훈에 의해서 인간을 위로하고 교훈을 주도록 하고 있다. 세네카에 의하면 인간은 보다 합리적이고 더욱 타당한 국가의 선을 추구 하도록 노력하여야 하며 모든 지도자들은 악을 치유하도록 준비하여야 한다.

세네카의 국가관은 플라톤이나 아리스토텔레스의 국가관과는 정반대의 대조적인 진보적인 견해를 가지고 있다. 플라톤이나 아리스토텔레스에 의하면 국가란 최선의 생활을 누리기 위한 필수조건이다. 그러나 세네카에 의하면 국가는 인간의 악에 대해서 투쟁을 하여야 하며 그렇지 못하면 인간의 행복을 억압하는 강압단체이다.

그리스도교의 영향

예수는 세네카가 활동하던 시기에 태어났다. 그리스도교의 사상은 그 후 14세기까지 전 세계의 사상에 영향을 미쳤으며 아울러 그리스도 사상은 전 세계의 모든 사회에 대해서 크게 영향을 미쳤다. 기독교 사상은 인간의 생활을 두 가지로 이분화 시키고 있다. 인간이 현실의 지상국가에서 일원으로서 뿐만 아니라 인간이 죽은 후 천국에서까지도 국가의 일원으로서 영원히 존재한다는 현실국가와 천국의 국가에서 인간생활로 구분하고 있다.

중세기 전반을 통해볼 때 인간의 사회생활을 지배해 나가는데 있어서 국가의 역할은 교회보다 훨씬 작았다. 정치적 지배자와 성직자들 간의 갈등은 지배자들에게 정치형태의 범위와 한계에 대해서 논쟁의 대상이 되었다. 일반적으로 논의의 대상은 권위에 대한 것이었다.

정치지배자와 성직자들은 성서, 신부, 교회역사의 유래에 대해서 논의 하였다. 따라서 중세의 사상은 완전히 교회나 성서의 교리에 복종하는 것이 아니라 교리를 번역하거나 적용하는데 있어서 그리스나 로마의 그리스도에 대한 이단자들의 사상을 도입하여 논쟁을 삼았다. 중세기의 사상은 고대의 이론에다 새로운 문화조건을 적용했다. 더욱이 그리스도 교리의 일부는 인간행동 평가를 위한 깊은 암시가 들어있는 지침서이다. 따라서 중세시대는 결코 사상의 발전에 있어서 불모의 시대라고는 볼 수 가 없다.

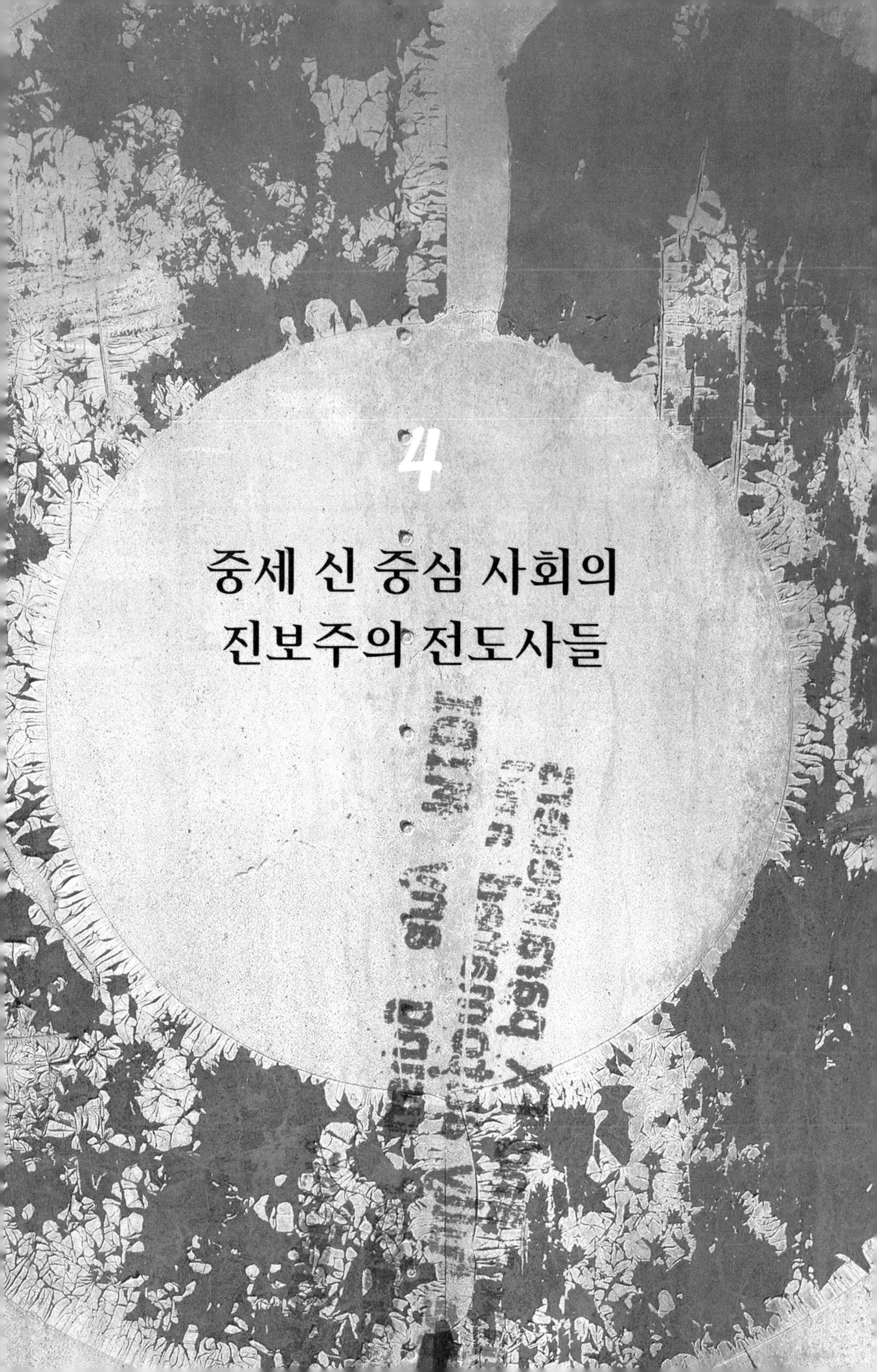

4

중세 신 중심 사회의 진보주의 전도사들

아우구스티누스 (St. Augustine)

생애와 활동

성 아우구스티누스(St. Augustine)는 고대 사상을 중세그리스도 사상으로 바꾸는데 중간적 역할을 한 중세기의 중요한 진보적 사상가 중의 한사람이었다. 아우구스티누스는 일반적으로 고대의 가장 위대한 신부로 불리고 있다. 아우구스티누스는 무신론자인 아버지와 진실한 기독교 신자인 어머니 사이에서 아프리카의 넘이디앙에서 태어났다. 그는 기독교 교육을 받기는 했으나 젊은 시절은 그리스도교와 가장 경쟁교인 마니교를 믿었다.

아우구스티누스가 기독교로 귀의한 것은 30대 초반이었다. 그가 기독교에 귀의한 것은 어머니의 간곡한 권유와 주교 암부로스의 영향 때문이었다. 아우구스티누스는 교회에서 급성장 한 결과 마흔 두 살에는 아프리카 히포의 주교가 되었으며 그 후 그가 죽을 때까지 45년 동안 같은 자리를 지켰다.

아우구스티누스의 참회록은 루소의 참회록과 톨스토이의 참회록과 더불어 세계 3대 참회록으로 유명하다. 참회록을 제외한 대부분의 서적들은 기독교에 관한 종교서적들의 번역과 기독교를 보호하기 위해서 저술되었다. 그의 많은 작품들은 기독교이외의 다른 종교들을 비판하기 위해서 썼다. 그의 대부분의 대표작들은 몇몇 성서들을 평하는 서적들이다. 그중 가장 유명한 책은 신국론이며 그가 신국론을 쓰는데 10년 이상 걸렸다. 신국론에서 아우구스티누스의 진보적 사상이 가장 잘 나타나 있다.

아우구스티누스의 사상은 진보주의적 중도주의 입장에서 시작되고 있다. 인간의 본성을 육체적으로 인간세계와 정신적으로 인간세계의 두 가지 종류로 나누고 있으며 지상에서의 도시민과 천국에서의 도시민으로 구분하고 있다.

아우구스티누스의 생애는 강렬한 활동으로 이루어 졌으며 그의 작품은 거대하다. 그의 작품은 350편에 달하는 논문과 500편의 설교 집과 200여 편의 편지를 들 수가 있다. 그러나 그의 작품 전부는 영어로 번역되어 있지 않다. 세계 삼대 전집인 참회록은 반은 그의 자서전이며 반은 신학으로 구성되어 있다. 참회록의 대부분은 감사와 청원으로 구성되어져 있으나 대부분은 참회에 대한 기도로 구성된 정신적인 세계에다 치중하고 있다.

아우구스티누스의 진보주의적 사상은 그리스도교 보다는 플라톤주의에로 전환이다. 그러나 후세의 대부분 학자들이 볼 때 그의 사상은 말년까지도 플라톤주의와 크리스천주의 사이에서 심한 방황을 하였다.

중세 신중심의 세계에서 두개의 거대한 사상적 산맥은 아우구스티누스의 플라톤주의 사상과 토마스 아퀴나스의 아리스토텔레스주의 사상으로 나누어서 구별된다. 따라서 토마스 아퀴나스하면 아리스토텔레스사상의 부활이라고 하듯이 중세 초기의 신 중심의 사회에서 아우구스티누스하면 플라톤 사상의 맥을 이은 대표적인 사상가이다.

국가와 교회

아우구스티누스는 국가란 국민들의 생활 향상을 위한 도구로서 존재하는 것이 아니라 국가는 하나의 큰 병원이며 국민은 환자로 비유하고 있다. 병원은 환자들의 병을 치료하기 위해서 필요 하지만 반드시 모든 환자에게 필요한 것은 아니다. 아픈 환자를 위해서 병원에서는 환자에게 쓴 약을 마시도록 요구하며 다수의 국민들은 자기의 안락을 위해서 쓰고 독한 약을 먹지 않고서 치료를 하고 있다.

모든 사람들은 자신의 병의 치료를 위해서는 독한 약을 먹는 방법을 알고 있어야 한다. 그러나 신의 은총에 의해서 약을 먹지 않고도 치료가 될 수 있다.

국가와 교회와의 관계에 관해서 아우구스티누스의 중도 진보적 사상은 일관성을 가지고 있지 않다. 그에 의하면 국가와 교회는 분리되는 것이 원칙이지만 국가는 교회에 예속됨으로써 신국의 일부가 될 수 있다.

따라서 국가의 통치권이 있기는 하나 궁극적으로 모두의 명령자는 사랑으로 가득한 신이다. 국가와 교회의 하는 일에 대해서 아우구스티누스는 도시국가와 카톨릭 교회와의 관계는 교회와 국가는 협동적인 관계에 있어야 한다는 것이다.

당시 강력한 신 중심 사회에서 주교로서의 그의 입장을 고려 할 때 아우구스티누스의 사상은 당시 사회에 도전하는 진보주의 사상이었다.

교회는 도시민들이 국가에 대해서 해야 하는 의무와 신의 진리를 가르침으로서 평화를 위한 시민들의 안전을 위한 목적을 이루게 된다. 반면 국가는 평화를 유지하기 위해서 교회가 취하는 필요한 단계에 협조해야 하며 교회의 일에는 간섭하지 말아야 한다.

전쟁과 도덕

아우구스티누스는 국가가 존재하기 위해서는 평화를 유지하여야 한다. 국가의 존재는 평화이며 평화를 유지하는 수단이 전쟁이다. 그러나 전쟁이란 항상 잔인하며 순수한 것을 파괴하며 나쁜 욕망의 산물이며 인간의 과장된 허영이다.

아우구스티누스는 정당한 전쟁에 대해서 두개의 기본적인 기준을 제시하고 있다. 하나는 모든 방어적인 전쟁 다시 말하면 적의 공격으로부터 시민들의 보호를 요구하는 전쟁이다. 다른 하나는 국가의 국민들이 타국으로부터 피해를 받아서 그 국가로부터 적절한 보상을 받지 못하는 경우에는 적에게 공격을 가해도 정당한 전쟁 행위이다.

정당한 전쟁의 정의는 세상 사람들을 조화와 평화로 이끄는 자연적인 정의를 의미하며 영원한 조화와 평화를 요구하는 신의 의사를 의미하는 것은 아니다. 전쟁의 필요성에 관하여 도덕적인 어려움은 전쟁의 필요성이 군인의 판단에 의하는 것이 아니라 왕의 판단의 기준이 신의 의지의 한계를 벗어난 상태에서 행하여진다면 군인은 왕의 명령에 복종하지 않아도 문제가 되지 않는다. 신의 의지 하에서만이 사회의 모든 정의는 실현될 수 있으며 윤리적인 문제점이 극복될 수 있을 뿐만 아니라 개인의 목적과 사회의 목적도 조화를 이루게 되는 것이다. 전쟁과 도덕적인 문제에 대해서 아우구스티누스가 강조했던 것은 대부분의 전쟁은 불필요하며 정당하지 못하다는 것이다.

아우구스티누스의 진보주의적 사상은 대부분 일관성이 없는 모호성을 가지고 있다. 아우구스티누스는 우리의 내부에 있는 의식의 향상을 위해서는 신을 따라야 하며 권력의 사용에 굶주리고 있는 권력자의 명령에 복종하여야 한다. 정치는 인간들이 저지른 죄에 의해서 생산된 결과이며 정치는 신에 대한 인간들의 배반 행위이다.

아우구스티누스는 정치의 필요성을 강조하면서 정치란 모든 인간이 신에 가까이 가기위한 행동의 일부분이라고 규정하고 있다. 죄는 모든 사회 속에 스며들어 있으며 한사람의 죄인이 사회로부터 구조되면 모든 사람이 구원을 받아야 한다. 그러나 실제로는 극소수의 사람만이 구조되어지고 있다.

법과 역사

아우구스티누스에 의하면 신성한 정신이 없는 법이란 텅 빈 법이며 신의 정신이 영원한 법 다시 말하면 영구법인 것이다. 영구법은 인간을 비롯한 모든 만물이 이성에 의해서 지배되는 법이며 모든 법 중에 최상의 법이다. 이러한 영구법은 우주의 모든 사물의 질서 유지 및 조화를 이루도록 하는 신의 의지인 것이다.

아우구스티누스는 영구법보다 하위법으로 영구법으로부터 나온 모든 법을 자연법이라 한다. 자연법은 인간들이 마음대로 제정하고 바꿀 수 있는 법이 아니라 자연의 진리로 구성된 법을 말한다.

아우구스티누스는 자연법의 하위법으로 실정법을 들고 있다. 실정법은 자연법을 바탕으로 구성된 법이며 자연법에 위배되지 않는 범위내에서 제정된다. 국가는 실정법을 제정하는데 있어서 그 법을 제정할 수 있는 기관을 명시하여야 한다. 실정법이 자연법에 위배되는 경우 그것을 법이라고 할 수가 없다.

아우구스티누스는 우주의 질서에 대한 개념은 플라톤의 진보적 이상주의에 크게 영향을 받았다. 그의 역사관은 불변하는 세계질서라는 바탕에다 근거를 두고 있다. 이러한 질서는 다음 지구에 나타날 신의 국가와 동일시한다.

아우구스티누스의 시간에 대한 주관적 의미의 발견은 역사의 새로운 감각을 산출한다. 다시 말하면 인간을 과거와 현재와 미래를 서로 연결해서 하나의 존재로 생각하고 있다. 인간 각자는 과거 현재 미래가 하나의 마음속에 있으며 각자는 과거 현재 미래를 분리해서는 생각할 수가 없다. 현재에 대한 과거는 기억이며 현재에 대한 현재는 현실이며 현실에 대한 미래는 기대이다.

아우구스티누스는 역사를 진보적 시각에서 다루고 있다. 그는 인류의 전 역사가 신의 지시에 의한 그리스 흥망성쇠의 순환과 같다는데 대해서 반대의 입장을 나타내고 있다. 인간들의 세속적인 역사는 발전이 없으며 역사 속에서 신성한 정신의 진보와 인간 개인 각자의 의지는 영원히 끊임없는 변화를 계속하고 있다. 역사의 종말에 나타나는 악은 최종 선에 대한 분명한 불신이거나 도전이라 볼 수 있다. 현대의 역사는 신의 나라와 지상의 나라 간에 연결되어져 있다.

정치의 목표

정치의 목표와 그것의 최상의 선은 인간 세상의 평화와 조화를 이루는 것이다. 이러한 조화와 평화를 이루기 위해서는 정치하는 지배자들이 폭력을 휘두르는 것이 때때로 필요하다. 아우구스티누스는 교회와 교인들이 시민들의 질서유지를 위해서 정치에 참여하는 것이 필요하다는 견해를 가지고 있다.

그러나 정치는 단지 지상국가에 한정되어 있으며 인간의 정신을 궁극적으로 구원하고 있지 못하고 있기 때문에 중요한 것은 아니다. 정치의 중요성을 부인하는 이유는 그가 지상세계와 천국으로 구분하여 내세에 나타나는 천국이 더욱 중요하다. 따라서 현존하는 지상에서 인간들의 인생 그 자체는 중요하지 않다.

아우구스티누스는 중세 신 중심의 세계에서 전기를 대표하는 교부 철학자로서의 그의 공헌은 지대하다. 그러나 그의 학문적 문제점은 그가 진보적인 이론의 일관성을 잃고 있다는 점이다. 그의 사상의 문제점은 합리성과 일관성이 결여되어 있다.

토마스 아퀴나스 (St. Thomas Aquinas)

후기 중세사상은 스콜라사상(scholasticsm)이라고 부른다. 스콜라 사상이란 그리스도교의 교리와 합리적인 사상을 조화시키는 학문이다. 모든 스콜라 사상가들은 교회의 강령은 절대적으로 받아들이고 있다. 그러한 강령들은 인간의 이성과 부합하여야만 한다.

기독교 사상과 인간의 이성의 부합에 관해서 진보주의적인 관점에서 크게 공헌한 학자로는 12세기의 피터 롬바르트, 13세기의 알버트 마르누스, 토마스 아퀴나스, 둔스 스코트 등을 들 수가 있다. 이러한 학자들의 연구대상은 현실적인 면에서 인간의 윤리관이나 사회적인 문제를 형이상학적이고 본체론적이며 이론적인 차원에서 접근을 시도하였다.

스콜라 사상의 방법은 공식적이고 추론적이며 모든 질문에 대해서 삼단 논법식의 체계적인 적용, 권위에 대한 균형, 단어들의 정의 등을 체계적으로 정립하였다. 스콜라 사상가들의 연구는 13세기 후반에 아리스토텔레스의 과학적 윤리적 차원에서 재발견 되면서 스콜라사상은 극치를 이루었다. 아리스토텔레스의 작품들은 중세기에 알려져 있던 어떤 학자들의 작품보다 더욱 체계적이고 분석적이다 라는 평을 받게 되었다.

13세기 스콜라 사상의 특성은 성서에 나타나 있는 교부신학의 이론과 전통적인 교회사상을 아리스토텔레스에 의해서 이루어진 인간의 이성과 합쳐서 더욱 높은 차원의 학문으로 올리는데 기여했다. 이러한 세 가지 사상인 성서에 나타난 교회신학, 전통교회사상, 아리스토텔레스 사상의 세 가지 사상 중에서 교회 신학과 전통 교회 사상은 서로 부합될 수 없는 많은 점을 가지고 있으나 양 사상 모두가 아리스토텔레스의 사상과는 모두 합치할 수 있는 점을 가지고 있다.

진보적 스콜라 철학의 대가가 바로 토마스 아퀴나스 이다. 토마스 아퀴나스의 작품들은 대부분 진보적 독선적인 이론들이기는 하나 그의 법률에 관한 정의와 분류는 신학자들이나 후세 법률가들에게 큰 영향을 끼쳤다. 특히 그의 왕권의 권력의 범위 및 왕의 통치권에 관한 연구는 다른 어떤 학자들보다 더욱 진보적이고 발전적인 사상을 가지고 있다.

토마스 아퀴나스는 13세기 초에 나폴리 왕국의 명문가의 후손으로 태어났다. 아퀴나스는 사상가이자 신학자 이었으며 파리, 나폴리, 로마 등에서 강사와 교수 등을 했다. 그는 젊은 시절부터 교회에 봉사하는 일에 적극적이었으며 도미니칸 수도원에서 일했다. 토마스 아퀴나스의 연구 경력과 저서는 아우구스티누스와 더불어 로마 교회에 끼친 영향은 지대했으며 아우구스티누스와 함께 가장 훌륭한 진보주의적 신학사상가로 추대되고 있다.

그의 저서인 신학대전(Summa Theologica)은 아리스토텔레스의 사상과 교회의 사상인 교부사상을 전반적으로 분류 해석하여 아리스토텔레스 사상과 교부사상을 이해시키려고 노력했다.

아퀴나스의 정치학적 학술논문인 왕의통치(Rule of Prince)는 당대로서는 상상하기 힘든 진보적 시각에서 시민 정부의 기원과 근본법칙, 가장 좋은 형태의 국가, 국가의 통치영역 등을 다루고 있다.

왕의 통치라는 논문은 군주제형태의 정부가 어떤 다른 형태의 정부보다 낫다고 보고 있으며 현재의 정부보다도 교회가 우월하다는 교회 우월성에 관한 의견을 보여주고 있다. 토마스 아퀴나스의 카톨릭 교권이 현 정부보다도 우위에 있다는 사상은 교황 레오 13세에 의해서 신학을 바탕으로 한 이론이 정립됨으로써 교권의 우월성이 극치에 달했다.

법의 종류

아퀴나스의 사상은 주로 법을 기초로 해서 이루어 졌으며 그의 법철학에 미친 영향은 상당히 크다. 아퀴나스는 네 가지 형태의 법인 영구법, 자연법, 신성법, 인정법의 네 종류의 법으로 나누고 있다. 영구법은 신의 합리성에 의해서 만들어 졌으며 자연법은 모든 만물의 신성한 이성을 반영하는 것이다. 신성법은 영구법의 하위법으로 신의 섭리에 따라서 시행하도록 만들어진 법이다. 인정법은 자연법의 하위법으로서 인간의 생활환경에 맞추어서 적용하도록 만들어진 법이다.

이 네 가지 법은 필수적으로 서로 연관성을 가지고 있으며 인정법은 영구법의 일부인 자연법에다 근거를 둔 자연법의 하위법이다. 신성법은 인간의 이성의 한계점을 보충하는 법으로 일반적으로 볼 때 이 네 가지 종류의 법은 각각의 특징을 가지고 있다.

영구법은 신의 이성의 표현이며 일반적으로 우주의 성격을 결정하는 법을 구체화 시키고 있다. 자연법은 영구법의 일부분으로 산 생물의 본성을 결정하는 법이다. 우주만물에 있어서 선을 택하고 악을 피하는 방법 등 인간에 있어서 자연법이란 선하고 합법적인 생활에 대한 욕망을 증명하는 것이다.

신성법이란 계시를 통해서 인간의 의식을 가져오는 도덕적인 법칙을 구성하는 법을 말한다. 인정법이란 인간의 올바른 삶을 위하여 정부에 의해서 제정된 법을 말한다.

자연법과 인정법의 관계는 정치적인 권위가 합법적이냐 아니냐하는 관계와 같다. 자연법이란 모든 합리적인 동물에게 적용되기 때문에 통치자이건 복종자이건 모두 복종하여야 한다.

토마스 아퀴나스는 신은 인간의 마음속에다 자연법의 지식을 불어넣어 주고 있으며 인간들이 자연법에 복종 하도록 하고 있다. 그러나 인간의 그릇된 판단은 실수를 저지르기 쉽고 국가의 시민법과 같은 인정법에다 자연법의 권위를 부여함으로써 불완전한 인간들이 악을 저지르는 것을 막을 수 있다.

토마스 아퀴나스의 법에 관한 이론은 수세기전에 스토아학파가 주장했던 이론을 재천명하는데 불과 했으며 그를 유명하게 만든 것은 철학과 종교를 조화시키는데 노력한 결과이다.

그의 진보적 사상은 교회의 권위가 과학적인 연구의 문제에까지 확대되어져야 한다는 반동적인 법칙을 거부 했다. 토마스 아퀴나스는 교회는 과학자나 철학자와는 다르며 과학자나 철학자는 다른 영역에 속하는 새로운 것을 발견한다고 본다. 아퀴나스가 진보적 관점에서 당시

사회에 공헌한 것으로는 로마교회가 점차적으로 국가의 조직에 의해서 종교가 철학과 과학을 지배하여야 한다는 사상을 버리게 했다.

정치적인 영역에서 아퀴나스의 진보적인 시각에서 공헌한 것은 로마교황이 국가의 왕을 임명 하도록 하는 힘이 점차적으로 줄어들도록 만들었다. 또한 정부의 뒤에서 권력을 장악하고 있던 교회의 권위가 국가권력 중심의 형태로 바뀌도록 하는 진보의 전도사 역할을 하였다.

토마스 아퀴나스의 신중심의 그리스도 사회에 도전한 공헌은 중세사회가 지배하던 비종교적인 차원에서의 종교중심의 세계로부터 현대사회의 국가중심 사회로 전환시키는데 크게 공헌하였다.

아리스토텔레스 철학의 부활

국가와 교회에 있어서 상대적인 권위에 대한 복잡한 논쟁은 중세기 동안 계속 되었으며 이러한 시대의 대표적인 진보적 인물이 성 토마스 아퀴나스이었다. 아퀴나스는 신성한 교회의 교훈을 실지로 가르쳤을 뿐만 아니라 철학적이고 과학적인 사실도 잘 조화시켜 융합해 나가고자 한 사람 중의 한사람이다. 이러한 철학적이고 과학적인 방법에 필요한 것이 13세기 아리스토텔레스 작품들의 재발견이었으며 1260년경에 그리스 아리스토텔레스의 정치학의 번역이었다.

아리스토텔레스의 전제는 인간의 이성은 진리에 대한 최종적인 중재인이며 특수과학의 발견은 철학에 의해서 제공된 최종적인 통합을 조정하고 통합하는 것이라고 보고 있다. 토마스 아퀴나스는 이러한 과학적이고 철학적인 법칙을 부인 하지는 않았지만 만일 우주가 궁극적으로 신비에 싸여 있지 않다면 신성한 교회의 성서에 의해서 보충되어야 만 한다는 것이다. 성서의 발견은 과학과 철학 간의 모순을 보여주는 것이 아니라 우주와 인간의 장소를 완성하고 전체를 이해하는데 필요하다.

우주 자체는 최고는 신으로부터 최하위는 살아있는 하위동물로 구성되어 있다. 모든 자연의 목적과 기능 및 살아있는 만물은 목적을 성취하기 위해서 크든 작든 우주의 목적을 충족하기 위해서 노력하고 있다.

인간의 우주에서 위치는 육체만 분리해서보면 하등 동물과 같으며 정신만 분리해서 보면 신과 유사하다. 이렇게 양분화 되어져 있는 인간이 우주에서 신분을 유지해 나가기 위해서는 인간의 도덕적인 생활을 유지해 나가는 것이 중요하다.

인간사회도 우주의 한 부분이며 서로 다른 계급에 의해서 형성되었다. 각 계급은 각기 맡은 목적과 기능을 수행해 나가며 아래 계급은 위 계급을 위하여 봉사하여야만 하며 위 계급은 아래 계급에게 지시와 지도를 하여야 한다. 따라서 보편적인 선이란 위와 아래 계급이 서로 권리와 의무를 정하여 결정하는 일이다.

아퀴나스의 사회에 대한 도전적인 진보주의 사상은 그의 조직과 국가관에서 찾아 볼 수 있다. 부하에 대한 지배자의 권위는 독단적인 것이 아니라 사회전체의 복리를 위할 때만 존재 한다고 본다. 사실상 장관의 직위는 신의 임명에 의해서 나왔으며 합법성에 의해서 부여된 권위란 권력을 독선적으로 행사하는 것과는 아주 다르다.

그의 통치자에 대한 도전적인 사상은 정당한 경우에는 국민들은 통치자에게 대항할 수 있다. 통치자를 제거하는 것이 국민들에게 덜 해가 된다고 볼 때는 언제든지 통치자를 제거하는 것이 정당 하다고 볼 수 있다.

성 토마스 아퀴나스의 뒤를 이어서 기독교 중심의 사회에 도전적이고 진보적인 사상을 가진 인물은 마르틴 루터와 존 캘빈을 들 수가 있다. 루터는 1486년부터 1546년까지 생존했으며 캘빈 은 1509년부터 1564년까지 생존한 사람이다. 루터와 캘빈은 토마스 아퀴나스와는 대조적으로 신전 정치형태를 주장한 사람이다. 캘빈은 실제로 제네바에서 신전 정부를 수립하였다. 북유럽의 프로테스탄트 국민들은 국가와 교회가 조화를 이루어서 유지할 수 있는 종교를 강조 하였다. 따라서 정치 지도자들이 교권에 의해서 비평을 받지 않도록 했다.

정치와 종교의 분리의 목적은 교회의 기존의 교권원칙을 저버리지 않도록 하기 위해서였다. 대중의 특권의 영향에 의해서 민주정부의 정책은 점차적으로 기존의 교권의 교리에 덜 간섭을 받았다. 현대적인 시각에서 보면 교회에 의한 국가는 전체주의 국가에 비유된다고 볼 수 있다. 종교란 국가의 국민들의 전통에 불과하다고 하나 그것이 정치에 미치는 영향은 너무 크기 때문에 결국 정치가 종교의 강령에 의해서 좌우되어 버리는 현상을 초래하게 된다.

루 터 (Martin Luther)

마르틴 루터는 중세의 신 중심사회가 서서히 붕괴되어가면서 인간 중심사회로 복귀되는 시대에 교권의 권위에 대해서 도전한 진보주의의 전도사이었다.

문화적이나 사회적인 차원에서 인문주의의 복귀는 인간의 외적인 면에서 신 중심사회에서 인간중심사회로 복귀를 의미하고 있다. 반면에 정신적인 차원에서 루터의 역할은 교회의 개혁을 통한 인간 정신적 개혁의 필요성을 강조한 사상가이었다.

루터는 신부이자 신학자로서 당시 교황을 비롯한 교회에서 면죄부를 판매하는 등 부패를 저지르고 있었다. 특히 교황을 비롯한 교황청의 권위주의적인 계급제도에 대해서 정면으로 도전한 진보주의자이었다.

루터의 교황청에 대한 도전

진보적인 신학자이었던 루터는 당시 부패된 로마 교황청에 대해서 95개조의 조건을 내세워서 교회의 면죄부 판매의 금지 등 교회의 개혁안을 내놓았다. 그 중에서도 교황의 인간사회에서 차지하는 위치에 대해서 반박하고 나섰다. 당시 사회에서 교황의 위치는 신의 의사를 전달하는 중개인이며 인간이 사회에서 범하는 모든 범죄는 교황만이 유일하게 죄를 면하게 할 수 있는 권한을 가지고 있었다.

인간이 저지른 모든 범죄는 교황의 면죄부를 통해서 완전히 없어지며 인간이 죄를 면죄 받기위해서는 교황청이 발부하는 면죄부를 비싼 값으로 사야 한다. 또한 교황청은 면죄부를 팔아서 얻은 수입을 교황청의 수입으로서 사용하였다.

인간이 아무리 악한 죄를 저질러도 일단 면죄부를 사면 죄가 없어져서 신의 나라인 천국으로 갈 수 있다는 것이다. 이러한 면죄부는 반드시 신과 인간 사이에서 중재 역할을 하는 교황을 반드시 통해야 한다는 것이다. 비록 악인이 마리아를 범하더라도 면죄부만 사면 모든 죄는 면제를 받아서 신국으로 갈 수 있다는 것이다.

루터는 신과 인간과의 사이에는 교황이라는 중개인이 필요 없으며 신과 인간이 직접적으로 연결하여 신으로부터 바로 면제와 구원을 받는 것이기 때문에 교황의 개입을 부정하고 나섰다. 따라서 교황과 교회는 새로운 개혁을 통해서 새로운 정신사회를 만들 수 있는 새로운 교회의 설립을 주장하였다.

루터의 이러한 진보적인 사고방식은 당시 절대적인 권력을 가지고 있던 교황청은 루터에 대해서 사제직을 파직시킴과 동시에 강력한 재제를 가하였다. 처음에는 루터도 교황청의 세력에 대해서 맞서서 저항을 하였으나 교황청의 워낙 강력한 처벌에 순종 할 의사할 뜻을 밝혔다.

그러나 문제는 루터자신의 문제가 아니라 당시 교황의 권위에 대해서 도전하는 세력들에 의해서 루터는 지지를 받게 되었다. 그중에서 가장 큰 세력은 바로 교황과 권력분배 문제로 팽팽하게 맞서있던 세속 왕권의 루터에 대한 지지였다. 루터의 교황에 대한 도전은 교황에 대해서 권위를 부정하며 대항한 재 침례교회와 농민운동의 신호탄이 되었다.

교황권과 왕권

루터가 교황에 대한 진보적 도전장은 당시 사회가 신 중심사회에서 민족국가 중심사회로 변모해 가는 과도기적 단계에 있던 시대이었다. 당시 교황에 대해서 루터는 면죄부 판매 금지 등 새로운 교회의 혁신만을 요구하고 더 이상 세속적인 문제에 대해서는 관여하기를 원하지 않았다.

당시 사회에서 가장 심각한 문제는 교황권과 왕권의 범위의 정립이 가장 큰 문제였다. 왕은 허물어져가는 교황의 권위에 도전하여 왕권도 신으로 부여 받았다는 왕권신수설이 대두되는 단계에 있었다.

당시는 민족국가 중심으로 사회가 변모되는 과정에 있었다. 따라서 모든 정치와 경제, 사회, 법률문제 등 모든 문제는 왕을 중심으로 해결해 나가야 하며 교황은 단지 종교문제에만 국한 하여야 한다는 관념이 대두되는 시대였다. 왕을 중심으로 새로운 국가를 성립하여야 하기 때문에 교황의 권위를 왕의 권위의 아래에 두어야하는 시대였다. 루터는 왕과 교황과의 관계에서 교황도 세속적인 문제는 왕의 권위 아래에서 왕의 지배를 받아야만 한다는 주장이다.

왕은 종교적인 문제를 제외한 모든 문제는 왕이 국가의 절대적인 권위자로서 해결하여야 한다. 그러나 왕의 잘못된 문제는 오직 신에 대해서만 책임을 진다. 루터의 이러한 왕의 신에 대한 직접적인 책임은 왕의 권력을 절대왕권으로 비약시키는 결과를 초래하여 왕권신수설 등의 강력한 왕권정치를 하는데 크게 기였다.

루터의 영향

루터의 진보적인 사상에 의한 교황의 권위에 대한 도전은 우리인류사에 획기적인 변화를 가져오게 만들었다. 거시적인 차원에서는 르네상스시대의 출현과 함께 인간의 외면세계의 개조를 요구하게 되었다. 내적인 면에서는 종교를 순수한 종교자체로 개조해 나가도록 만들었다.

루터의 교황권에 대한 도전은 구라파 민족국가의 탄생에 결정적인 역할을 하게 했다. 민족국가의 탄생에는 모체가 되는 중심세력이 필요했으며 바로 왕권의 강화라는 이론이 필요했다. 왕이 민족국가를 설립하는데 필요악 이었다. 교황으로부터 독립해서 국가의 권력을 가진 왕권도 신으로부터 받았다는 신권 제왕설은 결국 교황권을 약화시킴과 동시에 천년간 유지되어온 유럽 신중심 사회를 급속하게 몰락시키는 결과를 가져오게 되었다.

또한 농민을 중심으로 한 농민들의 반란이 민주주의로 가는데 큰 역할을 하였다. 농민을 중심으로 한 사회빈민층의 반항은 결국 서양의 중산층을 중심으로 한 사회를 만들어 나가는데 결정적인 역할을 하였다.

루터의 종교개혁운동은 비슷한 시기에 스위스 제네바를 중심으로 종교운동을 전개해나간 캘빈을 비롯하여 많은 종교 개혁운동가를 배출해 나가는데 크게 기여 하였다. 캘빈의 종교개혁은 실제 경제문제와 정치문제를 관련 시켜서 개혁을 전개해 나갔기 때문에 구라파사회에 경제적이며 민주적인 사회를 정착시키는데 크게 기여하였다.

마키아벨리 (Machiavelli)

중세 신 중심 사회에서 인간중심사회로 환원하는 르네상스 시대는 또 한번의 인류역사의 큰 격동기였다. 우선 모든 분야가 교회를 중심으로 하여 신에 의존하던 시대에서 인간을 중심으로 하는 인문주의의 복귀의 시대로 변하는 시대로 돌아섰다. 이러한 와중에 모든 중세의 존재와 가치는 몰락하고 파멸의 경지에 들어서게 되었다.

정치나 사회 문화적인 차원에서 신 중심에서 인간중심으로 변화는 기존의 것을 지키려는 보수와 기존을 파괴하는 새로운 것을 찾으려는 진보의 대결구도의 양상으로 바뀌어 졌다.

문화적인 차원에서도 신을 소재로 다루던 문제를 인간중심으로 변화시키면서 인문주의의 복귀를 가져오게 되었다. 또한 교회와 국가간에 교회가 국가위에서 군림하던 위계질서의 파괴를 가져오게 되었다. 국가는 이제 민족과 영토의 회복을 위해서 노력하게 되었으며 이 과정에서 왕은 자연히 권위를 강조하는 시대에 돌입하게 되었다.

이러한 교황의 권위에 도전하고 왕과 국가의 권위를 강화하고 나선 가장 중요한 진보적인 사상가가 마키아벨리이다.

마키아벨리(Machiavelli)는 이태리의 플로렌스의 메디치가가 권력을 잡던 해인 1469년에 가난한 변호사의 아들로 태어났다. 그 당시는 르네상스가 이태리 전역을 휩쓸고 있었으며 교회의 낡은 사상과 중세의 질서는 붕괴되는 과정에 있었다. 그는 처음으로 전통적인 사상을 무시하면서 합법적인 사상을 적용했기 때문에 서양 사회과학에서 최초의 현대 진보적 사상가라고 불리고 있다. 결과적으로 볼 때 마키아벨리의 합법성은 후기 진보주의 사상가인토마스 홉스, 존 록크, 데이빗 흄 등에 의해서 계승되어 졌다.

마키아벨리는 격동기에 살았으며 그의 저서들은 모두가 이시기에 나왔다. 워낙 수수께끼적인 인물이었기 때문에 그에 대해서는 잘 알려져 있지 않다. 그러나 마키아벨리즘이라는 그의 권모술수 등 그에 대한 비난의 소리는 17세기와 18세기를 통해서 계속 되었다. 그에 대한 비난이 지금도 계속되는 이유는 그에 대한 잘못 이해와 그의 작품에 대한 잘못 평가 때문이다.

마키아벨리는 메디치 정부 하에서는 벼슬을 하지 않았으나 1496년에 공화국에 가입했다. 그곳에서 급성장한 그는 플로렌스의 군사 및 외교관계를 관리하는 십 명의 장관 중의 한사람으로 일했다. 1512년까지 마키아벨리는 정부의 요직에 있으면서 소모디 에르니의 친밀한 친구이자 보좌관으로서 그의 입지는 증가되었다.

이 기간 동안 마키아벨리는 외교관과 행정관 및 군사적인 업무까지 겸하여서 보았다. 그의 문헌상 기록을 보면 이 시기에 완전히 국가일에만 열중 하였으며 이기간의 경험을 통해서 행정적이며 외교적인 면에서 폭넓은 경험을 얻었다.

마키아벨리는 모든 면에서 그리 깊은 지식을 갖추고 있지는 못했지만 그의 다양한 경험적인 훈련은 실무 정치인으로서 자격을 갖추도록 만들었다. 따라서 그가 관직에 있거나 관직을 벗어났건 간에 정치인으로서 인상이 깊도록 하였다.

1512년 메디치가의 회복으로 인해서 그의 정치경력은 파멸의 길로 들어섰다. 메디치가의 성장은 마키아벨리를 정치권으로부터 소외시켰으며 그 결과 그는 학문에만 전념하는 기회가 제공되었다.플로렌스로부터 추방 및 정치인으로서 지위의 몰락은 그의 작품의 대부분에서 볼 수 있듯이 정계의 주목을 끌어서 다시 플로렌스나 로마의 정계에 복귀할 수 있는 기회를 찾는데 있다.

그의 대표작인 군주론(The Prince)은 그가 메디치가의 후견인을 희망하는 뜻에서 썼으며 로마사론 (Discorsi),전쟁론, 플로렌스의 역사 등은 로마교황 바울 7세의 관심을 끌기 위해서 썼다. 로마사론과 군주론은 1513년에 시작해서 그 해 끝났으며 전쟁론은 1519년부터 1520년 이후에 쓰여 졌다.

마키아벨리는 정치인으로서 강한 군주의 보좌관으로서 정계에 복귀하겠다는 희망 이외에 그가 원하고 있었던 것은 무질서하고 흐트러져 있는 이태리를 외국의 야만인으로부터 구출하는 것이 그의 희망이기도 했다. 마키아벨리가 희망한 것은 플로렌스가 다시 자유롭고 번영하는 국가로 되는 것을 보는 것이며 더욱 그의 큰 희망은 이태리를 정치적으로 통일국가를 만드는 것이 궁극적인 목적이었다.

1512년 추방될 당시 이미 마키아벨리의 사상의 형태는 굳어져 있었다. 1512년 이전의 그의 정치실무자로서 경험은 그의 전쟁에 대한 선입견, 직업군인 강화의 강조, 이태리를 전쟁터로 만들어서 비참하게 만든 외국인에 대한 편견 등 모두가 그가 실무정치인으로서 경험한 것을 바탕으로 그의 사상이 구성되었다고 볼 수 있다.

마키아벨리의 피사에서의 전쟁경험은 그가 국가에 있어서 군의 중요성을 이해하는데 도움을 주었다. 그는 무엇이 국가를 흥하게 만들고 망하게 만드는가 하는 것의 원인분석 및 개인의 정치적 성공요소 그리고 국가가 어떻게 하면 안정을 획득 할 수 있으며 무엇이 이태리를 야만인의 침입에 대해서 안전하게 만드는가하는 등이 그의 사상의 핵심이다.

마키아벨리의 작품들 중에서 오늘날 우리의 목적에 부합하는 가장 중요한 책은 로마사론 이다. 이 책에서 마키아벨리는 국가와 생명에 대해서 그의 전 사상을 보여 주고 있다. 전쟁은 그가 가장 좋아하는 주제의 연장이라 할 수 있다.

마키아벨리의 진보주의적 사상을 이해하고자 하는 사람은 누구든지 로마사론부터 읽어야만 된다는 평이 있다. 국가사상에 관해서 마키아벨리의 사상은 상당히 불만족스럽기는 하나 그는 국가의 안정, 팽창 및 국민의 자유에 대해서 도움이 되는 요소들을 분석함으로서 사상사에 기여하고 있다.

권력론

마키아벨리의 당시 시대에 비해서 앞서가는 진보적인 사상은 권력에 대한 개념 정립이다. 마키아벨리의 권력에 대한 분석은 어떻게 하면 권력을 얻을 수 있으며 또 잡은 권력을 계속해서 유지하면서 어떻게 사용하느냐 하는 것을 잘 분석하고 있다.

마키아벨리에 의하면 국가의 형태는 강력한 군주제하에서만 군주는 그가 목적하는 것을 얻을 수 있으며 권력을 유지해 나갈 수 있다. 권력을 유지해나가기 위해서는 군주는 강압과 폭력을 사용하는 것이 필요하다. 또한 좋은 군주가 되기 위해서는 통치자는 국민들 앞에서 사자가 될 수도 있어야 하며 한편으로 여우가 될 수도 있어야 한다.

군주론에서 마키아벨리는 통치자의 개념에 대해서 정의를 내리고 있다. 통치자는 개인적으로 초능력을 갖춘 지도력으로 어떻게 국가를 통합 할 수 있는가를 알아야 한다는 것을 강조하고 있다.

마키아벨리는 서양 중세 정치사에서 애국적 인물을 부상 시켰다. 새로운 통치자는 상당한 야심을 가진 엘리트 중에서 권력을 빨리 직감할 수 있고 제도를 빨리 변화 시킬 줄 아는 사람이어야 한다.

군주는 영웅적인 인물이거나 영웅적인 개성을 가지고 있어야만 한다. 정치란 공격적인 태도를 통해서 수행되어져야 한다. 통치자는 국민들의 행복을 위해서 노력하여야 한다. 국민들의 도덕은 법률에 복종하고 통치자의 도덕은 법률과 제도를 창의적으로 구성하여 수행하는 일이다.

마키아벨리에 의하면 인간의 의지, 국가가 전쟁에서 승리하는 요소들, 도덕과 정치와의 관계 등을 설명하고 있다. 역사와 정치를 관련시켜서 역사란 자신과 다른 사람의 경험 일뿐 아니라 과거와 현재의 경험이며 길잡이 이다. 인간은 정치의 자료이며 인간 본성은 그의 행위에 의해서 판단된다. 정치는 자신의 산 경험과 역사로부터 산출된 규범으로부터 얻어진 산출물인 것이다.

마키아벨리는 체계적인 사상가는 아니었다. 그러나 실질적인 인식과 구체적인 일을 분석하는 진보적인 사상가 이었다. 그의 대표작인 군주론과 로마사론을 비교해 보면 그의 사상이 구조적인 면에서 혼동되고 있다는 것을 의미하고 있다. 그의 사상은 직관적인 면에서 보면 날카로운 현실관과 탁월한 현실 분석력이 있음에도 불구하구 근본적으로 그의 사상은 혼돈되고 있다.

마키아벨리는 인간의 의지와 인간의 행동을 구분하고 있으며 인간의 의사와 행동은 서로 연관성을 가지고 있다고 본다.

마키아벨리에 의하면 절대적인 선이란 있을 수 없으며 선이란 단지 개인들로 구성된 집단의 이익을 돕는 정도로 생각하면 되는 것이다. 따라서 선과 악이란 용어자체가 특수한 의미가 있는 것이 아니며 개인의 집단으로 구성된 단체와 연관시켜서 생각하면 된다.

용병제

1513년 이태리는 근 20년 가까이 외국인의 지배에 의해서 시달려 왔으며 국경지대에서는 이방인들이 전쟁에 의해서 혼란상태가 계속되었다. 찰스 8 세의 나폴리 건국은 이태리반도의 정복을 위해서 스페인과 불란서 사이의 전쟁 통로로 이용되었다. 마키아벨리는 군주제 통치형태의 정부의 병폐를 경험 했으나 잔악한 외국인의 침입을 더욱 싫어했다.

외국인 침입의 직접적인 원인은 이태리 군대제도의 문제점에 있다고 마키아벨리는 생각하고 있었다. 그가 기대하고 있었던 것은 야만인들을 이태리로부터 쫓아내는 일이며 군대를 강화하는 일이 가장 중요하다고 믿었다. 이태리에서 일반시민으로 구성된 군인은 1506년 플로렌스에서 시작되었으며 마키아벨리가 그 안의 작성자이며 최고 책임자이었다.

마키아벨리는 자신의 경험과 구로마제국의 경험을 바탕으로 가장 좋은 군인은 자기나라의 국민들로 구성된 군인이라는 결론을 내렸다. 이태리의 정규군이 아닌 외국인을 용병으로서 고용은 신빙성이 없을 뿐만 아니라 일반적으로 비효과적이다. 외국인의 고용은 이태리를 황폐와 위태로운 처치로 만든다. 그의 저작 군주론과 로마사론에서 본국인을 군인으로 채용하도록 건의하고 있다.

군주제나 공화제에서 자신의 군대가 없다면 비난을 받아야 한다. 마키아벨리는 한 국가의 군대는 최소한 국가를 위해서 싸울 만큼의 강한 군대를 보유하고 있어야 하며 외국용병을 고용하는 것은 바람직하지 못하다는 것이다. 용병은 보수를 받고 싸우는 것 이외는 아무런 애국심이나 목적의식이 없기 때문이다.

마키아벨리의 저서 전쟁론에서 17세에서 40세 까지의 모든 시민은 군사훈련을 받아야 한다는 것이다. 이점에서 볼 때 마키아벨리의 애국정신이 들어 있으며 국민정신이 요구되는 본국 군대의 부활을 희망 하였다.

애국심은 국가의 내부적인 질서, 국가의 안전, 전쟁에 싸울 수 있는 군대의 힘 등이다. 마키아벨리는 공공정신의 발전이 군대형성을 이끌어 나가는 힘을 만들어주며 시민으로 구성된 군대는 자연적으로 애국심의 표현이다.

모든 국가의 기본적인 원칙은 좋은 법률과 좋은 군대에 의해서 이루어진다. 따라서 좋은 군인이 없는 곳에 좋은 법률이 형성될 수 없다. 좋은 군인이란 국가가 소유하고 있는 군인을 말하며 시민들의 공공정신이 함유되어 있으며 좋은 법률이 있음을 암시하고 있다. 국가란 최소한 좋은 군인을 가지고 있을 때에 자유가 있으며 그러한 자유는 공화정 하에서만 이루어진다.

자유에 대해서 상을 줄 수 있는 군주만이 좋은 군대도 만들 수 있다. 마키아벨리에 의하면 공화정 정부형태만이 가장 강하고 안정된 국가이며 독선적인 군주제 정부형태는 가장 나쁜 형태의 정부이다.

로마사론에서 마키아벨리는 시민이 군주보다 더 현명하고 성실하며 군주는 변하기 쉽고 영속성이 없다는 진보적인 생각을 보여주고 있다. 군주는 법을 일반인보다 더욱 어기기 쉽고 일반인은 단지 타락 했을 때만 법을 어긴다. 사람들은 군주보다 더욱 신중하고 안정되고 올바른 판단력을 갖추고 있다. 따라서 군중의 소리가 바로 신의 소리와 같은 것이다.

16세기를 통하여 마키아벨리는 폭군 전제군주를 지지하고 믿는 사람으로 간주되었다. 이러한 관념은 분명 잘못된 생각이다. 마키아벨리는 군주론을 통해서 그의 인격이 알려졌다. 군주론이나 플로렌스의 역사를 읽는 사람은 마키아벨리가 이론적으로나 실질적으로 공화론자라고 믿지 않을 것이며 군주론을 원하는 사람으로 볼 수 있다. 그러나 그는 분명히 공화국형태의 정부를 지지하고 있으며 그의 저서 로마사론에서 분명히 나타내고 있다.

마키아벨리의 진보적인 사상은 그의 정부형태론에서 찾아 볼 수가 있다. 대중적인 형태의 정부는 가장 강건하고 정력적이며 영속적인 정부형태이다. 대신 군주제의 정부는 독선적이고 타락한 단계의 정부형태이다.

마키아벨리가 관심을 가진 것은 질서 정연한 형태의 정부와 안정된 형태의 정부를 수립하는 일이다. 또한 그가 희망한 것은 이태리가 외국인의 지배로부터 벗어나서 법의 존경, 종교의 속박으로부터 벗어나 도덕적인 면에서 지배하는 국가를 만드는 것이 목표였다.

마키아벨리의 군주론과 함께 최대 걸작인 로마사론의 두 번째 장에서 군대문제를 다루고 있다. 세 번째 장에서 혁명의 원인과 파멸에 관해서 설명하고 있다. 로마사론이 전반적으로 무엇을 다루고 있는지는 군주론처럼 정확하지가 않다. 그러나 일반적으로 볼 때 로마사론은 국가와 평화와 전쟁에 있어서 강점과 약점이 무엇이냐 하는 것과 무엇이 안정을 초래하며 무질서와 파괴로 이끄는가 하는 것을 설명하고 있다.

마키아벨리는 그의 저서 로마사론에서 국가의 형태는 진보적인 입장에서 강력한 공화제를 주장하고 있다. 군주론에서 마키아벨리는 이미 국민이 점점 부상하고 있다는 의식을 주고 있으며 대중의 중요성 또한 역설하고 있다. 군인과 국민을 비교해볼 때 군주는 군인들보다 국민을 더욱 만족하게 해야 한다.

군주론

마키아벨리의 진보주의적 사상은 그의 대표작인 군주론에서 찾을 수가 있다. 마키아벨리의 군주론은 군주만을 위해서 쓰여 졌으며 일반 대중을 위해서 쓴 것은 아니다. 군주론은 군주의 관점에서 이태리의 성공을 위해서 쓰여 진 수필집이다.

군주란 그의 영역을 넓히고 그의 자리를 잡기 위해서 무엇을 이해하여야 하며 또한 무엇을 하고 하지 말아야 하는 것을 보여 주고자 하는데 목적이 있다. 군주론은 이태리의 그 당시 상황에 대해서 언급하고 있으며 마키아벨리가 메디치가의 후견인 자리를 확보하기 위한 희망에서 쓰여 졌다.

부패된 사회에서 가장 희망할 수 있는 것은 군주의 성공이라 할 수 있다. 안정과 질서는 그런 상황에서 기대하기 힘들며 국민들 간의 이해와 군주를 서로 분리시켜서 생각할 수 없다. 국민들의 이해가 바로 군주의 이해와 일치한다고 볼 수 있다.

군주의 최대의 이익은 공공의 복지에 있다. 군주는 그의 국민들로부터 애정을 계속 지켜나가야 하며 그렇지 않으면 어떠한 위기도 극복해 나갈 수 없다. 군주가 그의 자리를 지켜 나갈 수 있는 견고한 기반은 군중들이 그의 필요성을 느끼는 일이다. 그가 누구이며 그가 무엇을 하던 군주는 그가 대중적인 차원에서 생각을 해야 한다.

몇몇 그룹의 귀족이나 소수의 부유층으로부터 미움을 사는 일은 대중적인 인기를 가지고 있는 군주에게는 중요하지 않으며 대중으로부터 인기가 없는 군주는 파멸의 길로 들어선다. 군주가 기억 해야만 하는 것은 국민들이 도움을 받고 있는 한 군주를 지지할 것이다 라는 것은 기억해야 한다.

군주의 입장에 따르면 국가의 강세와 안전은 대중들의 정신이나 도시민들의 애국심에 달려있다. 군주에 의해서 지배되는 국가에 있어서 부패된 사람들 가운데 공공의 정신이 결여된 사람들만이 충성을 한다. 군주가 국민들의 충성을 확보하는 것은 국민들의 생명의 안전, 명예, 재산을 보호해 주는 일이다.

군주는 실질적으로 시민들로 구성된 군대가 없이는 강해지거나 안전 할 수 없다. 그러나 비록 강한 시민 군대를 가지고 있다고 하더라도 만일에 군주가 국민들로부터 호응을 받지 못하면 아무런 도움이 안 된다. 군주가 그의 영역을 넓히겠다는 것은 당연하며 건전한 국가는 항상 팽창을 추구하고 있다.

마키아벨리가 군주론에서 암시하고 있는 것은 인간 정신의 끊임없는 불만과 국가는 항상 증가하거나 감소하고 있다는 것이다. 국가는 항상 이웃 국가 보다는 강해야 하며 그렇지 못하면 정복 당하고 만다.

마아벨리는 운에 대해서 크게 관심을 가지고 있었으며 그 당시 이태리의 모든 국민들도 운에 관해서 큰 관심을 가지고 있었다. 마키아벨리는 운이란 인간의 운명의 반을 결정한다고 믿었다. 그가 보기에는 인간의 희망이나 계획은 운에 의해서 좌우된다.

국가관

마키아벨리의 국가관은 당시의 시대적 상황으로 보아서는 진보적인 사상가이다. 마키아벨리는 그 시대의 국가들에 대해서 관심을 가지고 있었다. 모든 국가는 부패로부터 다시 새로운 국가로 성장하면서 여러 차례 흥망성쇠가 되풀이되고 있다.

국가란 매우 불안정하며 마침내 파멸의 길로 접어들며 국가에서 단지 정부조직만이 국가의 안전과 평화를 유지한다. 마키아벨리가 가지고 있었던 국가관은 일반적인 국가관이 아니라 그 당대의 국가관에 관한 의견 이었다.

마키아벨리의 국가관은 처음부터 완전히 세속적인 것이었다. 그의 국가관은 교회나 교황과는 아무런 관련이 없었으며 선이나 우주의 목적과도 관계가 없었다.

마키아벨리의 진보적인 사상은 당시 일반적인 사상가들이 가지고 있던 가치관과 종교관에서도 찾아 볼 수가 있다. 그 전대의 사상가들의 관심의 대상이었던 우주에 대해서 마키아벨리의 사상에는 존재하지 않는다.

국가란 종교를 필요로 하지만 국가에 있는 어떠한 교회도 국가의 한 기구로 간주해야한다. 국가는 완전히 독립된 한 단체이며 도덕적으로 완전히 분리되어 있다. 왜냐하면 국가는 국가이외의 어떠한 것으로부터 복종 할 의무를 지니고 있지 않다.

누구든지 국가를 돌보아야 할 의무가 없으며 인간 각자는 자기 자신만을 돌보면 된다. 그러나 모든 사람은 자신의 안전을 위해서 국가의 도움을 필요로 한다. 국가만이 국민들의 소유물을 보호해 나갈 수 있는 강 권력을 가진 단체이다. 그러나 인간은 소유하고자하는 너무 많은 욕망을 가지고 있기 때문에 누구든지 자기가 소유하는 것이 대해서 만족해하지 못한다.

국가도 이익 증가와 국력을 키워나가려고 노력하기 때문에 다른 나라와 적대 관계에 있다. 국가의 국력이 안전도의 기준이 된다. 국가의 국력을 증가 시켜나가려고 하는 경향이 바로 파멸의 길로 이끌어 나가고 있다. 모든 국가는 부패하는 경향이 있으며 필연적으로 국가는 혁명과 혁명의 연속을 초래하며 결국은 파멸로부터 피할 수 없다. 그러한 국가는 국민의 공공 정신으로부터 다시 회생한다.

인간의 무정부 상태로부터 구하는 것이 종교 이다. 따라서 국가는 질서를 유지하는 종교를 육성하여야 한다. 특히 국가에 최고의 봉사를 하도록 가르치는 종교를 하나 육성하여야 한다. 그러나 국민을 신의 의무에만 관련시켜서는 안 된다. 정부는 대중들의 인기를 생각하여야 하며 대중들에게 완전한 안전을 제공하는 국가만이 가장 인기도가 있는 국가이다.

국가의 국력이 강한지 아닌지는 다른 모든 조건이 같다면 국민들의 애국심에 달려있다. 국가는 반드시 전체 국민들로 구성된 정규 군인들을 가지고 있어야 한다. 가장 강한 국가는 가장 단일화되어 있는 국가이며 유사한 언어를 사용하며 애국심이 차 있는 국가이다. 그러한 국가는 여간해서 멸망하지 않으며 건전한 국가란 강한 국민성을 가지고 자신의 국민들로 구성된 군인을 가지고 있는 국가이다.

또한 국민들의 공공물자의 양이 많으면 많을수록 많은 사람들에게 그것을 나누어 주어야 한다. 그러한 정부의 조직은 공공정신을 향상시키는 역할을 한다. 인기 있는 정부는 군주보다 더욱 지적이며 덜 변덕스럽다.

마키아벨리의 진보주의적 사상은 그의 국가관에서 잘 나타나고 있다. 국가관은 다가올 미래의 국가관을 예상하고 있다. 그가 보는 국가관은 그 당대 뿐 만 아니라 16세기 후반에 까지 분류하고 있다.

마키아벨리가 보는 교회는 이태리에서는 무거운 짐이며 이태리 분열의 원인이며 세속 국가 발전에 큰 방해가 된다. 앞으로의 모든 국가는 교회를 깨뜨려야 되며 그렇지 못하면 최소한 교황으로부터 독립하여야 한다. 비록 카톨릭 국가일지라도 더욱 세속화된 국가로 되어야만 한다. 국가 안에 있는 어떤 교회도 정부의 기구로 만들어 갈 수 있으며 반드시 그렇게 되어야만 한다.

국가의 주요 사업은 사람들에게 안전을 제공해주고 재산을 제공하는 일이다. 이렇게 하기 위해 국가는 필수적으로 국력을 증가시켜야 하며 그들의 이웃국가를 점령하여 한다. 다른 국가는 비록 적이 아니더라도 잠정적인 적이라고 간주하여야 한다. 따라서 국가 간에는 반역과 기만의 외교정책이 필요하다. 그의 이러한 외교정책의 개념에 대한 예견은 거의 정확했으며 백년 후에는 더욱 유명해 졌다.

마키아벨리가 예견한 국가성장의 필요성은 그 후 현저하게 예견되었다. 그의 예견은 또한 정확한 정치 예견이었다. 애국심의 필요성에 관한 그의 주장은 그 후 수 세기를 통해서 계속되었다. 마키아벨리의 사상 및 외교정책은 16세기보다는 중세를 벗어났다고 할 수 있다.

사물에 대한 흥미라든가 사고방식과 사물로부터 추론해오는 과정에서 그의 실질적인 주장은 르네상스시대의 새로운 예술이나 문헌으로 접근해 들어가는 사람들의 방법과 같다. 이태리 르네상스 시대의 조각품이 전 시대의 예술품으로부터 분리하듯이 마키아벨리도 교회로부터 국가를 분리함으로써 국가조직을 재구성하려는 목적을 가지고 있었다.

윤리와 정치

마키아벨리는 시대를 앞서간 진보적 사상가임에 틀림없다. 그러나 16세기에 많은 사람들이 마키아벨리에 관해서 잘 알지 못했으며 그의 이름은 저주받은 사람으로 통했다. 그 당시 국민들은 그가 독재자를 지원하거나 가장 나쁜 독재자에게 까지 용서하는 사람으로 보았다. 교회나 교황 쪽에서 보면 그의 관심은 교황은 단지 교회의 지도자로 남아 있어야 한다. 따라서 교황이 볼 때는 그는 악마의 영향을 받은 사람으로 여겼으며 교회 측에서는 그를 싫어했다.

마키아벨리가 가장 크게 국민을 자극시킨 것은 국가란 어느 정도의 반역과 난폭성을 국민들에게 하여도 괜찮다는 것을 정당화 시키고 있다. 국가는 그의 목적을 달성하기 위해서 두려움 없이 남을 기만하여도 상관이 없다. 이러한 그의 사상 때문에 그의 정치적 윤리관을 정치적 부도덕성과 관련시키고 있다. 지금도 마키아벨리하면 정치적 부도덕성에 대한 선생으로서 비난받고 있다. 그러나 사실은 마키아벨리의 도덕과 정치에 대한 사상을 발견한다는 것은 힘든 일이다.

마키아벨리는 선이란 국가에서 개인들의 행복을 증진시키는 일이며 악이란 그 반대 현상을 말한다. 선이란 개인과 재산의 보호가 필수적으로 들어가야 한다. 정치는 자기 자신만을 위해서 행동하면 되지만 정부는 전체를 위해서 일한다. 정치와 정부는 똑같은 목적을 가지고 적용을 한다고 하더라도 두 가지 경우는 완전히 다른 결과를 가져온다.

마키아벨리가 중세기나 16세기에 정치를 윤리로부터 분리한다고 하더라도 큰 의미가 없다. 마키아벨리의 마음속에는 자연법에 대한 개념이 존재하지 않았다. 인간의 제도가 옳은지 그른지에 대한 신념은 중세기에는 신의 의사와 문헌에 의해서 결정되었으며 그것이 바로 중세기의 사상의 근원을 이루고 있다. 16세기에는 신의 의사의 영향력이 줄어들기는 했으나 계속해서 신의 의사가 꽤 크게 반영되고 있다.

마키아벨리는 이와는 완전히 다른 견해를 가지고 접근을 시도해 나갔다. 선과 악은 인간사회의 특수성에 따라서 적용된다. 그는 필사적인 일관성을 가지고 접근하고 있다. 예를 들면 대량학살이 사회의 복지증진을 위해서 행하여진다면 대량학살은 역시 미덕이요 도덕인 것이다. 마찬가지로 이세상은 너무나 사악하기 때문에 악을 행하지 않으면 성공할 수가 없다. 따라서 악을 행하는 일은 필수 불가결하다.

마키아벨리는 악을 사용한다는 것은 나쁜 평을 초래한다는 사실을 알기 때문에 군주는 성공적으로 국가가 운영되기 위해서는 모든 국민들에게 선과 영광을 베풀어야 한다. 반역과 살인은 성공적인 정치수단으로서 필요불가결한 무기이다. 그렇게 행하는 무서운 세상은 평화와 안정으로 가는 길이다. 또한 마키아벨리는 누구든지 정치적으로 성공하기 위해서는 군주는 기만자가 되거나 살인자가 되어야만 한다.

인간성

마키아벨리의 선에 관한 정의에 따르면 선이란 지역사회의 복리증진을 위하여 노력하는 것을 말하며 그렇지 못할 때는 인간의 본성은 악하게 된다. 인간은 자기 개인의 이익을 추구하는 동물이기 때문에 만일 인간이 자기 자신에게 이익이 된다면 지역사회의 발전에 이롭지 못한 행동을 서슴없이 행할 소지를 가지고 있다.

선이란 내 자신 뿐만 아니라 이웃의 이익도 생각하여야 한다. 인간은 도시전체의 이익을 생각하기 전에 자신의 이익을 생각하기 때문에 천성이 악으로 구성되어 있다. 따라서 마키아벨리는 모든 인간은 사악하다는 것이다.

인간의 본성은 반사회적이고 무정부적임에 틀림없다. 인간의 본성은 정치의 가장 큰 문제점과 실제 정부의 어려움을 조성하는 무정부 상태를 만든다. 인간은 그 자신만을 돌보는 것 이외에는 아무것도 아니다. 인간은 무지하고, 천하고, 욕심 많고, 감성적이며, 재산을 모으는데 열중하고 부친을 살해한 사람을 용서해 주고 있다.

인간의 역사는 그 자신을 되풀이할 뿐만 아니라 모든 국가는 원형안에서 움직이는 마차와 같이 움직이는 경향이 있다. 모든 인간의 제도는 원래 결점을 가지고 출발하였기 때문에 결국 멸망하기 마련이다. 그러나 멸망 후에는 다시 성장하기 마련이다.

국가란 일반적으로 군주제로서 시작하나 군주제는 폭군제로 변하며 결국 과두제 형태를 가지고 있는 국가로 변해서 멸망하게 마련이다. 과두제가 존재하는 한 공공의 정신에 의해서 감염되며 결국은 타락해 버리게 마련이다. 과두제는 결국 분리되어 대중정부가 성립된다. 무정부는 다시 군주제로 전환되며 결국은 순환으로 계속된다.

마키아벨리는 주기란 실질적으로 완전하게 반복된다고 볼 수없다. 가장 큰 약점은 국가의 국력이 약화되면 이방인이나 외국에 의해서 정복되거나 파괴된다. 이와 같이 특별한 경우를 제외하고는 대부분이 주기적으로 순환을 계속한다. 모든 국가들이 멸망할 또 다른 이유는 인간 본성의 특성 때문이다. 인간의 욕망이란 무한정한 것이어서 천성적으로 인간은 모든 것을 원하지만 그에게 돌아오는 것은 아주 극소수에 불과하다. 인간은 영원히 원하며 불만족스러워하며 장래에 기대를 건다.

어떠한 인간사회, 어떤 정부도 어느 누구도 만족시켜 주지 못한다. 끊임없는 욕망에 대한 도전은 결국 파멸의 길로 이끈다. 인간의 끊임없는 불만족은 인간의 육체의 건강을 위해서 필요한 것과 같이 투쟁과 전쟁은 국가에도 필요하다. 전쟁과 두려움은 인간의 본성이 무정부 상태를 원하고 있는 것과는 대조적으로 국가를 재생시키는 활력소이며 국가가 하나로 통합되게 하는데 필요 불가결한 요소가 된다.

평화는 휴식과 분열을 의미한다. 이러한 조건 하에서 균형이란 불가능하며 모든 인간들의 투쟁이란 영원히 계속되며 결코 머무르지 않는다. 국가의 활동이란 반드시 오르막 내리막이 있으며 비록 더 나은 법률과 현명한 지도자 있으며 국가가 안정되었다 하더라도 그 국가는 파멸로부터 벗어날 수가 없다.

종교관

마키아벨리의 진보적 사상은 그의 종교관에서 알 수가 있다. 그 당대는 비록 교권이 힘이 약화되기는 했으나 교황에 대한 비난은 교권에 대한 도전으로 간주되었다. 경우에 따라서 교권에 대한 비난은 자신의 생명에 대한 위험도 감수하여야 하는 시대였다. 그럼에도 그가 교권에 정면으로 맞서서 비난을 했다는 것은 그가 진보적이고 도전적인 사상을 가진 인물임에 틀림없다.

마키아벨리는 국가와 종교를 연결시키는데 관심을 가지고 있었다. 종교를 정치적인 가치로 평가하고자 했으나 16세기 당시는 종교를 그와 같이 평하는 사람은 없었다. 종교는 단지 사회의 한 요소로서 관심의 대상이 되었으며 그는 종교를 종교 자체로는 보지 않았다. 그에 의하면 모든 국가는 군주국이건 공화국이건 종교는 신성한 의식으로 유지하기 위해서는 필요하다.

마키아벨리의 종교관은 종교는 좋은 사람들에게는 바른 길로 인도하도록 하며 나쁜 사람들에게는 잘못을 뉘우치도록 하고 있다. 종교의 보답과 법칙은 인간의 이기심과 법칙을 끌어내어 국가의 이익을 위하여 일하는데 있다. 이태리에서 애국자가 적고 정치적으로 무관심한 이유는 종교가 없기 때문이다. 또한 이태리 사람들이 사악하고 비종교적인 이유는 교회와 성직자들 때문이다.

그가 보는 기독교에 관한 견해는 기독교는 목적을 제공하는 것이 아니라 인간의 천박한 성향을 미화시키는 것이다. 마키아벨리는 기독교의 교리는 인간세상을 약하게 만들고 있다. 따라서 통치자는 국민들이 종교 자체에만 흥미를 갖도록 하며 정치와 종교는 완전히 분리시켜야만 한다.

방법론과 영향

마키아벨리의 작품에서 가장 새롭고 독창적인 것은 과학적 관점에서 문제의 해결에 대한 접근 방법인 것이다. 그의 방법론은 적극적인 면과 소극적인 면의 두 가지로 나누어 볼 수가 있다. 마키아벨리는 자연법을 완전히 버렸으며 신에 대해서 폭로 누설과 교회에 대해서는 어떠한 권위도 부여하지 않았다.

이러한 그의 과거의 기본 사상에 대한 부정은 이태리 안에서 보다 그 당대 이태리 밖에다 큰 충격을 주었다. 마키아벨리의 공헌을 부인할 수 없는 것은 그는 경험에만 의존하고 있지 않으며 경험에 의한 추론적인 방법을 이용하려고 하고 있다.

마키아벨리는 경험과 시대에만 의존하지 않고 과거로 거슬러 올라가서 사상을 역사적인 방법을 처음으로 사용 하였다. 역사를 쓰는데 마키아벨리는 문서 등을 구분해서 과거의 사실들을 확인하며 원인과 결과를 서로 연관시키려고 노력하고 있다.

16세기의 중심사상과 주제는 종교와 국가의 관계에 관한 문제가 중요하게 다루어지고 있다. 이와 관련하여 무엇이 진실한 종교인가 하는 문제와 통치자와 피지배자의 관계에 있어서 피지배자가 통치자에 대해서 관여할 수 있는 문제를 구분해 볼 수가 있다. 종교문제에 관해서 마키아벨리는 국가는 진정한 종교에 관해서 관심을 가질 필요가 없다. 국가가 필요로 하는 종교는 국가에 대해서 종교적인 금지를 요구하지 않고 국가가 복종의 의무를 지지 않는 종교가 필요하다.

국가 간의 외교관계에 있어서 마키아벨리는 국가란 도덕적으로 분리되어 있으며 국가 간의 종속관계를 부정하는 진보적인 견해를 가지고 있다. 그 당대의 대부분 사상가들은 국제적인 면에서 국가 간의 복종이론을 주장하고 있었다. 마키아벨리는 국가의 개념을 완전히 세속적인 국가의 개념에 초점을 맞추고 있다. 자연법을 인정법의 관념에다 기초를 두고서 국가를 완전히 독립된 국가로서의 개념에다 맞추어 나가고 있다.

16세기 대부분의 사상가들은 국가를 완전한 통치단체로 생각하지 않았다. 비록 국가를 최고의 통치기관으로 생각하는 사람이 있다고 할지라도 국가를 교회로부터 분리하려고 하지 않았다. 마키아벨리는 종교를 단순히 왕에 의해서 통치 지배되도록 했다.

마키아벨리가 르네상스로부터 16세기를 통해서 끼친 사상은 역행하는 사상에 대해서 실질적으로 관용을 베풀었다는 점에서 그의 사상은 혁명적이었다. 그의 사상은 이론에서보다는 실무적인 차원에서 필요했다. 그의 사상은 교회로부터 국가가 분리되지 않은 인간들의 사고를 점차적으로 풀어나가는데 기여했다.

5

근대 서양 3대 혁명을 주도한 진보주의 전도사들

중세 신 중심사회에서 민족국가 중심사회로 넘어 가면서 교황권에 대해서 개인의 권리를 보호하는데 위협적인 존재가 바로 왕권의 강화에 있었다. 왕은 교황을 대신에서 왕권신수설 등 인간위에서 군림하는 절대적 존재로 인권을 침해하는 가장 위협적인 존재로 등장하게 되었다.

왕권강화에 비례해서 개인을 보호해야 한다는 사상이 서서히 부각되면서 개인과 국가간에는 마찰이 생기기 시작했다. 이러한 개인을 국가인 통치자로부터 보호해서 국가가 국민의 생명과 재산을 보호하지 못하는 경우에는 국가는 통치권을 국민들에게 내어 주어야만 한다. 국민들은 그 통치권을 국민들의 생명권과 사유재산권을 보호할 수 있는 다른 통치권자를 선택하여 그 통치권을 인계 하여야 한다. 이 과정에서 통치자가 통치권을 인수하지 않을 경우 국민은 무력적인 힘의 행사인 혁명을 하여야 한다.

실제로 왕을 중심으로 한 국가의 통치자들은 국민들의 인권을 유린하였다. 이러한 단계에서 근세 유럽 국가들의 국민들에게 혁명 사상을 가지도록 진보적 사상을 전달한 전도사들이 많이 있었다. 이들 진보적 사상가들의 도움으로 근세 유럽은 세계 3대 혁명인 영국의 명예혁명, 불란서 혁명, 미국의 독립혁명이 성공을 거두었다.

진보적 사상가들이 있었기 때문에 인류의 민주주의는 또 한 단계 올라서게 되었다. 이시대의 대표적인 진보적 사상가로서 토마스 홉스, 존 록크, 장 자크 루소를 들 수가 있다. 홉스의 진보적사상은 영국의 명예혁명을 일으키는 원동력이 되었다. 록크의 사상은 미국 혁명의 원동력이 되었다. 특히 미국인들의 기본사상과 미국 헌법은 록크의 개인주의 정신인 록키안패러다임을 기초로 삼고 있다. 불란서 혁명은 루소의 사회계약론인 일반의사의 정신으로부터 일어났다.

토마스 홉스 (Thomas Hobbes)

근세 서양의 진보주의 사상의 전도사를 대표하는 토마스 홉스는 1588년 영국의 말메스버리에서 태어나서 1659년 91세에 죽었다. 1640년 영국의회에서 왕의 절대 권력을 지원하라는 명령에 반기를 들었다가 파리로 추방되었다. 파리에서 11년간 머물면서 그의 대표작인 리비아디안(Leviathan)을 저술하여 런던에서 1651년 출간 하였다.

리비아디안에서 그의 무신론적 입장은 영국교회로부터 크게 비난을 받았다. 1660년 왕정이 회복된 후 홉스는 왕으로부터 용서를 받기는 했으나 리비아디안은 교회로부터 계속적인 적대감을 불러일으켰다. 의회에서 그 문제에 관해서 재심한 결과 아무런 죄가 없다는 판결이 내려져 그 이후 홉스는 그의 생애를 평안하게 보낼 수 있었다.

홉스의 생애 동안 일어난 정치적 사건들은 그 시대가 불안정한 시대였다는 것을 보여주고 있다. 1645년까지 왕과 의회 사이의 내란, 1648년의 두 번째 내란, 1649년 찰스 1세 처형, 1654년부터 1658년까지 크롬웰의 섭정, 1660년의 회복 등 정치적인 격동기의 연속이었다. 이러한 시대와 관련하여 그의 진보적 사상은 이 시대를 역력히 나타내고 있다. 그의 혁명적이고 진보주의 사상에서 그가 안정된 정부형태의 강조 및 국민들의 정부에 대한 복종 등을 강조한 이유를 이해 할 수 있다.

인간성

토마스 홉스에 의하면 인간의 행동은 그들의 성격이나 환경에 의하여 결정되며 이성의 기능은 그들의 욕망을 달성시키는데 목적을 두고 있다. 홉스는 인간성은 세 가지의 경험에 근거를 두고 있다.

첫째, 인간의 모든 자발적인 행동의 기본적인 동기는 욕망과 혐오에 있다. 욕망과 혐오는 두 가지 상충되는 형태인 감각과 의사의 혼합적인 수단에 의해서 이루어진다. 두 번째로 인간들은 직접적으로 얻을 수 있는 목적을 위해서 뿐만 아니라 장래의 욕망을 만족시킬 수 있는 확신을 위해서 행동한다. 인간의 행동 목적은 한번 즐기기 위해서 하는 것이 아니라 장래의 욕망을 확신하기 위해서 행동한다. 셋째로 인간들은 결과에 대한 지식을 얻음으로서 이성의 기능을 가지고 있다.

홉스에 의하면 지식은 경험으로부터 일반화시켜서 얻는다. 인간들은 그들의 욕망을 얻기 위해서 가장 효과적인 수단을 생각한다. 홉스는 권력에 대한 인간의 욕망은 인간의 다른 욕망과 똑같이 강렬하다. 그러나 권력에 대한 욕망은 이성의 사용에 따라 도출된 욕망이다. 인간이 장래의 욕망을 만족하기 위한 꿈을 실현하기 위한 결과로부터 나왔다.

홉스가 도덕적인 경험에 대한 인간성을 바탕으로 분석한 것은 찾아볼 수가 없다. 그러나 경험을 묘사한 단어들은 비도덕인 개념을 분석한 것처럼 보인다. 홉스는 인간성을 분석하기 위해 두 가지 단계인 사회생활 전 단계와 사회생활 후의 두 단계로 나누어서 분석하고 있다.

우선 사회생활에 들어가기 전 단계에서는 사람들은 어떤 조직사회의 일원이 아니다. 선이란 사람들의 기본적인 욕망에 대한 목적이며 악이란 사람들이 싫어하거나 꺼리는 것을 말한다. 따라서 홉스는 이

단계에서는 선과 악에 대한 독자적인 기준이 없다고 한다. 인간의 욕망과 회피가 인간에게 선과 악을 결정한다. 그러나 사람이 사회 안에 살고 있다면 선과 악이란 주권을 구성하고 있는 사람과 사람에 의해서 결정된다.

자연 상태

홉스는 인간의 능력이 서로 다르면서 인간은 각자의 이익을 추구하기 때문에 정부의 강압적인 행위가 없다면 인간은 전쟁상태에서 살 수 밖에 없는 것이다. 개인 각자가 각자에 대해서 서로 싸움을 하고 있는 상태 다시 말하면 만인의 만인에 대한 투쟁 상태인 것이다. 이러한 상태는 개인 각자가 끊임없이 싸움을 한다는 것을 의미하는 것이 아니라 개인 각자는 끊임없이 공격을 받고 위험을 안고 있으며 개인 각자가 힘을 가지고 있지 않다면 아무런 안전을 확보 할 수가 없다.

홉스는 이런 상태 하에서는 문명된 삶의 추구란 불가능하며 인간의 생활은 고독하고 가난하고 불쾌하며 야만적이며 불충분하다는 것이다. 홉스는 이러한 것이 자연 상태에서의 인간의 조건으로 보았다. 이런 조건은 만일 인간이 정치적인 조직단체에 속한다고 하지 않으면 이러한 상태가 계속되는 것이다.

정치적 조직단체가 없는 상태에서는 이러한 결과들이 항상 계속 되어진다. 이것을 입증하기 위해서 홉스는 야만인 생활과 독립된 주권국가의 행동에 관해서 언급하고 있다. 인류학적 연구에 의하면 가장 원시적인 사회에 있어서까지 기본적인 사회생활이 있으며 도덕 규율이 있다. 아리스토텔레스가 인간은 사회적 동물이다라는 말을 보아도 알 수 있다. 여기에다 홉스는 주권국가의 행위에 대해서까지 언급함으로써 더욱 더 큰 의미를 가지고 있다.

최근까지 국제적인 분규가 발생 했을 경우 유엔의 상임위원회에서 그 문제를 해결하고자 했다. 일반 국가들은 그들의 행위가 올바른 것인지 아닌지 하는 것을 판단하도록 요구하는 것을 말한다. 개인은 개인각자에 의해서 행해진 행동이 도덕에 맞는지 아닌지 하는 기준에 따라서 벌을 받는다. 이러한 법에 대한 두려움이 없을 때는 다른 사람의 이익을 무시하는 이기심이 더욱 증가되어 버릴 것이다.

자연법

홉스는 인간은 이성을 가지고 있으며 그 이성을 사용함으로써 자연상태에서 벗어 날 수 있다. 이성이란 행동의 목적으로 선정하는 것이 아니다. 이성은 단지 인간의 욕망에 의해서 결정되는 것이 아니라 인간이 갈망하는 목적을 가장 합리적으로 얻을 수있는 것을 말한다. 이러한 이성으로부터 나타나는 일반적인 법칙을 자연법이라 한다.

홉스가 보는 자연법에 대한 자신의 정의는 자연법이란 이성에 바탕을 둔 교훈 또는 일반 법칙이다. 자연법이란 인간생활을 파괴하는 것을 금지하는 법칙 또는 가장 잘 유지 할 수 있도록 되어있는 일반적인 법칙이나 교훈을 의미한다. 이러한 관점에서 홉스는 암시적인 관점에서 금지란 용어를 사용하고 있다.

홉스는 이성이란 어떠한 권위나 인간이나 신에 의해서 금지되어 있는 것을 뜻하는 것이 아니다. 이성이란 자연적으로 그들의 생명을 유지하려는 욕망이나 생명을 유지하기를 원한다면 무엇을 피해야만 하는 것을 보여주는 것이 이성을 의미한다. 자연법에 불복종하는 것은 도덕적으로 잘못된 것이 아니라 단지 비합리적인 이유 때문이다. 그 이유는 자연법에 불복종한다는 것은 인간의 생명을 유지하려는 것과 일치하지 않기 때문이다.

홉스는 몇몇 자연법에 관한 이론을 제안했다. 인간은 무엇을 얻는 과정에서 평화적으로 얻고자 하고 있다. 그러나 그가 평화적으로 얻을 수 없을 때에는 모든 수단과 방법을 가리지 않고 그것을 얻으려고 노력하며 결과적으로 볼 때 그는 전쟁에 이르게 된다. 이러한 전쟁을 막고 평화적으로 해결하기위한 자연법이 존재한다.

다음으로 우리는 자신을 방지하는 자연권이 존재한다. 홉스는 이러한 자연법에 의해서 인간은 이웃들과 평화적으로 살 수 있으며 실제로 그렇게 될 수 있다고 보았다. 그러나 인간 각자가 적법한 방법에 의해서 사는 것은 불가능 하다는 것이다.

자연법 내에서 인간은 다른 사람이 원하고자 할 때 자기도 역시 그것을 원하고 있다. 모든 사람들은 평화적으로 그것을 얻기를 원하고 있다. 그리고 모든 사람들이 평화적인 방법으로 자기 자신을 방어하는 것이 필요 하듯이 팔에 쌓여있는 물건에 대해서 자기가 얻을 수 있는 만큼 다른 사람에 우선하여 그것을 막을 권리가 있다. 법치국가에서 사람이 평화와 안전을 필요로 한다면 다른 사람의 평화와 안전을 충족시키기 위해 노력해야 한다.

만일에 사람이 자연 상태가 계속되기를 원하면서 그의 생활을 유지해 나가기를 원한다면 다른 사람들도 그렇게 되도록 해야 한다. 그의 자유와 관련된 모든 사람들이 원하는 물건이 하나만 있다면 그것은 모든 사람들이 가지기에는 한계가 있다. 만일 한사람이 다른 사람의 힘을 줄이려고 노력한다면 자신들의 안전을 위해 힘과 재능을 발휘함으로써 전쟁상태를 가져오는 결과를 가져올 것이다. 따라서 홉스는 인간에게는 자연권이 부여되어 있기 때문에 자연권을 이용하여 권리를 유지해나갈 수 있다. 또한 자신의 생명을 유지해 나가기 위해서는 자신의 힘인 자연권을 사용할 수 있다.

홉스가 말하는 자연권이란 그 힘을 가장 잘 발휘하려고 하는 것을 말하는 것이 아니라 자유를 그렇게 얻도록 하는 것이다. 홉스는 자유에 대해서 자유란 외적인 장애 다시 말하면 외적인 방해가 없는 것이라고 정의를 내리고 있다. 인간이 판단과 이성에 의해서 그의 힘을 사용할 때 그를 방해하는 것을 없애는 것을 말한다.

홉스의 새로운 이론은 인간은 그가 할 수 없기 때문에 하기를 원하는 것으로부터 막아진다. 자연 상태에서 인간은 어떤 상상과 심리에 의해서 행동의 제약을 받고 있는 것이 아니라 강제적으로 할 수 없기 때문에 하지 않는다는 것이다.

사회계약

홉스는 인간은 모든 것을 할 권리를 가지고 있다는 것이다. 따라서 인간은 인간 각자에게 부여된 자연권을 모든 것에 행사할 수 있다. 홉스는 인간은 인간에게 주어진 권리를 사회계약이라는 방법에 의해서 양도가 이루어진다. 인간은 인간이 필요하다고 생각할 때는 인간이 가지고 있는 모든 권리를 그 권리를 행사할 수 있는 사람이나 기관에다 그것을 양도하여 권위를 부여할 수 있다.

홉스는 인간이 각자의 권리를 포기하거나 각자의 권리를 다른 곳으로 양도 할 때는 인간은 자신의 이익을 위해서 양도한 기관에 방해를 해서는 안 되며 반드시 그 사람 또는 그 기관에 복종하여야만 한다는 것이다. 인간의 이러한 권리 포기나 권리 양도는 자신의 의사이며 자신의 행동인 것이다.

홉스는 인간에게 부여된 이러한 권리는 자연권이며 자연권을 양도하려고 하는 사람은 그가 양도한 자연권을 행사하는 사람에게 방해되는 행동은 하지 말아야 한다. 더욱이 양도받은 기관이나 사람이 그 권리를 잘 행사 할 수 있도록 도와 주어야 한다. 그러나 인간은 자기가 가지고 있는 권리를 강압에 의해서 양도한 사람에게는 복종할 의무를 가지고 있다고 보지 않는다. 그가 처음 생각했던 의도와 모순되는 경향이 있을 때는 자연권을 다시 돌려받거나 그것을 유보시킬 수 있다.

홉스의 생각은 인간의 행동은 개인적인 욕망과 혐오에 의해서 결정된다. 인간은 그의 자연권을 다른 사람에게 양도함으로서 그의 욕망을 충족시킨다면 그가 가지고 있는 권리를 양도하여야 한다. 홉스는 인간이 그의 자연권을 유보 또는 양도하는 가장 근본적인 이유와 목적은 단지 자기 자신의 안전을 위해서이며 그것만이 그의 생명을 유지하는 일이다.

권력 또는 권리 상호간의 전도를 홉스는 계약이라고 부르고 있다. 어느 한쪽이 계약을 이행하기 전에 한쪽에서 먼저 계약을 이행하면 다른 쪽은 맹약이 되는 것이다. 여기에서 중요한 것은 의무에 관해서 이다. 의무라는 것은 육체적이거나 정신적인 강요를 의미하는 것이 아니라 합리적인 방법에 의한 강요로서 한쪽에서 공약한 것을 이행하면 다른 편에서도 이미 계약된 부분을 이행하는 것을 말한다.

홉스에 의하면 인간은 천성적으로 탐욕이나 욕망이 너무 강하기 때문에 어떤 강압적인 힘이 없이는 그들의 계약을 지켜나간다는 것은 보장 할 수가 없다. 대부분의 사람들은 강압적인 칼이 없이 단지 말로만의 계약으로 모든 사람의 안전을 확보할 수가 없다. 만일 계약의 이행을 믿을 수 없다면 인간은 자연 상태나 마찬가지로 모든 불이익이나 위험을 감수하여야 한다. 홉스는 이러한 두려움으로부터 사람들을 지키기 위해서 공동의 힘을 만들어 공동의 이익을 추구해 나가도록 그들을 지시하도록 하자고 한다. 이것을 홉스는 정부라고 부르고 있다.

그러한 공통적인 힘을 모으는 유일한 길은 사람들의 모든 힘과 권력을 한사람 또한 한 집단으로 모으는 길이다. 국민들의 뜻을 감소 시켜서 그들의 목소리를 한곳으로 모아서 국민들이 그곳에 복종하도록 하는 일이다. 홉스는 이러한 목적을 수행하기 위해서 각자는 다른 사람들과 협의하여 어떠한 제도를 만들어야 한다는 것이다.

국민 각자는 어떤 한사람에게 자기의 권리를 다스릴 사람에게 자기의 권리를 수여하여야 한다. 이렇게 권리를 물려받은 사람 또는 집단은 그러한 계약 조건에 따라서 행동하여야 한다. 홉스는 이것이 단체의 기원이라고 본다. 이러한 권한을 양도받은 사람 또는 구성단체를 홉스는 주권이라고 한다.

홉스는 암시하기를 어떠한 환경에 따라서 사회계약을 취소한다는 것은 합법적으로 본다. 주권에 대한 국민들의 의무는 주권이 그들을 보호 할 수 있을 때까지만 가능하다. 주권이 그들을 보호할 수 없을 때에는 누구도 철회할 수 있다. 국민들이 안전을 위해서 가지고 있는 자연권을 주권자에게 양도할 수 있다.

그러나 주권자가 그들의 목적을 달성하지 못할 때는 복종자인 국민들은 주권자에게 준 권리를 양도받아서 그들의 생명과 안전을 보호 해 줄 수 있는 다른 주권자에게 그들의 권리를 양도할 수 있다. 주권자와 국민들 간의 계약을 깨뜨릴 수 있느냐 아니냐의 문제와 관련하여 홉스의 견해는 일관성이 없으나 강하고 안정된 정부를 희망하는 그의 의도와는 다소간 다른 표현이다.

이와 관련하여 홉스의 또 다른 견해는 사회계약은 되돌려 받을 수 없는 것이다. 어떠한 조건 하에서도 양도한 권력을 주권으로부터 되돌려 받는다는 것은 불가능한 일이다. 국민들이 그들의 행동과 판단에 의하여 만든 계약은 그들 사이에 새로운 계약을 만든다는 것은 합법적인 일이 아니다. 주권자의 허가 없이는 새로운 계약을 만든다는 것은 불가능하다. 사회계약에 의해서 주권자에게 주어진 권력의 양도를 다시 취소시킨다는 것은 불합리한 일이다.

홉스의 사회계약은 분명히 일관성을 잃고 있다. 그러나 분명한 것은 홉스는 안정되고 강한 정부를 희망하고 있다. 홉스가 강조하는 있는 점은 주권의 필요조건은 절대적이며 자격을 따질 필요가 없으며 정부가 소유하고 있는 주권의 힘은 안정되고 질서 정연한 사회를 구성하고 있어야 한다. 그러나 정부가 처음의 의도대로 국민을 위해서 권력을 행사하지 않더라도 주권은 그대로 유지하고 소유할 수 있다는 것을 의미하는 것은 아니다.

이론의 정당성

홉스의 진보적 사상은 그의 이상국가론의 개념을 정리 하려고 노력하고 있다. 대부분의 진보주의 사상가들은 이상적인 국가 또는 순수한 이상론을 단지 도덕적인 차원에서 추정해 보려고 노력을 시도했다. 그러나 홉스는 이상이란 개념을 순수한 합리적인 이상이란 차원에서 간주하고 이상 국가를 그들의 욕망을 달성하기 위한 가장 효과적인 수단으로 간주하고 있다. 홉스의 견해에 의하면 정부의 목적은 도덕적인 형태에서 이상 국가를 유지하는 것이 아니라 국민들의 근본적인 목적을 충족시켜주는 것이다.

그의 대표작인 리비아디안에서 홉스는 그의 이론은 절대적인 권력인 강한 정부는 사회계약에 의해서 국민들의 요구에 의해서 성립된 정부를 의미한다. 인간의 욕망을 넘어서 평화와 안전을 보장 한다는 관점에서 국민들로부터 양도되어서 수립된 정부라는 것을 정당화시키고 있다. 홉스는 현존하는 국가는 바로 이러한 국가를 말하며 도덕적인 국가란 현존하는 국가와는 달리 인간의 이상적인 면에만 치중하고 현실적인 면에는 약하다는 것이다.

이러한 관점에서 볼 때 홉스의 진보적 사상은 도덕적인 사상과는 거리가 먼 실용적인 사상이다. 그의 사상은 비도덕성에다 초점을 맞추어서 인간의 목적을 극복시키는 활용성에다 중점을 두고 있다. 그의 사상은 조직적인 정부를 정당화시키는데 근본 목적을 두고 있다.

홉스는 국민 개인적인 차원에서보다 국가적인 차원에다 그의 진보주의적 사상의 기초를 두고 있다. 그의 사상은 순수한 정치를 순수하게 인간의 욕망의 사실만을 적용하여 문제를 해결하고자 했다. 그의 사상은 도덕적인 면과는 완전히 독립성을 유지하고 있다. 따라서 홉스의 진보적 사상은 그의 전임자들이 주장하고 있던 도덕적인 사상과는 맥을 달리한다.

록크 (John Locke)

생 애

미국 혁명과 미국 사회형성에 가장 크게 영향력을 행사한 진보적 사상가는 존 록크 이다. 존 록크(John Locke, 1632-1704)는 영국 웨스트 민스트 학교와 옥스퍼드의 크리스천 교회에서 교육을 받은 후 의학을 공부하였다. 록크는 1666년 안토니 코터의 개인비서가 되었으며 후에 샤프 베리의 개인 의사가 되었다. 1672년 그가 개인 의사로 있는 샤프베리가 맘모스 공작의 왕위 계승 음모에 관련되자 록크는 그 음모에 전혀 관련되지 않았음에도 불구하고 영국을 떠나도록 권고 받았다.

1684년 찰스 2세는 록크가 1659년 이래로 계속 누리어온 학문적인 이득을 박탈 시켰으며 제임스 2세는 그를 해외 망명으로부터 소환 시키려고까지 했다. 그러나 록크는 윌리엄 오렌지왕의 승낙을 받고서 영국으로 돌아왔다. 록크는 신앙에 관한 연구를 비롯하여 시민정부이론 등 다수의 정치적인 논문을 제외하고는 인간의 이해에 관한 수필집이라는 제목의 지식론에 관해서도 큰 공헌을 하였다.

록크의 진보사상은 그 시대의 상황을 잘 반영하고 있다. 홉스와 마찬가지로 불확실하고 위험한 영국 내란기에 살았기 때문에 모든 것을 압도할 만큼 강한 정부를 정당화 시키려고 고심했다.비록 1688년 전에 일어난 혁명은 도덕적인 가치를 더할 때만 정당하다는 록크의 견해에도 불구하고 록크는 스튜어트왕조 아래서 박해를 받았다.

록크의 진보사상은 정부는 사회를 붕괴하지 않으면서 혁명에 의해서 정부는 제거될 수 있다는 것이다. 어떤 정부도 어떤 특정 조건하에서는 이러한 방법에 의해서 교체되는 것이 정당하다. 록크의 이러한 사상은 백년 후 영국의 식민지였던 미국이 영국의회를 인정하는 것을 거절하는 것을 정당화시키는데 상당한 영향을 끼쳤다. 또한 록크의 사상은 영국과 미국의 정치적 독립을 초래하는 이론적인 바탕이 되었다.

록크와는 대조적으로 홉스는 기존 정부의 혁명에 의한 전복은 무정부상태를 초래한다고 했으나 1688년의 영국의 혁명은 그러한 무정부상태와 같은 참극은 초래하지 않았다. 그와는 반대로 1688년의 혁명은 영국 사람들에게 주권의 변화와 왕정을 약화시킨 반면 의회를 그만큼 강화시켰다. 이러한 변화들은 영국에서 정부의 중요성을 보여주었다. 그 결과 폭력 없이 정부를 전복하여 소위 명예혁명에 성공하였다. 대다수의 영국 국민들은 명예혁명을 환영하여 영국은 국민들로부터 환영받는 정부를 구성하게 되었다.

존 록크 자신도 이러한 혁명을 정당화시켜 정부의 권위와 정당성을 도덕적인 법칙에다 의존하도록 하고 있다. 이러한 그의 사상은 록크의 시민 정부이론의 책에서 찾을 수 있다. 여기에다 다시 이름을 붙여 시민정부의 신기원에 관한 고찰과 목적이란 책을 저술하였으며 이 책은 1688년의 명예혁명 2년 후인 1690년에 출간되었다.

자연법

록크의 진보사상은 홉스와 마찬가지로 이상국가에 관한 이론이다. 그러나 홉스와는 도덕적인 이론에서는 의견을 완전히 달리한다. 홉스의 이상 국가는 합리적인 사고에 의한 이상을 의미하며 록크의 사상은 도덕적인 관점에서의 이상을 의미한다. 록크의 이론은 자연법의 사상에다 근거를 두고 있다. 이 자연법은 도덕적인 특성에다 근거를 두고 있다.

록크는 근본적으로 이상국가를 도덕적인 면에서의 이상국가라고 간주하고 있다. 그는 근본적으로 도덕법이 존재하는 가정을 정당화 시키려고 하고 있다. 록크에 의하면 자연 상태란 그 자연 상태를 지배하는 자연법을 가지고 있으며 자연법은 모든 사람이 지켜나가야 한다.

자연법은 모든 인간을 가르치고 있으며 모든 인간은 동등하고 독립되어 있다. 어느 누구도 다른 사람의 생명을 헤치거나 자유나 재산을 침범해서는 안 된다. 모든 인간은 전능하고 현명한 사람이 명령과 직업에 의해서 보내졌다. 따라서 인간은 그의 재산을 비롯하여 모든 것이 다른 사람에 의해서 만들어진 것이 아니고 바로 그 전지전능한 사람의 작품이다. 따라서 록크는 자연법이란 신의 의사라는 의견을 가지고 있다.

록크의 진보사상의 접근방법은 홉스의 사상과는 근본적으로 다르다. 자연 상태에서는 다른 사람과는 관계없이 다른 사람의 의사를 떠나서 자연법의 범위 내에서 그들이 생각한대로 한다. 자연상태에서 인간은 그들이 소유하고 있는 것을 처분하고 마음대로 행동할 수 있는 완전한 자유를 누릴 수 있다.

자연 상태란 사람들이 정부에 복종하지 않고 사는 상태를 말한다. 홉스의 자연 상태에서의 개념은 자연 상태란 합리적인 계산 하에서 논리적인 감각에서 인정하고 있다. 반면 록크의 자연법은 도덕법이기 때문에 홉스의 절대적인 주권의 법칙을 거부하고 있다.

홉스는 만일에 사람이 합리적이라면 자신의 이익을 위해서 그들의 무한정한 힘을 그들의 주권기관에다 양도해야 한다. 반면 록크는 다른 사람에게 어느 누구도 자신이 가지고 범위의 권력을 넘어서는 안 된다. 또한 어느 누구도 다른 사람에게 독선적이고 절대적인 권력을 양도해서는 안 된다는 것이다.

록크는 자연 상태에서 인간은 다른 사람의 생명, 자유, 재산을 침범하는 독자적인 권력을 가져서는 안 된다. 단지 자연법은 그 자신의 보호 및 남을 도우는 일을 해야 하며 이러한 일은 입법에 의해서 행해져야하며 공공적인 선을 위하는데 국한되어야 한다.

국가 권위에 대한 도덕적인 한계

록크의 견해에 의하면 모든 정부는 자연법이란 정의가 내려진 도덕적인 기준에 복종하여야만 한다. 만일 정부의 행동이 이러한 도덕적인 기준과 마찰이 생길 경우 자멸이 있다. 어떠한 정부도 그가 하고 싶은 대로 하고 통치할 수 있는 절대적 권한은 갖고 있지 않다. 또한 어떠한 개인도 자기가 하고 싶은 대로 행하는 절대적 권리를 갖고 있다고 할 수 없다.

록크의 진보적 사상은 기존의 왕의 신성한 권한의 법칙에 정면으로 도전하고 있다. 기존의 일반적인 사상인 왕은 절대적으로 죄를 저지를 수가 없다. 왜냐하면 왕의 권한은 신으로부터 나왔으며 왕의 행동이 신의 의지로부터 나왔기 때문이다. 이에 대해 록크는 왕은 틀리기 쉬운 인간이며 왕은 도덕법에 따라서 행동하는 인간이며 도덕법을 파괴하기 쉽다.

반면 홉스의 견해는 정부의 권위는 도덕적인 면에서는 한계가 없다. 홉스는 개인의 이익을 위하고 공공의 질서나 안전을 위해서 정부에 국민들의 절대적인 권력을 양도하여야 한다. 만일에 정부가 공공의 질서나 안전을 유지하지 못하는 경우 국민들은 그들의 이익을 위하여 정부에 복종하는 것을 거부 하여야 한다. 또한 홉스에 의하면 반란을 정당화시키기 보다는 복종하는 것이 더욱 이익이 된다는 것이다. 그러나 홉스의 이러한 견해는 그의 개인적인 위험과 경험이나 자연적인 소시민적 개성이 더욱 그의 마음속에 작용하고 있기 때문이다.

정부의 권위의 역량에 대한 홉스와 록크의 차이점은 홉스가 록크 보다는 더욱 원칙을 주장하고 있다. 어쨌든 두 사람은 매우 다른 차원에서 혁명을 인정하고 있다. 홉스는 반란이란 개인의 이익추구라는 근거에서 정당화 될 수 있다. 만일에 정부가 정당한 자연법을 수행하지 못할 때는 혁명의 정당성을 인정하고 있다. 반면 록크는 정부가 도덕적인 면에서 자연법에 위배되는 행위를 하였을 때는 혁명이 가능하다는 것이다. 그러나 두 사람 모두 정부가 어떠한 환경 하에서도 죄를 범하지 않는다고 생각하지는 않았다.

홉스는 정부는 통치할 강권을 가지고 있으며 이러한 목적을 수행하기 위해서 정부는 결정을 집행할 강권을 가지고 있다. 한편 록크는 정부는 이러한 강권을 가지고 있기는 하지만 그 강권에 복종하도록 건의하는 대다수의 강권이 사용될 때만 정부는 강권을 행사할 수 있다. 만일에 정부에서 그들이 받아들인 도덕적인 원칙들을 수행하지 않는다면 그 동의를 국민들이 유보할 수 있다. 홉스는 록크 보다도 국민이 동의를 취소 할 수 있다는 점을 덜 강조 하고 있다. 홉스는 국민의 동의의 취소는 아주 예외적일 때만 가능하다는 것이다.

홉스와 록크의 동의와 권위는 상대적 중요성의 강조에 따라서 차이가 있다. 그 차이점은 의심할 필요없이 홉스는 강하고 안정된 정부만이 모든 사람들의 기본적인 이익을 위하는 일이며 추진하는 정책이 일반 도덕적인 차원에서 법과 불일치한다는데 따라서 반란을 정당화시키려고 하고 있다. 반면 정부의 대중으로부터 동의의 원칙은 정부에 의해서 자연법의 준수를 확인하는 것이 필요하다는 록크의 강한 견해보다는 홉스의 견해가 덜 분명하다.

록크는 정부는 개인 한사람 한사람의 동의에 기초를 둘 수가 없다. 개인 한사람 한사람은 정부의 의무의 개념에 의견을 달리 하기 때문이다. 록크는 정부의 권위는 국민다수의 동의에 달려있으며 국민 다수가 결정적인 정책 권력을 가지고 있다는 것이다. 집단에서 한사람의 동의에 의한 행동은 단지 한사람의 의견이며 집단에서 다수의 동의에 의해서 움직여졌을 때는 각자는 모든 사람의 동의에 의해서 뭉쳐졌다고 할 수 있다.

이러한 관점에서 볼 때 록크의 진보적 사상은 분명히 민주주의 사회에 대해서 밝히고 있다. 귀족 국가에서는 몇 사람이 힘과 폭력에 의해서 다수를 지배하고 있다. 그러나 민주주의에서는 어떤 개인의 어떤 행동에 의해서 의사가 결정될 수 없으며 다수의 지지를 받고 있는 의견이 분명히 수행되어야 한다. 따라서 록크는 한 사회에 소속되어있는 시민 각자는 다수의 지배 원칙을 받아들이는데 동의 하여야 한다.

록크는 다수 지배원칙과 그가 이해하고 있는 자연법 사이의 잠재적인 불일치를 인정하는 것 같지 않다. 록크의 자연법이란 도덕적인 법 즉 어느 누구도 다른 사람의 생명, 건강, 자유, 재산을 해쳐서는 안 되는 법을 의미한다. 이러한 논리에 의하면 다수는 다른 사람을 해칠 권리를 가지고 있다는 것이 불가능 하지 않다.

록크는 자연권이란 다수의 의견의 권리라고 정의를 내리고 있다. 록크는 자연권의 일반적인 개념을 근본적인 민주주의 법칙과 결부시켜 나갔다. 따라서 록크의 국가에 관한 이론은 실질적으로 현대 민주주의 헌법의 정확한 분석이 되었으며 자연권의 상대성의 인정은 어느 사회 어느 시대에서나 인정되어졌다.

민주주의의 기본 요소는 개인의 권리는 신성한 것으로 인정되었으며 정부나 어떤 집단에 의해서 침해받았을 때 개인의 이러한 권리들을 보호해 준다. 민주주의는 록크가 보았던 것과 같은 자연권은 아니다. 그러나 국민이 동의하는 가장 중요한 의무는 개인의 권리가 결국은 독재적인 폭력의 행사에 의해서 희생되어서는 안 된다.

록크의 다수 지배에 관한 원칙은 그의 사상의 기본 원칙을 바꾸지는 않았다. 그의 이론의 기본원칙은 개인이나 정부 모두가 도덕법에 복종하여야 한다. 개인은 일관성이 없고 불확실하며 잘 모르는 다른 독재자에게 복종하여서는 안 된다는 것이다.

록크와 홉스는 사상 면에서 많은 유사성이 있다. 그러나 록크의 의무에 관한 이론은 홉스의 이론과는 정반대의 입장에 있다. 홉스에 의하면 주권에 의해서 한번 제정된 법률은 상당한 효력을 가지고 도덕은 법의 기초이다. 그러나 록크에 의하면 자연법의 개념으로서 도덕은 시민이 복종해야만 하는 기본법 이다. 만일에 시민법이 시민들이 가지고 있는 도덕법과 모순이 있다면 시민들은 시민법에 복종해야 할 의무가 없다.

도덕적인 관점은 정치에 있어서 중요한 역할을 한다. 록크의 이론은 도덕법에 기초를 두고 있기 때문에 더욱 포괄적이며 함축적이다. 정부의 정당성으로 볼 때 록크의 이론은 홉스의 이론보다 더욱 세련된 것처럼 보인다. 그러나 록크의 이론의 약점은 그가 독립된 도덕의 기준을 부활시키는 중요성에 있는 것이 아니라 도덕의 기준을 어떻게 확인하고 정의를 내리느냐 하는 것이다.

록크는 자연법과 신의 의사에 관해서 언급했다. 록크는 자연법과 신의 의사가 모든 인간사회의 기본 원칙이 된다는 것이다. 록크가 자연법과 신의 의지가 가장 중요한 법칙이라면 자연법과 신의 의사에 관해서 어느 정도의 독선적이며 명백한 한계 및 기준을 내세울 수 있는 설명이 필요하다.

혁명에 관한 권리

록크는 혁명은 자연법이 정부에 의해서 침해 되었을 때 정당화 될 수 있으며 혁명의 원인에 대한 설명과 행동이 정당화 될 수 있다. 정부가 국민의 도덕법에 의해서 제정된 범위 내에서 운영될 때 국가의 권위는 인정되며 모든 국민은 그 법률에 복종하는 의무를 가지고 있어야 한다. 따라서 국민이 도덕법의 지배를 원하거나 국가의 단합을 유지하기 위해서는 국민은 정부에 복종하여야 한다. 그러나 다수 국민의 의견이 소수의 시민 투쟁의 연속이 된다면 잠재적인 혁명도 이룰 수가 있다.

록크는 혁명은 몇 가지 원칙만 제시되면 가능하다는 것이다. 가령 시민들이 믿고 있는 점에 반하는 입법을 국민들이 발견했을 경우 국민들은 그러한 법률을 폐지해 버릴 강력한 힘을 계속해서 가지고 있다. 록크에 의하면 국민과 정부사이에는 신뢰가 가장 중요한 요소로 작용을 한다. 만일 정부가 신뢰에 위배되는 행동을 한다면 그 신뢰는 몰수되어져야만 한다. 또한 그 권력은 당연히 그들의 안전과 보호를 가장 잘 지켜줄 수 있는 사람들의 손으로 양도하여야만 한다.

록크는 정부의 목적은 모든 사람들을 지역사회 속으로 통합시킨다. 또한 국민들을 정부 속으로 몰아넣으며 자연 상태에서와 같이 국민들이 원하는 재산을 보호하는 일이다. 록크의 재산은 사람들의 생명과 자유와 부동산을 의미한다. 정부의 근본 목적은 개인의 생명, 자유, 재산을 보호하는 일이다. 정부가 그러한 목적을 달성하지 못했을 때는 다수의 의견에 따라서 기존의 정부는 제거되고 다른 정부로 대체되어야 한다.

록크 사상의 평가

록크의 진보적 사상은 홉스의 진보 사상과 같이 국가의 기원을 설명하는데 있어서 개인들을 합리적인 관점에서 인공적이고 너무 단순하게 평가하고 있다. 록크 사상의 영향은 정부의 권리에 관해서 분명히 했으며 1688년 명예혁명 이래로 영어를 사용하는 국가들에 크게 퍼져 나갔다.

록크의 진보적 사상의 영향은 모국인 영국보다도 외국에 크게 영향을 주었다. 특히 록크의 자연법의 원칙은 미국 헌법으로 명문화시킬 정도로 헌법으로 규정하고 있다. 불문법의 국가인 영국에서는 홉스의 사상인 무한정 주권이론의 원칙에 더욱 가까이 하고 있으나 실제로는 영국 헌법은 도덕 법칙을 강요하고 있다.

록크의 진보사상의 기여는 정부의 도덕적인 책임을 규명하는데 있다. 록크의 진보사상은 중세를 통해서 받아졌던 도덕법의 부활이다. 록크의 도덕법은 현재의 민주주의에 의해서 받아지고 있는 모든 민주주의 원칙들에 대해서 규정하고 있으며 더욱 나아가서는 국제사회의 유엔 헌장의 인권에 관한 부분까지 연장시켜 나가고 있다.

존 록크의 진보주의 사상은 새로운 형태에 있어서 플라톤의 정의에 관한 규정을 적용하고 있다. 다시 말하면 도시국가에서 철인 왕에 대항해서 개인의 보호를 추구하고 있으며 약자가 강자에 의해서 침해 되어서는 안 된다. 정부의 가장 기본적인 요소는 힘의 기능의 행사에 있는 것이 아니라 도덕 행위에 있어서 인간 문제의 실현인 것이다.

루소 (Jean Jack Rousseau)

생 애

불란서 혁명의 원동력을 가져온 루소의 진보주의적 사상을 이해하기 위해서는 다른 사상가들과는 달리 그의 특수한 성격과 남다른 인생경력을 이해하지 않고서는 불가능하다. 루소가 살아온 주위환경은 그의 정치사상에 지대한 영향을 미쳤다. 그가 살아온 생애를 깊이 앎으로서 그의 난해하고 일관성이 결여된 사상을 이해 할 수가 있다.

장 자크 루소(Jean Jack Rousseau)는 1712년 캘빈교의 중심지인 제네바에서 시계 수리공의 아들로 태어났다. 태어나자마자 루소의 어머니는 죽었다. 루소가 10살이 되었을 때 그의 아버지는 대소동을 일으킨 뒤 루소를 버리고 달아나 버렸다. 부모 없이 어린시절을 제네바에서 보내면서 루소는 이 직업 저 직업을 전진하면서 거짓말뿐만 아니라 남의 물건을 훔치는 일도 서슴없이 해냈다. 루소가 16살이 되었을 때 제네바를 빠져나가는 것이 필요하다고 느낀 루소는 파리로 갔다.

루소의 천부적인 미남 형과 재치는 많은 사람들을 사귀었으며 특히 여자 친구들을 많이 사귀었다. 그러나 그의 사교성은 언제나 오래가지 못했다. 루소의 가장 큰 후원자는 마담 위렌 이었다. 마담 위렌의 도움으로 루소는 많은 양의 공부를 독학으로 해냈다. 이러한 공부과정에서 그는 오페라도 쓰고 비록 프랑스 아카데미에서 거절되기는 했지만 음악 작곡도 했다.

루소의 생활은 다른 사람들과는 완전히 다른 생활을 했다. 그의 독특한 성격 때문에 그는 자주 마찰을 일으켰다. 그는 일생동안 다섯 자녀를 두었으며 부인의 만류에도 불구하고 낳는 즉시 고아원으로 보내 버렸다. 이러한 루소의 비인간적인 행위는 그의 유명한 참회록에서 많이 후회를 하고 있다. 특히 그는 플라톤의 공화국에서 모든 자녀들의 공동 소유화에 대해서 긍정적인 반응을 보이고 있다.

1749년 디존 아카데미가 주최한 수필대회에서 과학과 예술은 인간의 도덕에 공헌을 했는가 또는 퇴화시켰는가? 라는 제목의 콘테스트에서 루소는 그의 특유의 고집을 살려서 과학과 예술은 인간의 도덕의 청결에 도움을 주지 못했다는 입장을 취했다. 당시는 계몽주의로서 모든 것이 문명과 과학만이 인간의 도덕과 발전을 가져온다는 시대였다. 루소의 이러한 진보적 입장은 당시 사회에 있어서는 하나의 큰 충격이었다.

아카데미수필 대회에서 입상은 루소의 인생을 바꾸어 놓았다. 루소는 이 순간부터 나를 새로운 세계에서 새로운 사람으로 탄생시켰다라고 말하고 있다. 이 논문에서 루소는 인간의 순수성과 착함은 문명에 의해서 부패되어 버렸으며 파리사회를 무서운 속도로 망쳐가고 있다는 것이다. 결국 루소는 사회 자체를 부인하고 있다.

1754년 두 번째 경기에서 디존 아카데미 후원회에서 했던 것과 같이 인간 불평등 기원론의 논문을 제출했다. 이 연구 논문에서 루소는 비록 입상은 하지 못했지만 인간 불평등 기원론의 논문은 그를 더욱 유명하게 만들었다. 이 논문에서 루소는 그의 기본사상을 대담하게 잘 드러내고 있다.

1755년 백과전서파가 주최한 정치경제에 관한 연구에서 루소는 그 유명한 사회계약론을 나타내고 있다. 여기에 인기도를 타고서 루소는 1762년 그의 가장 유명한 책인 사회계약론과 에밀을 출간 하였다.

말년의 루소는 학문적인 업적을 거의 찾아볼 수가 없다. 1766년 루소는 흄의 초청으로 영국으로 갔다. 그러나 두 사람 사이의 불화로 인해서 방황하였다. 1768년 루소는 술주정뱅이이자 게으른 테레사와 결혼했다. 이후 8년 간 파리에 머물렀으나 건강 악화로 인해 파리에서 약 10마일 떨어진 에몬빌이라는 마을의 오두막에서 머물면서 건강을 관리했다.

1778년 5월 루소의 가장 오랜 친구이자 적이던 볼테르가 죽자 루소는 나는 자네와 운명을 같이 한다고 보네, 자네가 세상을 떠났으니 나도 곧 따라가야지 라고 말했다. 볼테르가 죽은 후 두 달 뒤인 7월 2일 루소도 죽었다. 그의 처 테레사는 1801년까지 살았다.

루소의 정치사상의 기본인 자연으로 돌아가라는 그 자신이 사회에 대해서 거부 반응을 보였던 성격이 바로 사회에 대한 그의 사상으로 표현하고 있다. 그의 사상은 그의 성격과 같이 일관성이 없다. 그의 논문의 제 1 장과 2장의 개인주의 사상과 제 3 장의 전체주의 사상의 모순점 또한 사회계약론과 다른 논문들과의 모순점 등이 일관성 없는 그의 사상을 잘 반영하고 있다. 루소는 체계적이지 못한 사상가이며 공식적인 논리 전개 면에서는 세련되지 못했다.

고상한 야만인

루소의 인간성과 사회에 관한 논문은 많은 난해성을 가지고 있다. 인간의 도덕과 관련된 문제나 국가관에 관한 그의 사상은 비교적 일관성이 있다. 루소의 논문에서 자연 상태에 관해서 더욱 급진적인 사상을 전개해 나가고 있다.

루소가 자연 상태로 돌아가라고 부르짖은 이유는 사회의 제도나 관념 때문에 인간의 순수한 도덕성은 타락되긴 했지만 마음 속 깊은 곳에서 아직까지 순수한 도덕성이 깃들어 있다고 보기 때문이다. 자연 상태란 이러한 목적을 달성하기 위해서 고안되어졌다. 그러나 루소는 현대의 자연법의 세속성이나 종교적 형태에는 순응하지 않았다.

루소는 신학에 바탕을 둔 자연법을 부정 하였다. 록크나 토마스 페인의 자연권 같은 인간의 행복 추구 역시 무시 하였다. 이러한 관점에서 보면 루소는 록크나 홉스보다 더욱 고전적이라 할 수 있다. 루소는 순수한 선과 덕에 있어서 홉스의 인간 보호 면에 치중한 것 보다 더욱 관심을 가지고 있기 때문이다. 그러나 근본적으로 볼 때 도덕의 지표이며 기준인 이성을 거부했기 때문에 고전학파와 현대학파와는 의견을 달리했다.

루소는 자연 상태에 대해서 서술하고 있다. 인간 중에서 단지 생각만하는 인간이야말로 타락된 인간이다. 인간의 의식이란 사회법에 대항해서 자연의 특성에 따르고자 한다. 인간의 이러한 합리성은 논리적이거나 이해 타산적은 아닌 것이 분명하다. 자연 상태에서 인간은 거의 논리나 이해타산은 염두에 두지 않은 순수한 야만인과 같은 것이다. 따라서 자연 상태에서 인간의 욕망은 현대의 인간들보다 덜 욕정적이며 덜 폭력적이다. 특히 루소는 그의 논문에서 밝히고 있듯이 자연 상태에서 인간은 더욱 동물에 가깝고 평범하기 때문에 섹스에는 더욱 관심이 없다.

루소는 인간사회는 도덕적인 윤리관이 중시되며 육체적인 면은 소홀히 한다고 생각하지만 사실은 그렇지 않다. 남여간의 사랑은 야만인들이 하는 것보다 더욱 난폭하며 무절제 하다고 본다.

자연인

자연 상태에서 인간은 자만심이 없을 뿐만 아니라 순수하다. 그러나 자연인은 자유가 없다. 완벽한 상태에서 인간은 그의 순수성을 잃어버리고 인공에 의해서 감염되어진다. 인간은 자유롭게 설 수 있는 능력을 소유하고 있으나 그 보다 더 우수한 동료들에 의해서 노예가 되어 버린다. 사회에서의 인간은 자연 상태에서 인간들보다 자유를 누릴 훨씬 더 나은 조건을 가지고 있기는 하지만 한편으로는 위험한 조직상태에 있다. 따라서 사람들은 진정으로 자유를 추구하고 있다.

루소는 그의 사회계약론에서 자유를 정의하기를 우리 자신들의 자유를 위하여 우리들이 만들어놓은 법률에 복종하여야 하는 것이 바로 자유를 얻는 길이다. 이러한 자유의 개념은 주관적이다. 루소가 추구하는 자유는 쾌락주의자들과 같이 단순한 쾌락을 추구하는 것이 아니다. 또한 인간이 자연 상태에서 단순히 선을 추구하는 것이 아니다. 진정한 의미에서의 도덕인 자기 자신을 더욱 강하고 능력 있고 잘 관리할 수 있는 덕을 의미한다. 이러한 목적은 사회를 위하여 필요하며 또한 일부 사회에 의해서만 만들어진다.

루소의 윤리관은 단순히 감정적인 윤리관이 아니라 칸트 이전에 이미 수립되었던 복종에 관한 순수 윤리관이다. 루소의 윤리관에 관한 기준은 상대적이다. 그의 이론은 확고한 기준을 가지고 있지 않다. 이러한 그의 절대적인 기준의 결여는 전체성을 요구하고 있다. 루소는 개인이 혼자서는 노예로부터 결코 해방될 수 없다. 어떤 주어진 사회에서 우리 모두는 자유로울 수도 있으며 또 우리 모두가 노예가 될 수도 있다.

사회계약

루소의 사회계약론은 정치학적 관점에서 상당히 이해하기 어려운 부분이 많다. 예를 들면 인간은 자기가 쇠사슬에 묶여 있다는 것이 정당하다고 느끼는 사회에서는 인간은 자유로워 질 수 있다는 구절은 이해할 수 없으며 또한 개인과 전체 사이의 확고한 모순은 이해하기가 힘이 든다.

루소의 사회계약의 정의는 사회계약이란 개인 각자가 관여하는 전체가 된 하나의 도덕이나 하나의 집단을 만드는 것을 의미하며 개인은 그의 모든 권리를 전체 사회에다 양도해 버리는 것이 사회계약이다.

루소는 주권이란 개인 각자를 보호할 특수한 문제점을 가지고 있다. 개인각자는 국가의 구성원으로서 행동할 뿐만 아니라 주권자로서 행동하여야 하는 이중성을 가지고 있다. 주권이란 법에 기초를 두고 있기 때문에 법에 구속될 수가 없다. 또한 주권이란 개인들의 집합체로 구성되어 있기 때문에 그것을 어느 누구에게 양도하거나 어느 누가 쪼개서 가질 수 있는 것이 아니다. 주권이란 항상 모든 것이 복합되어져 있기 때문에 어느 누구도 반드시 복종하여야 한다.

루소의 사회계약은 인간 각자는 각자와의 계약을 통해서 계약을 하고 있다. 개인은 국가의 일원으로서 뿐만 아니라 주권자로 행세하는 두 가지 역할을 수행하고 있다. 주권도 역시 법률의 일원이기 때문에 어떠한 법률에도 제약을 받지 않는다. 주권이란 개인들이 구성요소로 되어있기 때문에 그것에 반해서 어떤 이익을 가지는 것은 있을 수 없다. 주권을 구성하고 있는 개인들은 항상 모든 것을 할 수 있다는 관념은 이해하기가 힘이 든다. 루소는 주권은 능력 면에서 일반의사에 따라서 움직이기 때문에 주권에 따르는 사람이 바로 건전한 시민이다.

루소의 사회계약론은 개인 각자는 사회계약론을 체결하면 체결하는 순간부터 자연적 자유를 포기하여한다. 루소의 자연적 자유란 인간을 유혹하는 모든 무한대의 자유를 말한다. 사회계약의 체결로 인해서 인간은 무한대의 자연적 자유로부터 일반의사에 의해서 인도되는 한정된 시민자유로 바뀌게 된다.

일반의사

루소의 의견에 의하면 일반의사는 공동이익의 완전한 표현이다. 개인 누구나 일반의사에 참여하여야 하며 개인은 개인 의사를 가지고 있다. 개인의사란 공동적이 아니고 특수하며 이기적이기 때문에 매우 위험하다. 개인의사는 공동전체를 파괴할 위험성을 내포하고 있다. 누구든지 일반의사에 복종하기를 거부하는 사람은 전체 의사에 의해서 복종하도록 만들어야 하며 이것은 개인을 자유롭게 하는 일이다. 이렇게 하는 것이 모든 시민을 정당하도록 하며 일반의사 없이는 우둔하고 비합리적이다.

루소의 문제점은 어떠한 확실한 도덕성을 가지고 있지 않으면서 인간이 일반의사에 복종하는 자유를 박탈당하여야 하는 점이다. 또한 독재자를 막기 위해서 개인 각자는 독재화되어야 한다. 그러나 루소가 의도하는 것은 자유사회에서 인간의 자유를 지키는 것이 그의 사회계약론의 근본 목적인 것이다.

루소 사상의 가장 큰 문제점은 일반의사에 관한 논의이다. 루소의 일반의사는 항상 바르고 일반대중에게 유리하도록 지시하고 있느냐 하는 문제이다. 더구나 일반의사가 현 사회에서 부조리한 것과 올바른 것을 정확하게 판단할 수 있느냐 하는 것이다. 추상적이고 낭만적인 루소는 철학적이고 깊이 있는 사고가 부족했다. 따라서 루소는 일반의사는 모든 것을 해결 할 수 있다고 생각했다. 루소가 만들어놓은 일반의사는 루소 자신도 정확히 모르고 있는 것 같다. 또한 루소는 누가 또는 무엇이 우리를 자유롭게 만들고 있는지 정확하게 파악하지 못하고 있다.

일반적으로 볼 때 루소의 일반의사는 해석하는 관점에 따라서 다양하다. 일반 의사를 이해하는 가장 좋은 방법은 우리가 하루의 생활을 위해서 아침 7시에 일어나도록 강요하는 것이 일반의사 이다. 반면 특수의사는 늦잠을 자도록 강요한다. 또한 자동차의 운전수가 술집에 갔을 때 술을 못 마시도록 하는 것이 일반의사이며 술이 취해서 운전수의 기분이 좋도록 만드는 것이 특수의사이다. 따라서 일반의사와 특수의사의 차이점은 일반의사란 무조건 사회와 관련시켜서 옳은 일이며 특수의사는 그렇지 않다.

주권을 일반의사와 관련시켜 설명 할 수 있으며 주권도 일반의사에 따라서 움직인다. 예를 들면 축구 경기 팀에 팀장이 어떤 신호를 주면 그 팀의 구성원들은 자기 맡은 직책에 따라서 행동한다. 루소의 주권이란 축구팀에서 각 선수가 자기가 맡은 일을 하는 개인 각자의 일을 나타내는 것이 아니라 그 전체를 나타낸다. 사회에서 주권이란 어느 개인의 역할이나 개인 집단을 의미하는 것이 아니라 전체를 나타낸다.

루소에 의하면 주권이란 양도할 수가 없는 것이며 주권은 나눌 수가 없다. 일반의사는 절대적으로 일반적 이어야 한다. 그러나 문제는 일반의사는 항상 만장일치를 나타내고 있느냐 하는 것이다. 일반의사는 항상 만장일치를 나타내고 있는 것이 아니라 한가지 반드시 필요한 것은 일반성을 무시하고 있는 것은 배제하여야한다. 일반의사는 항상 올바른 것이다. 그러나 사람들은 생각하는 면에서 항상 똑바르게만 하도록 하지 않는다. 일반 사람들의 의사는 항상 자신의 선을 위하여 추구하고 있으며 항상 그것이 무엇인가를 생각해 보지는 않는다.

일반의사와 전체의사는 구별하여야 한다. 전체의사란 개인의사를 전체로 모아놓은 것을 뜻한다. 일반의사란 만장일치를 통해서 발견하는 것이 아니라 만장일치는 통하지 않더라도 확신되는 수가 많다. 의사의 일관성이란 투표자의 숫자에 담겨있는 것이 아니라 공통적인 이해가 더 중요하다. 그것은 목적에 있어서 뿐만 아니라 본질에 있어서도 일반적이어야 한다. 각 투표는 계산되어져야 하지만 그 표의 분석이 우리들에게 어떤 절대적인 것을 제시하지는 않는다. 루소는 단순한 양을 가지고 질을 따지기를 싫어했으며 일반 의사를 인정하는데 일반성을 어기는 것은 고려할 대상으로 삼지 않았다.

초기의 사회계약에서 루소는 일반 시민 각자는 자기의 의사를 충분히 전달하기 위해서 파벌이나 도당을 피해야 한다고 했다. 그러나 대부분의 사람들은 무엇이 일반의사인지 잘 이해하지 못하고서 투표를 하는 것은 실질적인 면에서 일반의사와 관계가 있다. 일반사람들은 일반의사에 복종함으로써 도덕과 자유를 누릴 수 있다. 그러나 일반인들은 그것을 느낄 때까지는 그렇게 할 수가 없다. 모든 사람들은 도시가 그러한 조건을 갖출 때까지는 동등하다고 할 수 없다. 도시에서의 일반의사란 전체 사람들 중에서 보다 우수한 사람, 즉 입법자를 통해서 이루어 질 수 있다.

입법자는 개인의 의사가 방황하는 것으로부터 막을 수 있다. 입법자의 이미지는 플라톤의 철인왕과 같다고 생각한다. 루소는 입법자는 위대한 인간의 재능이 얻을 수 있는 가장 완벽한 지위에 있다고 생각했으며 정치인을 높이 찬양하고 있다. 플라톤의 철인 왕과는 달리 정치인의 탁월성은 직접 다스리는 것이 아니라 법을 통해서 정치능력을 발휘해야 한다. 정치인은 그의 개인적인 목적 때문에 정치를 하면 재능이 더럽혀 질는지 모른다. 정치인이 제출한 법률은 국민들로부터 심판을 받아야 한다. 만일 국민들은 정치인이 제출한 법률에 심판을 하지 않으면 정치인들에게 구속되어져 버린다.

루소의 종교관은 시민종교가 애국심을 조성하는 가장 효과적인 형태이다. 입법자들의 지혜는 순수하게 금지되어진 권위가 가미 되어져야 한다. 이러한 경우는 신이 입법자들의 지혜를 대변해주기 때문에 더욱 권위가 부여되어 진다. 루소의 시민 종교는 사람들을 예속시키겠다는 것이 아니라 시민들이 자유를 지킬 수 있도록 만든다. 시민종교는 입법자가 일반 의사를 대중적인 분위기가 조성되도록 만드는 창구 역할을 하고 있으며 동시에 특수의사를 배제 할 수 있도록 하고 있다.

루소는 모든 것이 신비로 시작해서 정치로 끝난다 라고 말하고 있다. 그는 그의 정신적 고통에 사로 잡혀 그의 유명한 참회록에서 모든 것이 정치와 관련되어져 있다는 점을 강조하고 있다. 이점은 루소가 인간사회에서 일반의사와 관련한 현실정치의 중요성을 강조하고 있다. 루소가 만든 일반의사는 모든 것을 분리하거나 모든 문제에 대답을 할 수가 없었다. 루소의 사상은 많은 부분이 불완전하다.

진보사상 의의

루소는 사회계약론에서 건설적인 철학의 역할과 국가이론을 제시했다. 루소는 그 문제를 해결하기 위해서 몇몇 형태를 만들었다. 사회계약론에서 루소는 인간은 태어날 때는 자유롭게 태어났으나 어느 곳에든지 쇠사슬에 묶여져 있으며 자기 자신이 주인이라고 느끼는 사람은 단지 노예와 같을 뿐이다. 또한 어떻게 하면 이러한 인간사회를 변화 시킬 수 있으며 무엇으로 그것을 합법적으로 보상받을 수 있는가 하는 문제를 제시하고 있다. 자유와 평등이 자연 상태의 특징이며 무엇이라고 하든지 문명국에서는 자유와 인간의 평등은 존재하지 않는다.

루소는 자유와 평등이 이미 사라졌음을 정당화 했다. 인간의 자유와 평등은 정부가 완전히 제도화된 후에 어느 정도 명맥을 유지해 나가고 있다. 루소는 그의 교육사상 저서인 에밀에서 자연과 정치사회, 자유와 권위는 절대적으로 논리적인 모순성을 가지고 있다고 밝히고 이다.

사회계약론에서 루소는 이러한 것들을 서로 분리하거나 분석할 수 없는 개념이라고 설명하고 있다. 개인들이 서로 서로 계약을 이루고 있는 상태가 사회이다. 루소의 이러한 사상은 홉스와 록크로부터 강한 영향을 받았다. 홉스는 사회계약론의 논리를 바탕으로 강력한 군주제를 만들었으며 루소는 이것에 대해서 강력하게 경고를 했다.

루소의 사회계약에 의하면 인간 모두를 하나의 전체로서 보고 일반의사라는 최고의 지휘자를 통해서 사람을 다스리고 통치하자는 것이다. 루소는 인간들의 전체를 한 인간의 신체에 비유하고 있다. 하나의 신체로서 개인 각자는 전체의 분할할 수 없는 한 부분으로 간주하고 있다. 개인들은 각자의 행동을 통해서 이러한 도덕적인 신체가 구성되어져 있으며 루소는 이것을 신체정치라 한다.

일반의사는 국가, 주권, 권력으로 매여져 있는 동시에 다양한 구성원으로 이루어져 있다. 루소는 그의 사회계약론에서 완전한 자유를 발견하고 있다. 루소는 인간은 자신은 자신을 포기함과 동시에 자기 자신을 누구에게도 주지 않는 사회계약 체결 방법을 사용하고 있다. 각자가 포기한 모든 권리를 집단이 얻음으로써 더 큰 기관에 그들의 권리를 유보함으로서 그들이 잃어버린 권리 이상의 것을 얻는다는 점에서 루소의 진보사상은 의미를 지니고 있다.

6

현대 복지사회의 기초를 만든 진보주의의 창시자들

개인을 왕을 중심으로 한 통치자들로부터 보호하려는 사상적 풍토는 점차적으로 산업혁명으로 인한 복잡한 도시산업사회로 형성되어졌다. 이러한 산업사회에서의 형성은 개인의 보호에만 치중하던 사회를 개인과 사회를 동시에 보호해야하는 사회로 발전하게 되었다. 이러한 개인과 사회의 동시 보호를 위해서 나타난 진보적 사상가들 중에서 대표적인 진보적 사상가가 초기의 벤덤을 중심으로 한 영국의 공리주의 사상가 이다.

벤뎀의 사상에 맞서서 공리주의를 보다 거시적인 차원에서 공리주의를 발전시킨 사상가는 제임스 밀과 그의 아들 존 스튜어트 밀을 들 수가 있다. 그러나 공리주의는 개인과 사회 중에서 개인의 보호에 치중하는 경향이 계속되면서 비판적인 견해를 가진 이상주의적 접근법을 사용한 진보적인 사상가가 니타났다. 이상주의 진보사상의 대표적인 사상가는 옥스퍼드학파의 토마스 힐 그리인을 들 수가 있다.

공리주의의 진보적 사상가는 인류에 역사에 개인의 보호에만 치중하던 시대를 벗어나서 인간과 사회가 동시에 공존해서 발전해야한다는 현대 복지사회의 토대를 형성하였다.

벤 덤 (Jeremy Bentham)

생 애

벤덤(Jeremy Bentham)은 공리주의 이론의 대가로 알려진 대표적인 진보적 사상가이다. 벤덤은 19세기 초반부터 중반까지 영국의 정치 경제에 크게 영향을 기친 대표적 인물로 간주되고 있다. 공리주의 이론은 헤겔의 이상주의 이론과는 대조적으로 개인과 국가 간의 인공적인 특성에다 역점을 둔 이론을 제시하고 있다.

벤덤은 1748년 런던에서 태어나 웨스트민스트에서 교육을 받고 13살에 옥스퍼드의 퀸스 칼리지에 입학하여 교육을 받았다. 옥스퍼드에서 벤덤은 자연과학에 관심을 가졌으나 곧 진정한 성향은 실질적인 법률의 연구와 도덕적인 기준의 실험과 비평에 있다고 보았다. 따라서 벤덤은 일생을 사법부와 입법부의 과학적인 제도의 연구에다 일생을 바치기로 결심했다. 벤덤은 몇 권의 저서를 출간했는데 그 대표적인 저서가 도덕과 법률에 관한 연구이다.

벤덤의 저서는 국제적인 명성을 가져왔으며 법의 문화에 관한 그의 충고는 몇몇 외국에까지 소개되어 채택되었다. 벤덤은 25년 동안 원형 감옥을 세우는데 정부와 협동했으며 이러한 그의 계획이 정부에 의해서 취소되었을 때 정부로부터 상당한 금액을 배상을 하라는 판결을 받았다. 벤덤은 1832년 85세로 죽을 때까지 여러 가지 활동을 추구했으며 1823년 웨스트민스트 리뷰를 창간하여 수에즈와 파나마에 운하 계획을 세웠다.

공리론

벤덤의 이론은 영국 전통 사상을 지배하고 있던 홉스와 록크의 개인주의 사상의 원칙으로부터 혁명적인 변화를 가져왔다. 벤덤의 국가에 대한 기본사상은 국가란 국가 자신의 존재를 위해서 개인이 있는 것이 아니다. 국가란 개인을 위해서 존재하며 정부의 존재의 정당성은 개인의 권리와 개인의 이상 실현을 만족시켜주기 위해서 개인들에게 봉사하는데 있다. 만일 개인 각자가 다른 욕망을 가지고 있다면 정부는 개인 각자의 욕망을 충족시켜주어야 하며 이러한 개인 각자의 단순한 욕망까지 만족 시켜주는 것이 정부의 권리이자 의무이기도 하다.

벤덤은 인간의 근본적인 욕망은 즐거움이나 행복이다. 개인과 정부의 기본의무는 가능한 한 즐거움을 누리고 고통을 줄이는 일이다. 따라서 어떤 행동의 정당성은 즐거움을 증진 시켜나가는데 있으며 유용성에 의해서 측정된다. 이러한 이유로 인해서 벤덤의 사상을 공리주의 사상이라 부른다.

공리주의에 의하면 행동이란 그것이 즐거움을 증가시키느냐 감소시키느냐에 따라서 인정되거나 비난을 받는다. 직관론자들은 거짓말하는 것은 항상 나쁘다고 한다. 그러나 공리주의자들은 거짓말하는 것이 만일에 즐거움을 감소시키면 나쁘며 거짓말 하는 것이 즐거움을 증가시키면 그것은 옳은 일이다.

공리주의 사상에 의하면 어떤 행동의 결과의 옳고 그름은 그것이 즐거움 이냐 고통이냐에 따라서 결정된다. 공리주의의 근본원칙은 즐거움은 단지 본질적으로 선이며 선 그 자체는 근본적으로 선 이외에 아무것도 아니다. 그러나 공리주의자들이 이것을 규정하고 있다고 할지라도 그 기준은 분석적이며 종합적인 분석을 분명히 하고 있지 못하다. 공리주의자들은 사람들이 선이라고 부르는 것은 진실로 즐거움이며 사람들이 악이라고 부를 때는 그것은 고통이라고 간주한다.

벤덤의 공리주의

벤덤의 진보적 사상은 다음과 같이 분석 할 수 있다. 자연은 즐거움과 고통에다 인간을 두고 있다. 공리의 법칙이란 인간들에게 행복을 증가시키느냐 감소시키느냐에 따라서 각자의 행동이 인정되느냐 또는 아니냐를 결정한다. 대부분의 현대의 심리학자들은 벤덤의 의견과 불일치한다고 생각된다. 벤덤의 윤리적 쾌락주의의 원칙은 모든 행동은 공리의 원칙에 부합하여야만 한다.

도덕적 행동의 근원인 윤리적 쾌락설은 벤담의 사상에 근본적인 뿌리를 이루고 있다. 홉스의 사상은 욕망의 목적으로서 선을 규정하며 굴욕의 목적으로 악을 정의하고 있듯이 벤덤도 도덕의 기본개념을 비도덕적인 관점에서 정의를 내리고 있다. 벤덤은 올바른 행동이란 행복을 증가시키는 것을 의미하며 행동이 그르다는 것은 전체 행복을 감소시키는 것을 의미한다.

벤덤은 모든 판단이 우선적인 지식을 나타낸다는 주장을 거부하고 있다. 공리의 계량적인 판단은 반드시 과학적인 관점과 실험의 결과에 의해서 입수되어져야만 한다. 또한 도덕이 과학이며 도덕의 판단은 자연과학의 통상기준에 따라야만 한다.

벤덤은 자연법이란 비합리적인 편견을 정당화시키는 것에 불과하다. 공리론의 원칙은 종전의 자연법에 대신하여 기준으로 삼아야 하며 인간의 행동을 계량적인 기준을 바탕으로 해서 벌을 주어야 한다.

벤덤은 그 당대에 법과 도덕사이에 깊이 자리 잡고 있는 편견에 대하여 반론을 제기하고 있다. 벤덤은 법과 도덕은 근본적으로 비합리적이며 법과 도덕은 공리주의의 원칙에 적용될 때까지 남겨져야 한다. 법이란 궁극적으로 최대 다수의 최대 행복에다 궁극적인 목적을 둘 때까지는 단지 독단적인 제도들의 모음으로서만 남겨 놓아야 된다.

쾌락의 계산법

벤덤은 행동으로부터 쾌락과 고통을 수량적으로 계산한다는 것이 힘들다는 것을 알고 있다. 그러나 고통을 수량적인 척도로 계산해 보는 것은 힘든 일은 아니라고 본다. 따라서 벤덤은 쾌락과 고통을 행동으로부터 계산해 본다는 것은 충분한 정확성을 가지고 있으며 쾌락과 고통의 농도, 쾌락과 고통의 연속성, 쾌락과 고통의 확실성 등에다 쾌락과 고통에 대한 기준을 가지고 계산해 보고자 했다.

벤덤은 행동의 공리설을 측정하는데 있어서 쾌락 또는 고통으로부터 나타나는 결과의 중요성도 측정하여야 하며 이러한 특성은 본질적으로 계량적이다. 더 높게 하거나 더 낮게 하거나 하는 질적인 구별은 쾌락을 측정하는데 비 상대적이라 볼 수 있다. 어떤 행동으로부터 쾌락과 고통의 균형은 옳고 그름으로부터 결정하는 상대적인 것이다.

도덕법이란 국가의 법률에다 강제적으로 얽어매는 것이 아니다. 일반법은 금지를 의미하는 것이며 이것은 바로 법에 복종하거나 그것에 불복종하는 사람들에 대해서 강제적 조치가 가능한 것을 의미하며 그러한 금지는 쾌락과 고통의 두 가지에다 기준을 두어야 한다. 벤덤의 심리적 이론에 따르면 이러한 법률을 존중함으로써 쾌락을 증진시킬 수 있으며 그러한 법률을 어기므로 고통을 가져올 위험을 초래한다. 그러한 보상과 법을 벤덤은 금지라고 부르고 있다.

보상과 고통은 육체적으로나 정치적으로나 종교적 형태로 나타나며 자연법의 집행으로부터 나오며 사법부의 집행 또는 개인의 자발적인 반응 또는 눈에 보이지 않는 더욱 우수한 행동으로부터 나온다는 것이다. 벤덤이 믿기에는 사람들이 이러한 것으로부터 고통이 따른다고 예상한다면 사람들은 그러한 일을 하지 않으려고 노력할 것이며 이러한 행위로부터 즐거움의 보상을 받는다고 생각한다면 사람들은 더욱 더 하려고 노력한다는 것이다.

법적 이론

법이란 분명히 벤덤에 의해서 추정되고 있는 재래의 예가 분명하며 도덕의 기준으로 이용된다면 공리의 원칙에 의해서 정당화 될 수가 있다. 특히 법이 고통의 아픔을 함유하고 있기 때문에 더욱 더 큰 고통을 방지할 수 있다고 본다. 벤덤의 표현에 의하면 모든 법칙은 그 자체가 악이다. 벤덤은 벌은 응보의 원칙에 따라야만 한다는 이론을 배격하고 있다. 법의 정당성은 그 죄의 기준을 법치적인 고통이 가장 기본적이며 범죄의 재발을 막기 위해서라도 법치의 결과가 중요한 역할을 한다.

벌에 대한 응보의 이론은 분명히 도덕적인 이론이다. 왜냐하면 그 내용 면에서 분명히 죄를 지은 만큼 벌을 가해야 하기 때문이다. 벤덤의 벌칙에 관한 근본적인 목적은 일반적으로 제도적인 도덕성에 대한 그의 근본 목적이 있기 때문이다. 어떤 범치는 처벌되지 않고 어떤 경우는 5년의 형벌 또는 6개월간의 형 등으로 구별하고 있다.

벤덤은 이러한 독선적인 판단의 기준은 공리라는 용어로서 정의를 내리기 전에는 판단이 불가능하다는 것이다. 따라서 벌의 부과도 최대다수의 최대 행복을 증진시키는 궁극적인 목표에 따라서 결정하여야 한다. 벤덤에 의하면 응보로서의 벌의 개념은 만일 어떤 정당한 가해의 정당성이 주어진다면 완전히 포기되어 질 수 있다.

벤덤은 더욱 더 큰 악을 방지하기 위한 방법으로서 벌의 새로운 개념 즉 벌 그 자체가 함유하고 있는 것 보다 더욱 더 큰 고통이 있다고 생각되는 새로운 방법으로 벌의 개념이 대용되어져야 한다는 것이다. 이러한 원칙은 더욱 더 많이 적용해 나가야 한다. 벤덤은 다양한 고통과 즐거움에 대한 종류를 선정하여 특히 32종의 벌을 선정하여 벌의 효과를 정확하게 평가하고 있다.

진보 사상적 영향

벤덤이 사상에 기여한 공헌은 사회과학의 조사방법을 실제로 법률문제와 사회개혁의 문제에 적용 했다는 점이다. 그는 공리주의를 자연과학인 물리적 분야로부터 형이상학적인 도덕적 분야로 확대를 시도했다. 벤덤은 19세기의 영국의 기존의 제도를 제 정비시키는데 크게 기여했다. 구체적 문제나 사실적 연구를 적용하는 벤덤의 조사방법은 페이비언주의자에 의해서 계승되었다.

경제적인 관점에서 벤덤은 평등보다는 소유권의 안정에 주력하였다. 그의 견해는 자유방임의 정책이 항상 올바른 정책은 아니며 경우에 따라서 정부의 간섭도 필요하다는 것이다. 그러나 정부의 공적 활동에 대해서 궁극적인 목적은 최대다수의 최대행복에 두고 있었지만 어떤 특정한 한계를 정하지는 않았다. 벤덤의 이러한 사상은 제임스 밀과 존 스튜어트 밀의 사상에 크게 영향을 주었다.

존 스튜어트 밀 (John Stuart Mill)

존 스튜어트 밀은 제임스 밀의 아들로서 영국 공리주의를 급진적인 개혁적인 차원에서 변화를 시킨 공리주의의 완성자이다.

당대의 석학인 아버지 제임스 밀에 의해서 철저하게 교육을 받은 스튜어트 밀은 경제학을 비롯하여 철학과 정치학의 다방면에서 박식한 사상을 보여준 당대의 석학이었다. 그의 경제학적인 차원에서의 학식과 정치학적인 관점과 철학적인 바탕은 산업사회의 과도기적 사회의 문제점을 지적하고 경제 정치적인 관점에서 문제점을 제시하면서 문제를 해결하도록 노력했다.

그의 사상은 밴덤의 쾌락주의와 최대다수의 행복을 양적인 면에다 치중한 것을 질적인 면으로 바꾸어서 그의 논리를 전개해 나간 진보주의자 이였다. 또한 그는 당시 영국사회의 모순점을 혁명을 통해서 보다는 점진적인 개혁을 통해서 정치 경제 사회적인 면에서의 개혁을 주장한 진보주의 사상가이였다.

밀의 사상은 개인과 사회의 어느 쪽에 더 역점을 두어야 하는지에 대해서는 분명하지 못한 점이 많이 있다. 밀의 사상을 대표하는 저서로서 자유론, 대의정치론, 공리주의론, 자서전등이 있다. 그의 사상은 개인과 사회를 어떻게 동시에 발전시켜나가는가 하는 것이 그의 근본 과제이자 공리주의 이론의 궁극적인 목적이라고 할 수 있다. 벤덤이 주장하는 인간의 쾌락의 양적인 문제에 대해서 그는 질적인 문제로 전환시켜 보려고 노력한 진보주의 사상가이였다.

정치적으로 자유주의와 경제주의의 문제가 동시에 사회의 문제로 제기되는 시대에 그의 사상은 자유경쟁제와 정부의 개입의 한계, 특혜제도의 배제 등 경제적인 관점에서의 문제점을 제기시키고 있다. 또한 정치적인 관점에서 그가 지적하는 것은 영국의 대의정치의 문제점과 여론, 선거제도의 문제점과 복수선거제 등 구체적인 문제점을 지적하면서 점진적인 수정의 필요성을 주장하고 나섰다.

여성과 노동자 문제에 대해서도 당시로서는 획기적인 진보적인 사상을 가지고서 사회에 도전한 진보주의 사상가 이었다. 특히 그는 당시 남성 우위의 사회에 여성과 남성을 동등시하는 진보적인 사상가 이었다.

개인과 사회와의 관계

존 스튜어트 밀은 개인 인격과 발전을 사회의 발전과 연관시키고 있기는 하나 개인의 자유를 우선시하고 개인의 인격과 발전을 중요시한 철저한 개인주의 사상가 이었다. 이러한 밀의 개인주의 사상은 만족한 돼지보다는 불만족한 소크라테스가 되라는 그의 논제에서 알 수가 있다.

행복의 사회적 기준이 사회의 질서와 안정에 있다는 것에 대해서 반대의 입장을 나타내고 있다. 개인의 인격적인 발전이 결국 사회의 발전인 것이다. 인간의 자유는 행동과 사상 및 언론의 자유인 것이다. 개인의 독창성과 자주성을 최고로 발전시키는 것이 바로 사회의 발전인 것이다. 인간의 사회의 발전과 인간 개인과의 관계를 동시에 연관시켜서 발전 시켜 나가기를 원하고 있으나 개인의 발전여하에 따라서 사회의 발전이 뒤따른다는 주장이다. 밀의 사상은 그리인의 사상과 벤덤의 사상과는 다른 점을 가지고 있다. 벤덤과 그리인의 중간정도의 사상을 가지고 있다고 생각하면 어느 정도 그의 사상을 이해 할 수가 있다. 따라서 그의 사상은 벤덤의 개인의 양적인 쾌락추구와 최대다수의 최대행복론에 좀더 질적인 면에서 수정을 가하기는 하였다. 그러나 그리인이 주장한 사회와 개인을 동시에 보호하는 사회를 중요시하기 보다는 개인이 우선시 되는 사회를 중요시 했다.

정치적인 차원에서 대의민주주의제를 주장했다. 그러나 당시 산업민주주의 사회의 과도기에 처해있던 영국사회에 대의제의 문제점을 지적하면서 개혁을 요구하고 나섰다. 빈곤층과 노동자 문제에 있어서도 그는 노동자의 선거권을 주도록 했으며 비록 재산이 없더라도 지적인 판단능력이 있는 경제적 빈곤층에게는 복수 선거권을부여 하도록 하는 획기적인 제안을 했다.

밀의 진보주의 영향

밀의 진보적사상의 영향은 영국사회를 비롯한 당시 구라파 사회가 안고 있는 정치적인 문제점과 경제적인 문제점을 해결해 나가는데 중요한 역할을 하였다. 개인과 정부권력의 한계를 명백히 하여 정부의 소극적인 개입을 주장하였다. 이러한 정부의 소극적인 개입은 국가가 명백하고 현존하는 위험이 존재하지 않는 범위 내에서의 활동을 의미하였다.

밀은 순수하게 개인보호위주의 사상에 치우쳐 있던 홉스나 록크의 사상에서 벗어나서 토마스 힐 그리인이 주장하는 개인과 사회를 동시에 보호하는 사상과의 중간에 있다는 것이다. 따라서 그의 영향은 후세 복지사회를 마련하기 위한 기본적인 역할을 하였다. 그러나 그의 사상은 록크 등이 주장하는 개인주의 사상에서 완전히 탈피하지 못하였다.

밀의 진보적인 사상은 그 시대가 인류최초의 경제혁명인 산업혁명으로 인한 산업주의 사회의 발달로 인한 혼란기적 사회체제에 있었다. 따라서 그의 사상은 정치 경제학적 관점과 접목시켜서 해결해 나가야만 하는 시대이었다. 그는 당대의 최고 경제학 분야의 석학인 고전파 학자들을 능가하는 경제학적 지식을 가지고 있었다. 이러한 그의 경제적 시야를 바탕으로 한 정치학과 철학의 접목은 그가 자유론 등에서 그의 진보적인 철학을 내 놓을 수가 있었다.

밀은 개인과 사회의 연계적인 발전론을 주장하였다. 개인의 발달이 바로 사회의 발전이며 사회의 행복의 궁극적인 목표인 것이다. 최대다수의 최대행복론과 만족한 돼지보다는 불만족한 소크라테스가 되라는 그의 주장은 그가 개인의 행복과 사회의 발전을 동시에 추구해 나가기는 했다. 그러나 밀은 역시 개인 위주의 사상에 치중한 것임에 틀림없다.

그의 철학관은 선을 강조하고 있다. 인간과 사회의 행복은 최대 다수가 최대의 행복을 가지는 것이 사회의 선이며 개인의 선이라는 것이다. 인간은 사회의 선과 개인의 선을 동시에 추구해 나가는 것이 개인과 사회의 최상의 목표로 보고 있다. 따라서 헤겔이 보는 국가유기체설을 부인하고 있다.

밀은 자유론에서의 그의 사상은 비록 명백하지 못한 점이 있기는 하나 그의 정치사상은 당시 영국의 의회제도와 대의제의 문제점의 시정을 요구하는 개혁적이고 진보적인 사상을 보여주고 있다. 구체적으로 선거의 방식이나 복수투표제등 대의민주주의가 안고 있는 많은 문제점을 지적하고 개혁을 요구하고 나섰다. 특히 대의민주주의 폐단은 잘못하면 전제주의로 변할 가능성을 지적하고 있다.

그의 빈곤층과 노동자 및 여성에 대한 진보적인 사상은 여성의 종속 등 그의 대표적인 저서를 통해서 그의 진보적인 사상을 피력하고 있다. 그의 사상은 후세의 여성의 남여동등 사회를 형성하는데 크게 기여하였다.

또한 빈곤층이라도 지식을 가진 사람은 복수투표권을 인정을 주장했다. 그의 이러한 빈곤층의 사회적 동등성은 자본주의 사회에서 민주적인 자본가와 노동자가 동등한 권리를 가지는 노동복지법과 노사관계법 및 노사계약체결 등 노동자 위주의 민주주의 사회를 만드는데 크게 기여하고 있다.

또한 아리스토텔레스가 주장한 노예에게 선거권을 주지 못하게 한 이론을 인종차별론의 내세워 반박하고 나섰다. 그의 정치, 경제 및 철학을 집대성한 박식한 이론이 후세의 사회발전에 많은 영향을 주기는 했으나 그의 이론은 추상적이고 일관성이 결여된 특성을 가지고 있다.

토마스 힐 그리인 (Thomas H. Green)

토마스 힐 그리인은 영국 옥스퍼드학파를 대표하는 급진적 진보주의적 이상주의자로 분류 할 수 있다. 그리인은 산업혁명으로인한 기존 사회로부터 사회체제의 복잡화 현상에 초점을 맞추어서 그의 진보적 노동자 계급에 대한 선거권 부여와 함께 사회적 참여도의 급증 등 변혁기의 사회에 맞는 사상을 제시한 인물이었다.

그리인은 당시 주류를 이루고 있던 공리주의에 대해서 반기를 든 사상가 이었다. 공리주의는 개인보호를 중심으로 한 소극적인사상에 불과하며 보다 적극인 개인보호의 정부정책을 필요성을 주장하고 나섰다.

그리인은 대표적인 저서 자유주의적 입법과 계약의 자유 및 정치적 의무의 제원리에서 밴덤이나 존 스튜어트 밀의 공리주의의 비판에서 그의 진보적인 논리를 전개해 나가고 있다. 벤뎀이나 밀의 쾌락이 최대의 행복을 추구하는 논리와 최대다수의 최대행복론은 개인보호차원의 소극적인 개인보호주의에 불과하다.

그리인의 사상은 개인과 사회를 연결하는 개인과 사회를 동시에 보호하는 적극적인 자유의 필요성을 주장하고 나섰다.그리인의 사상은 오늘날 사회복지국가를 창출하는데 결정적인 역할을 했으며 그리인을 사회복지제도의 원조로 불리고 있다.

그리인에 의하면 과거의 자유는 통치자로부터 개인의 자유나 재산을 보호하는 소극적인 자유를 중심으로 하는 정부와 법이 존재하고 있었다. 그러나 이러한 법률은 개인을 단지 보호하는 차원에서의 존속에 불과하며 이러한 법과 정부의 존속은 자칫하면 개인의 인권을 침해하는 소극적인 역할을 할 우려가 있다.

그리인은 개인과 사회를 동시에 보호하는 복지사회의 창출을 위해서는 개인의 적극적인 자유가 필요함과 동시에 정부의 적극적인 개인보호 차원에서의 역할을 강조하고 나섰다. 자유방임주의의 자본주의 체제에서의 자본가 중심의 대기업의 등장은 개인을 노동자로 전락시켜서 중산층의 몰락과 함께 개인의 자유는 무시당할 염려가 크다는 것이다.

그렇다고 그리인은 헤겔이 주장하는 국가유기체설이나 보상케의 보수주의 국가이론을 동조한 것이 아니다. 그의 이론은 산업혁명에 의한 산업주의 사회에서 경제적인 면에서 보다는 자유주의적인 관점에서 인간 개인과 사회전체의 공존의 필요성을 주장한 진보주의자 이었다.

최대다수의 최대행복은 결국은 개인 하나 하나의 복지는 생각하지 않는 많은 허점을 가지고 있다. 또한 사회에 발전과 증진은 고려하지 않고 단지 개인의 쾌락만을 강조한 것은 많은 문제점을 가지고 있다는 것이 그리인의 진보적 사상 전개의 출발점을 형성하고 있다.

그리인의 진보적인 사상의 영향

그리인의 진보적인 사상은 당시 사회가 소극적인 개인보호 차원의 사회라는 점에서 비판을 가하고 있다. 소극적인 개인보호는 법률의 제지를 받아서 개인의 자유는 침해를 받게 마련이다. 또한 당시 정부형태인 소극적 정부는 개인의 인권과 재산 침해 정도의 소극적인 보호에만 관여하는 소극적 정부형태는 산업사회에는 적합하지 않다는 것이다.

그리인은 적극적인 개인보호에 관심을 돌리게 한 진보주의적 이상주의자이였다. 그의 공헌은 근대 자유주의 사상으로부터 현대 자유주의 사상인 개인과 사회를 동시해 보호하는 현대의 사회복주국가를 형성하게 한 진보적 사상가 이었다. 그리인은 자유방임주의에 바탕을 둔 공리주의 사상에 대해서 강하게 비판을 가했다.

그리인은 개인과 사회의 연계성을 주장하며 개인과 사회의 상호의존성의 원칙을 내세우고 있다. 영국의 공리주의가 주장하는 질과 양의 양쪽의 균형 있는 개인의 행복과 쾌락의 추구는 사회가 가지고 있는 많은 문제점을 제대로 파악하지 못하고 있다는 것이다. 이러한 사회와 개인의 상호의존 관계에 적극적으로 개입하여야 하는 것이 국가이다. 국가의 적극적인 개인과 사회의 보호를 위해서 하는 일이 바로 국가의 존재 이유인 것이다.

그리인은 노동자 계급의 선거권 인정에 대해서 아리스토텔레스의 그리스 시민이 아닌 노예의 선거권을 주어서는 안된다는 이론을 반박하고 나섰다. 시민의 권익과 사회의 안정을 위해서는 노동자 계급에게 선거권의 부여의 중요성을 강조 하였다. 또한 경제적으로 부르조아지의 급격한 성장에 제동을 걸어야 사회와 개인이 모두 생존해 나갈 수 있다. 그렇지 않으면 중산층의 몰락을 초래 할 우려가 있음을 강조하고 있다.

그의 국가에 대한 존재는 헤겔이 국가유기체설에 의한 폐쇄적이고 보수적인 사상과는 달랐으며 보상케의 보수주의적 국가이론과는 달랐다. 그의 이론은 현대의 공리주의를 바탕으로 한 자유주의이론을 한 단계 끌어 올려서 현대의 개인과 사회의 동시보호를 바탕으로 한 복지 사회 실현에 결정적인 역할을 한 진보주의자이었다.

7

현대 이상주의 사회를 위한 혁명을 주도한 진보의 전도사들

산업혁명으로 인해서 국가는 점차적으로 기능과 역할이 소극적으로 변하는 대신 대량생산을 위한 많은 공장 등이 설립되면서 자본가들의 영향력이 커지기 시작했다. 자본주들은 점차 무산자 계급인 노동자들의 인권을 침해하는 행동이 늘어나기 시작했다. 이러한 시대에 자본주의체제를 비판하고 지구상에서 가장 이상주의 국가와 사회를 건설하려는 움직임이 나타났다. 그대표적인 진보적 이상주의 사상가로서 헤겔과 마르크스를 들 수가 있다.

헤겔과 마르크스는 지구의 약 삼분의 일에 해당하는 공산주의 국가들의 사상적인 체제를 확립하였다. 또한 헤겔과 마르크스의 사상은 후세의 헤겔파와 마르크스 파를 형성하여 현대의 자본주의 체제를 비판하여 민주주의 사회를 더욱 발전시키는데 크게 기여를 하고 있다. 그 대표적인 사상가로서 현대 소련의 공산주의와 미국의 사회체제를 비판하여 60년대 히피와 월남반전운동과 함께 프랑크푸르트 학파를 설립한 허버트 마르쿠제와 현상학을 바탕으로 휴머니즘 복귀를 주장하면 현대의 체제를 비판한 장 폴 사르트르를 들 수가 있다.

이들은 현대사회의 체제를 비판하여 현대사회의 모순점을 시정하려고 노력한 진정한 진보주의의 전도사들이었다.

헤 겔 (Georg Wilhelm Friedrich Hegel)

생 애

현대나 과거의 사상사에서 헤겔을 빼놓고서는 사상사가 성립될 수 없다는 말이 있다. 헤겔이 인류의 정치, 경제, 사회, 문화에 끼친 영향은 지대하다. 현대의 전 세계의 많은 국가들이 공산주의 사상의 바탕위에서 움직이고 있다. 이들 공산주의 사상의 기초가 된 마르크스 사상은 헤겔로부터 크게 영향을 받았다. 학문적인 면에서 헤겔의 변증법적 방법론은 자연과학이나 사회과학의 모든 분야에서 기초를 이루고 있다. 그중에서 역사학분야에서 헤겔 사상은 깊은 관련을 가지고 있다.

윌리암 프리디히 헤겔(George Wilhelm Fredrich Hegel)은 1770년 독일 슈트가트에서 부뎀베르크 왕국의 재정관의 아들로 태어났다. 그는 슈트가트 문법학교에 다녔으나 그곳에서는 학문적으로 두각을 드러내지 못했다. 헤겔은 1788년 튀빙겐 대학에 들어가 1793년 철학박사학위를 받았다. 이 기간동안 헤겔은 형이상학에 깊은 관심을 가지고 있었으며 플라톤의 도시국가의 윤리적 공동사회와 독일의 당시상황을 고대희랍의 도시국가와 비교하면서 연구했다. 헤겔의 구상은 인간의 자유가 그리스에서 실현 되지못한 것에 대해서 관심을 가졌다.

튀빙겐을 떠난 후 헤겔은 베른에서 개인 가정교사로서 일하다 프랑크푸르트로 갔다. 1799년 부친이 유산을 남겨놓고 사망하자 헤겔은 제나에서 대학에서 지식인으로서 성공하기로 결심했다. 1801년부터 헤겔은 대학에서 윤리와 형이상학을 강의하기 시작했다. 그가 겨우 교수로서 경력을 시작 할 즈음 나폴레옹군대의 침입으로 인해서 제나 거리를 휩쓸고 있는 나폴레옹을 보았다.

헤겔이 나폴레옹을 보는 순간 너무나 경탄한 나머지 나폴레옹을 지상의 영혼이라고 불렀다. 나폴레옹에 대한 그의 존경심은 인간에게 권력을 부여하는 것이 얼마나 중요한 것인가에 대해서 깊이 있게 사고하도록 했다. 이때부터 헤겔의 이론은 마키아벨리의 권력의 성격과 권력자의 역할에 대해서 깊이 있게 사고하도록 했다. 특히 불란서 혁명은 그 당시 모든 사람에게 깊은 영향을 주었듯이 헤겔에게도 깊은 영향을 주었다.

불란서 혁명은 독일사회에 있어서 상하의 조직구조에 있어서 지적이고 사상적인 면에서 새로운 도전을 가져오도록 했다. 불란서 혁명은 독일사회에 있어서 여태까지 존재했던 봉건적이고 권위주의적인 사회로부터 합리적인 바탕을 배경으로 한 개인의 자유를 존중하는 사회로 재구성 되도록 하는 움직임을 보여 왔다. 테러행위에 대해서 깊은 반감을 가지고서 헤겔은 불란서 사회가 빨리 합리적인 사회가 되도록 기대했다. 헤겔은 독일의 낭만적인 직관론 다시 말하면 합리적이고 직관적인 사상을 지구상의 장엄한 사상으로 바꾸려고 노력했다.

헤겔 사상의 본질을 이해하는 것은 사상의 복합성 때문에 굉장히 복잡하고 광범위하게 만들고 있다. 헤겔은 모든 영감으로부터 모든 위험성이 따른다고 본다. 쇼펜하우어는 헤겔을 협잡꾼으로 몰아 붙였다. 그럼에도 불구하고 철학이론에서는 헤겔의 영향력을 어느 누구도 따라 갈수가 없다. 모든 사상가들은 헤겔의 역사와 정치 질서의 특성을 보여 주려고 노력하고 있다.

1807년 헤겔은 그의 가장 중요한 저서인 정신현상을 출간했다. 이 작품은 인간의 역사와 정신의 자아의식의 분석에 관한 연구였다. 이러한 학문적 성공은 헤겔이 나폴레옹전쟁으로 인해서 황폐된 제나를 떠나서 신문사의 편집인으로 변신하도록 만들었다.

1816년 헤겔은 그의 최대의 걸작품인 논리의 과학을 발표했는데 이 저서는 변증법에 관한 체계적인 분석이 포함되어 있다. 헤겔의 걸작 논리의 과학은 그의 명성을 더욱 높여서 베를린 대학과 하이델베르크 대학에서 교수직이 제공되었다. 헤겔은 하이델베르크 대학에서 1818년까지 머물렀으며 1818년 피에테가 죽자 베를린 대학의 학장으로 자리를 옮겼다.

1821년 헤겔은 권리의 철학을 발간했다. 이 시기에 그는 유명하고 권위 있는 사상가가 되어 있었다. 1831년 11월 헤겔은 콜레라에 감염되어 죽었다. 헤겔의 후기생활의 보수적인 경향은 나이가 들수록 더욱 심해졌다. 비록 헤겔은 많은 학자들로부터 존경을 받기는 했으나 헤겔의 강의는 별로 명 강의는 아니었다. 그의 인간성은 딱딱하고 메마른 사람이란 평을 받았으나 그 당대의 최대의 사상가임에는 틀림없다.

변증법

헤겔의 진보적 사상을 이해하기 위해서는 실체, 정신, 변증법 등의 용어의 개념을 이해하여야 한다. 실체에 대한 의식의 용어로서 의식, 자아의식, 이성, 정신, 종교, 절대의식 등을 들 수가 있다. 또한 정, 반, 합 과 정-반-합의 논리를 이해하여야 한다. 여기에 자유, 마음, 주제, 관념 등의 개념도 이해하여야 한다.

헤겔 사상을 요약하면 모든 것은 다른 것과 연결되어져 있다. 또한 모든 각각의 것은 전체와 상당한 응집력을 가지고 있기 때문에 서로 관련되어져 있는 것을 깨뜨릴 수 있다. 그러나 무엇보다도 중요한 것은 헤겔의 방법론적인 면에서의 기여이며 가장 위대한 공헌은 변증법이라는 새로운 논리이다.

헤겔이 풀려고 노력한 문제로 우리가 돌아가면 그것은 크게 도움이 된다. 처음부터 그것은 정치적이고 형이상학적인 문제를 가지고 있다. 일반적으로 철학자들은 어떤 것을 똑바로 교정하는 것으로부터 시작한다. 헤겔의 경우도 고대 그리스의 플라톤이나 근세의 칸트 두 사상가를 기준으로 삼고 있다. 헤겔은 칸트의 윤리적인 철학을 찬양하기는 했으나 만족하지 못했으며 데카르트와 스피노자의 수학과 지리학의 체계적이지 못하고 생동감 없는 철학에 대해서 만족하지 못했다. 그러한 결과로 인해서 헤겔이 창안해낸 것이 변증법이다.

플라톤의 대화의 변증법은 어떤 주어진 문제를 가지고서 정반대의 문제를 제기해서 서로 질문과 대답을 반복하므로 해답을 찾는 대화 식을 방법을 채택했다. 이 방법을 통해서 선의 이데아를 향해서 필요 없는 것은 하나하나 지워나가는 방법을 사용하고 있다. 아리스토텔레스가 분류한 종자와 종류의 개념 역시 절대적인 이분법이 필요했다. 칸트는 생각하기에는 더 이상 쪼갤 수 없는 12개의 인식론상의 범위를 나누었다.

구체적인 보편성이라는 헤겔의 논리는 플라톤의 선이라는 일원론을 부인하고 아리스토텔레스의 모순적인 논리 및 칸트의 제한된 숫자로 인식론의 범위를 좁히고자 한 논리를 반박하였다. 헤겔 사상의 근본은 모든 사상의 범위는 어떤 하나의 범주로부터 끌어낸다거나 또는 어떤 범주의 예가 될 수 있다는 종전의 사상가들의 이론을 반박하고 나섰다. 헤겔 사상의 근본은 어떠한 개념은 그 개념 자체 안에서 서로 반대가 되는 어떤 요소를 포함하고 있다는 것이다. 이러한 반대 요소는 그 개념 자체 안에서 구출 할 수 있다. 근본적으로 아주 작은 그 개념의 근본요소 까지도 찾아낼 수가 있다.

반대에서 나오는 더 높은 논리는 전체를 다시 회복시키도록 하는 합이라는 것을 요구하고 있다. 이 논리는 합법성을 창조하고 있다. 이러한 합리성은 예를 들어 설명하면 A냐 A+냐 의 둘을 창조 시킨다. A나 A+는 서로 차이점이 있다는 점에서만 동일 할 뿐이다. 그러나 결국은 두 가지가 합쳐진다고 볼 수 있다.

인간의 지식형태는 3인으로 구성되어져 있다. 헤겔이 말하는 정이라는 개념은 반이라고 하는 요소를 탄생시킬 요소들을 포함하고 있으며 이러한 두 가지 모두가 분석되고 합쳐져 결국은 합이라고 불리는 단계에 도달하는데 이 합이 바로 이성인 것이다.

이 정-반-합의 세 가지가 인간의 지식형태를 구성하고 있으며 인간의 지식이 알고 있는 모든 형태를 요구하고 있다. 헤겔은 존재라는 개념에서 시작해서 그의 존재에 대한 해석을 변증법적으로 풀어나가고 있다. 존재란 것은 모든 존재하는 특수한 것들을 깨끗하게 만들어서 결국에는 아무것도 존재하지 않는 무에로 향하게 한다. 존재가 무에로 변화란 죽는 것을 의미하며 존재로의 변화는 다시 탄생하는 것을 의미한다. 존재와 무가 합쳐서 된 것이 생성이라는 말로 표현 할 수 있다.

존재-무-생성의 삼 단계는 다른 곳에서 똑같이 적용되어 질 수 있다. 존재-본질-관념의 3요소가 정-반-합의 관계에 있다고 할 수 있다. 그러나 헤겔의 사상은 부정의 관념으로서 변증법을 사용하고 있으며 긍정적인 관념으로 사용하고 있는 것은 아니다. 따라서 헤겔의 목적은 사상에 있어서 정적인 상태에 있는 것을 사상과 행동의 양쪽을 합쳐서 생동감이 나도록 만드는데 있는 것이다.

헤겔의 변증법은 고유 전통적인 논리 방법과는 전혀 다른 방법을 사용하고 있다. 그것은 새로운 사상의 형태라고 볼 수 있으며 이 세상의 끊임없는 움직임을 적용하거나 반영시킨다고 할 수 있다. 변증법은 수학적인 관계나 추론적인 합리성을 나타내는 것은 아니다. 헤겔은 인간의 역사란 변증법의 전개임에 틀림없다고 본다. 권력을 잡아서 다시 그 권력 간의 갈등으로 인해서 다시 더 높은 곳으로 향하는 것이라는 것이다. 존재라는 것은 밑바닥부터 정-반-합의 원칙에 근거해서 무를 통해서 생성으로 전개되어 지고 있는 것이다.

정-반-합의 단계를 거친 후에는 다시 존재라는 곳으로 들어가서 변화를 계속한다. 절대적인 생각이란 주관과 객관이 합쳐진 것을 말하며 이 생각은 다시 변증법의 방법을 통해서 사상-자연-정신이란 삼단계의 변화를 추구하고 있다. 그러나 헤겔의 변증법의 문제점은 헤겔은 반박과 부정을 사용하는데 있어서 혼란을 가져오고 있다.

헤겔의 사상의 문제점은 두 가지 면에서 찾아 볼 수 있다. 헤겔은 당시 독일국가에서는 더 이상 올라갈 수 없도록 생각하도록 한 모순점을 가지고 있다. 마르크스가 노동자 계급의 사회에서 모든 사회계급이 중단되듯이 그 당시의 독일국가에서 모든 것이 중단되도록 만들었다. 헤겔은 주권국가 형태 이상의 정치생활은 생각하지 않았으며 주권 국가들 간의 갈등의 결과로 생기는 전쟁을 찬양했다.

헤겔의 관점은 독일 국가가 오랜 기간 동안의 문화적인 발전을 하여 왔다는 것은 사실이다. 그러나 최고 수준의 정점으로 잡는 것은 모순이라고 볼 수밖에 없다. 만일 헤겔이 믿는 사상이 사실이라면 어떠한 사상도 현세계로 변화할 수 없으며 독일문화의 찬양은 그가 알고서 칭찬하던 그 시대로 끝났다고 할 수 있다. 우리가 객관적인 시각에서 헤겔 사상을 비난하기에 충분하다. 헤겔이 나타낸 것은 독일인들의 문화적인 면에서 설명이 분명했지만 정치적인 면에서는 언급이 없었다.

헤겔의 전쟁에 관한 찬양은 분명히 낭만적인 면을 가지고 있다. 헤겔은 바람은 바다가 불결함으로부터 막아 주듯이 전쟁은 사람들의 윤리적인 건강을 보호해 준다는 것이다. 국가의 더 좋은 목적을 위해서 사람들을 희생시키는 것은 공통적인 의미이다. 전쟁이 국가의 통일을 위해서 발생한 것이라면 그것은 분명히 전쟁이라는 개념 속에 좋은 요소가 들어 있음에 틀림없다. 헤겔의 전쟁에 관한 개념은 분명히 20세기의 전면적인 전쟁의 개념과는 다르다. 합리적인 관점에서는 전쟁이란 분명히 법의 태두리 안에서만 이루어져야 한다.

역 사

전체와 부분간의 갈등을 동시에 보는 것은 불가능 하지 않다고 할 수 있다. 이것이 변증법의 본질이다. 헤겔이 보는 역사에 관한 관점은 역사의 궁극적인 선이란 항상 개인의 즐거움과는 일치하지 않는다. 이 세상의 역사란 행복의 극장이 아니다. 헤겔이 보는 이세상의 행복한 기간이란 지구의 역사책에서 공백상태를 말하는 것이다. 그러한 근본적인 원인은 이기간은 정-반 - 합의 원리에서 반이란 상태가 없는 조화된 기간이기 때문이다.

헤겔을 20세기의 입장에서 볼 때 그가 전체주의자라는 생각은 분명히 부당하다. 헤겔은 그의 헌법에 관한 논문에서 지방자치 정부, 재판의 배심원제도, 언론의 자유 등 민주 자유주의와 관련된 점들을 많이 언급하고 있다.

헤겔은 국가와 교회의 분리를 주장했다. 예술, 종교, 철학들은 비록 국가에 속해 있더라도 국가에 예속되어져서는 안 된다. 헤겔은 좋은 법을 지원할 공공여론의 필요성을 강조하고 있다. 국가의 의무와 시민의 권리뿐만 아니라 의무도 모두 중요하고 신성하기 때문에 법률로서 그것을 규정하여야 한다. 이러한 모든 것을 보면 헤겔은 분명히 전근대국가에서 자유를 부르짖은 진보적 사상가중의 한사람임에 틀림없다.

헤겔의 역사관이 순수하게 추상적이고 규범적이라는 견해는 헤겔을 잘못 이해하고 있다. 헤겔은 인간의 역사를 찬양하고 있다. 인간이 다른 동물과 차이점은 감정, 지식, 통찰력, 의지 등을 들고 있다. 헤겔은 역사란 과거의 사건이 무엇 이었던가 하는 것을 보는 것이며 역사철학이란 단순히 역사를 생각하는 것이다. 따라서 역사와 철학 사이에 반드시 극복하여야만 하는 어떤 모순을 발견하여야만 한다.

헤겔에 의하면 역사란 실질적으로 구성하고 있는 요소로서 합리적이고 필요한 정신세계인 것이다. 역사철학이 해야 할 일은 종교적인 의무와 깊은 관련을 가지고 있다. 역사철학에서 헤겔은 동양인, 로마인, 독일인으로 구분하고 있다. 동양인은 외적인 도덕성만 가지고 있다. 또한 내적으로 볼 때동양인은 정신 그 자체가 무엇인지 모를 뿐만 아니라 사람의 자유가 무엇인지 모르고 있다. 따라서 동양인의 경우는 강압적인 수단을 사용하는 독재정부가 생겨났다. 동양인의 경우는 독재자 한사람만 자유가 있지 나머지는 자유가 없는 사람들이다.

헤겔에 의하면 그리스인이나 로마인들은 소수의 몇몇 사람들이 자유를 누리고 있으며 나머지 시민들이나 노예들은 자유가 없다. 독일국가의 사람들만이 기독교를 통해서 얻은 의식을 통해서 자유라는 정신이 천성적으로 몸에 배어있기 때문에 완전한 자유를 누리고 있다.

헤겔의 역사철학에서 나타난 네 가지 유형의 사람들은 시민, 영웅, 희생자, 일반대중 등이다. 시민은 그 국가와 보조를 맞추는 도덕성을 가진 사람을 말한다. 영웅이란 국가를 이끌어가는 사람을 말하며 희생자란 역사와 충돌하는 개인주의적 도덕관을 가지고 있는 사람을 말한다. 일반사람이란 자유를 필요로 하는 진정한 개인주의를 지니고 있는 사람을 말한다.

헤겔의 정신을 이해한다는 것은 정신이라는 용어 하나만으로는 힘들다. 헤겔을 이해하기 위해서는 헤겔 체계 전체를 서로 연관 시켜서 개인적인 차원에서의 정신을 이 세계의 역사와 이 세계의 철학 모두와 관련시켜서 생각해야 한다.

헤겔의 정신세계를 이해하기 위해서는 헤겔의 정신현상을 이해하여야 한다. 헤겔의 정신현상은 플라톤과 아리스토텔레스로부터 크게 영향을 받았다. 플라톤으로부터는 표면상에 나타난 것과 그 속에 들어있는 실체를 구별하는 실체를 배웠으며 아리스토텔레스로부터는 물질세계와 정신세계 사이에 연결되어질 수 없는 어떠한 영속성을 찾아냈다.

그리스시대의 철학자로부터 칸트에 이르기까지의 철학사상가들과는 달리 헤겔은 주체와 객체의 이분성을 초월하려고 노력했다. 이러한 주체와 객체의 분리를 극복하려고 노력한 결과 헤겔은 진정한 사물의 본체라고 보는 사물자체의 자아의식을 통해서 이분법을 극복했는데 이것이 바로 정신이다. 헤겔이 보는 정신은 플라톤적 정신 즉 계속해서 자기 자신이 움직이고 있는 이상적인 정신을 말한다. 순수한 주관이 되기 위해서는 정신을 내부에만 머물러 있는 것이 아니라 밖으로 나가서 밖의 세계에 있는 객체와 객체의 힘을 알아서 주체와 객체가 하나가 되는 세계를 만들어야만 한다는 것이다.

국가

헤겔의 정치사상의 중심을 이루고 있는 부분이 국가에 관한 개념이다. 헤겔의 국가에 관한 개념은 추상적인 권리와 도덕과 윤리의 세 부분으로 구성되어져 있다. 추상적인 권리를 헤겔은 법률이라 부르고 있다. 추상적인 권리인 법률이란 사람들이 그들의 능력과는 별도로 사람들에게 부여되어 있는 권리와 의무의 영역을 의미한다. 추상적인 권리인 법률이란 재산, 계약 및 외적으로 옳고 그름에 관해서 규정하고 있는 것을 의미한다.

법률보다 상위에 있는 것으로서는 도덕을 들고 있다. 도덕이란 법률과 그 법률을 깨뜨리고 싶어 하는 개인의 욕망사이에서 갈등을 통해서 나타나는 행동을 말한다. 국가에 있어서 도덕은 법률보다 더 위에 놓여 있다. 도덕은 추상적인 옳고 그름 이외에 구체적인 선과 악을 포함하고 있다. 헤겔의 정-반 -합의 원리 중에서 회동단계로서 윤리생활을 들 수가 있다. 윤리생활이란 하위의 단계들이 모여서 전체적으로 선의 개념을 구성하고 있으며 헤겔은 윤리생활을 국가의 성장이라고 보고 있다. 헤겔은 도덕보다는 윤리생활에 더 큰 비중을 두고 있다.

헤겔의 변증법에 의하면 가족이 가장 기초형태이며 중간형태인 시민사회를 거쳐서 국가라고 불리는 윤리사회로 가게 된다. 오늘날 우리가 일반적으로 부르는 국가라는 개념을 헤겔의 시민사회라는 개념으로 이해한다면 그것은 혼란을 가져온다. 시민사회란 정치제도를 포함해서 경제체제, 사법 및 일반 행정관리 등의 모든 형태를 포함하고 있다.

헤겔에 의하면 추상적인 권리인 법률과 관련하여 재산과 자유의 관계를 이해한다는 것은 힘든 일이나 중요한 일이다. 인간의 의리는 보편적이고 특수한 면을 동시에 가지고 있다. 재산이란 인간의 특수한 면과 동일시 할 수 있다. 재산이란 다른 사람들과 다른 개인 특유의 점유물이기 때문이다. 개인의 재산이란 개인의 자유에 필수 불가결하다. 그러나 사유재산의 심한 경쟁은 질서정연하게 잘 단결된 사회질서 및 숭고한 자유에 반해서 무정부 상태를 초래하게 된다.

사유재산제도로 인한 경쟁은 사회의 시민들에게 부정적인 자유와 긍정적인 자유의 두 가지 형태를 만들도록 하고 있다. 이러한 부정적인 자유와 긍정적인 자유는 서로 서로 갈등의 연속을 가져오게 된다. 그러나 긍정적인 자유를 이해하기 위해서는 우선 부정적인 자유를 이해하여야 한다. 다시 말하면 인간이 어떤 자유를 원하기 위해서는 어떤 자유를 가지고 있어야 한다. 이 말은 헤겔이 말하는 자유의사를 위한 자유의사로 표현하고 있다.

시민사회에서 개인의 사유재산 등 이해관계에 관한 자유로운 활동은 허용되어져야 한다. 이러한 경제적인 문제에 있어서 헤겔은 엄격하게 중류계급에 국한시키고 있다. 헤겔은 이해관계에 있어서 개인과 전체간의 이해관계가 서로 잘 조화를 이루어 나가리라고 보는 낙관론에 대해서 동의하지 않는다. 따라서 사회가 잘 조화되어 나가고 시민사회의 질서를 잘 유지해 나가기 위해서는 국가의 더욱 큰 권력을 필요로 하며 국가는 개인의 자유를 위해서 시민 사회를 지배할 수 있어야 한다.

헤겔이 정치학에 기여한 가장 큰 공헌은 사회를 국가와 개인의 중간 단계에 있는 요소라는 점이다. 헤겔의 윤리적인 단체로서 국가는 분명히 플라톤의 이상국가에서 도시국가와 비유된다. 플라톤의 이상국가론에서 도시민이 육감적인 욕망을 만족시키는 사유 재산제도를 부인하고 있다. 플라톤은 그의 이상국가론에서 통치라는 보편적인 형태를 이해할 수 있는 주관적인 자유를 이해할 수 있다. 그러나 플라톤의 주관적인 자유는 정신적인 욕망을 만족시켜 줄 만한 주관적인 자유를 가지고 있지 않다. 단지 플라톤은 외부적인 조건과 의무에 의해서 주어진 조건에 따라서 통치자는 통치 할 뿐이라고 보고 도시국가로부터 주관적인 자유는 제외시키고 있다.

플라톤의 주관적인 자유와 객관적인 자유를 헤겔은 구별하고 있다. 그러나 헤겔은 보편적인 법으로부터 나온 법을 구별하면서 양자는 양립할 수 없는 모순점을 가지고 있다. 헤겔은 주관과 객관, 법과 자유들을 일원화 시키려고 노력하는 과정에서 많은 모순점을 나타내고 있다. 이러한 많은 모순점은 헤겔의 국가와 시민사회와의 관계에서도 잘 나타나고 있다.

헤겔에 의하면 시민사회는 계속해서 특수성의 영역을 가지고 있다. 시민사회와 법률과의 관계는 법률은 시민사회로 가득 채워져 있기는 하지만 반드시 시민사회가 법률로서 채워져야만 한다는 필요불가분의 요소는 아니다. 시민사회는 경제법에 의해서 움직이며 국가란 윤리에 의해서 이상적인 차원에서 움직이고 있다. 시민사회에서 윤리는 형이상학적인 차원에서 잠재력을 가지고 있다.

헤겔은 계급의 배분이란 실제 역사적인 계급을 분류하기 보다는 논리적인 계급의 분류라고 본다. 권리의 철학에서 헤겔은 논리적인 구분을 실존적인 역사 계급과 분배와 관련하여 플라톤을 넘어서고 있다. 헤겔은 국가는 현존하는 권력과 동일시하고 있으며 구체적으로 현존하는 권력기구로서 의회, 당 여론, 언론의 자유 등에 대해서 논하고 있다.

헤겔은 공중의 여론을 매우 심각하게 받아들이고 있다. 헤겔의 권리의 철학은 국가는 윤리적인 이상을 실현시키는 곳이며 인간의 정신을 구체화 시키는 곳이다. 국가는 인간의 풍습을 존속시키며 개인의 자아의식과 실질적인 자유를 존속시키는 곳이다.

마르크스 (Karl Marx)

생 애

마르크스의 진보적 사상을 이해하기 위해서는 그의 성장배경을 이해하는 것이 중요하다. 칼 마르크스(Karl Marx)는 1818년 독일 라인지방의 유태인 변호사의 8남매 중 장남으로 태어났다. 마르크스의 아버지는 지방에서 존경받는 변호사로서 성공했으나 당시는 유태인에 대한 인종차별이 극심했었다. 비록 중산층의 가정에서 태어나기는 했으나 인종차별의 경험을 어려서부터 느끼고 자란 마르크스는 사회에 대한 모순을 학문적인 성공으로 끌어낼 수 있었다.

마르크스는 어려서부터 뛰어난 학생이었으며 특히 문학에 관심이 있었다. 마르크스가 17세가 되던 해 그는 본 대학에 입학했다. 마르크스는 이 학교에서 평범한 학생생활을 했으나 때로는 저항적인 행동으로 인해 체포되기도 했다. 이 시절 자신의 고집스러운 의견으로 인해서 동료들에게 큰 자극을 주었다.

마르크스는 법률학을 공부하기 위해 본 대학에서 베를린 대학으로 옮겼다. 베를린 대학에서 마르크스는 헤겔의 체계적인 이론에 깊이 빠졌다. 베를린 대학을 졸업한 마르크스는 신문사의 편집인으로 취직하여 급진적이고 반정부적인 글을 씀으로서 정부로부터 편집 금지 명령을 받았다. 이때부터 마르크스는 정치와 경제에 관심을 가지기 시작했다.

1844년 마르크스는 그의 논문에서 역사를 경제적인 관점에서 해석함으로서 그의 사상을 나타내고 있다. 마르크스는 경제학을 공부하기 위해서 파리로 가서 그곳에서 젊은 급진파인 프리디히 앵겔스를 만나게 된다. 마르크스와 앵겔스의 학문적 공동연구는 현대의 대부분 사람들이 마르크스를 앵갤스와 공동 작품의 결과로 보도록 하고 있다.

1845년 마르크스의 이론은 불란서 정부의 비위에 거슬림을 받아서 파리로부터 추방령을 받은 후 엥겔스와 함께 브르셀로 옮겨서 연구를 계속했다. 이곳에서 마르크스는 엥겔스와 같이 사회주의 운동에 적극 참여하면서 1848년 역사적인 논문인 공산당선언을 발간했다. 1848년 프러시아 왕이 의회를 해산했을 때 마르크스와 그의 동료들은 왕에게 반기를 들었다. 다음해 마르크스는 독일로부터 추방되어 영국으로 가서 그곳에서 일생을 마쳤다.

마르크스의 사상에 대해서는 두 개의 유명한 작품에서 찾아 볼 수가 있다. 하나는 1848년의 공산당선언이며 다른 작품은 공산당선언에 경제이론을 첨가하여 발전시킨 유명한 자본론이다.

변증법적 유물론

마르크스의 사상은 헤겔의 변증법적 이상주의에 의해서 크게 영향을 받았다. 마르크는 헤겔의 이론인 모든 만물은 변증법적 과정에 의해서 형성되어가고 있다는 것에는 동의를 하고 있다. 그러나 마르크스는 헤겔이 주장하는 논리적인 절차에 의해서 사물의 특성이 결정되는 것이 아니라 물질에 의해서 사물의 특성이 된다는 이론이 변증법적 유물론이다. 이상주의자인 헤겔은 모든 사물의 변화는 그 사물의 내부에 존재해있는 사고의 변화에 의해서 변화되어 간다는 것이다. 이러한 헤겔의 논리에 마르크스는 반박 하고 있다. 물질주의자인 마르크스는 사고의 본성은 그 사고를 반영하고 있는 물질의 성향에 의해서 결정되어 간다는 것이다.

마르크스의 물질이라는 것은 정신적인 차원으로부터 분리된 단순한 육체적인 것을 뜻하는 물질의 본성을 뜻하는 것이 아니다. 마르크스의 이론은 좁은 의미에서 육체적인 결정론의 이론을 뜻하는 것이 아니라 육체와 정신의 상호 교류에 부합시켜서 일어나는 현상이다. 마르크스가 물질론에서 묘사하고 있는 변증법이란 물질의 변화과정이 필연적이라는 뜻이다. 이것은 헤겔이 정신이 변증법적 변화가 필요하다는 것과 같다.

헤겔과 마르크스의 차이점은 헤겔의 이론은 논리적인 체계인데 반해 마르크스의 이론은 순수한 경험적인 특성의 법칙에 따라서 전개시켜 원인과 결과의 관계를 규정한 체계이다. 헤겔의 변증법적 논리를 단순히 현실적인 관계를 떠난 이상적인 현상을 밝히는 길잡이인데 반해 마르크스의 변증법적 방법은 현실적으로 이 세상에서 존재하는 법칙을 밝히는 과학적인 방법인 것이다. 따라서 마르크스의 이론은 엄격히 말하면 철학적인 이론이 아니라 과학적인 이론인 것이다.

소 외

마르크스의 사상은 초기에는 헤겔의 사상을 그대로 수용하는 듯하나 노년에 들면서 그의 사상은 헤겔과는 다른 독자적인 사상을 전개해 나갔다. 말년의 마르크스의 진보적 사상은 개인주의적인것 보다 집단주의적인 범위로 초점을 맞추어 나갔다. 1844년 마르크스가 쓴 경제

철학에 관한 논문은 인간소외 현상에 대해서 많은 부분을 다루고 있다. 마르크스는 일생을 통해서 소외현상에 대해서 큰 관심을 가지고 연구를 했으며 그의 초기와 말년의 소외에 관한 견해는 많은 차이점을 나타내고 있다.

헤겔은 그의 정신현상에서 인간의식의 발달은 인간이 자기 자신의 내면에 존재해 있는 주관적인 정신과 외면에 나타나 있는 객관적인 정신은 분리되어져 있다는 것이다. 지식의 습득과정은 우리의 외부로부터 모르는 것을 극복하는 것이다. 헤겔은 이러한 과정을 자아 소외현상이라 한다. 마르크스는 헤겔은 단지 추상적이고 논리적인 역사의 움직임만 나타내고 있다. 이것은 인간의 내면에 내포되어 있는 진정한 의미의 역사가 아니다 라고 헤겔의 역사에 관한 사상을 반박하고 나섰다.

마르크스에 의하면 인간의 역사란 인간의 필요에 의해서 나타나는 작용과 반작용의 노동역사의 연속이다. 마르크스는 인간소외현상은 인간이 단지 자기 자신의 생각이나 내부적으로부터 생겨나는 현상이 아니라 자기 주변의 세계와의 접촉내지는 관계로부터 나타나는 현상이라고 규정하고 있다.

마르크스는 인간소외 현상이 생겨나는 몇 가지 원인을 제시하고 있다. 우선 인간은 그의 경제 생산 과정에서 그의 노동으로부터 소외감을 느끼게 된다. 이러한 노동으로부터 소외현상은 단순히 노동에 종사하는 노동자에게만 국한되는 것이 아니라 고급 경영인에게까지도 소외현상을 느끼게 된다. 다음으로 인간은 노동의 과정에서 주변의 동료들로부터 소외현상을 느끼게 된다. 또한 인간의 소외현상은 주변의 환경으로부터 나타나게 된다. 인간은 생산과정에서 주변에 있는 자연환경 등으로부터 소외감을 느끼게 된다. 마르크스는 이러한 비인간적인 어두운 사회제도를 비난하고 있다.

발전론

마르크스는 인간의 사고능력을 부인하지는 않았지만 인간의 사고를 형성하는 거대한 경제적인 힘을 발견했다. 1859년에 발표한 논문인 정치경제의 비평에서 경제력의 중요성을 잘 나타내고 있다. 이 논문에 의하면 마르크스는 국가의 발전이란 국민 각자의 정신적인 발전에 의해서 이루어지는 것이 아니라 국민 각자의 정신적인 생활여건에 의해서 국가의 형태가 결정된다는 것이다. 사회의 생산적인 면에서 볼 때 국민 각자는 다른 사람들과 필요 불가결한 한정된 관계를 가져야 한다.

이러한 국민 각자의 생산력의 발전에 비례해서 국가의 발전이 이루어 진다. 국민들 간의 총 생산관계가 사회의 가장 기본이 되는 하부구조인 경제구조를 형성하며 이 경제구조가 사회의 각 부분의 상층구조를 형성한다. 따라서 인간의 생활에 있어서 생산형태가 인간의 사회적, 정치적, 정신적인 특성을 결정한다는 것이다. 결과적으로 마르크스의 이론은 인간의 의식이 인간의 존재를 결정하는 것이 아니라 인간이 존재하고 있는 사회가 인간의 의식을 결정한다는 것이다.

마르크스의 사회발전은 어느 단계에 가서는 발전을 가져온 원동력들 간의 갈등이 생기게 되며 이러한 갈등은 사회 혁명의 도래를 초래하게 된다. 혁명의 단계에서 경제적인 하부 구조의 변화와 맞추어서 상층구조도 다소간 급속하게 변화는 계속한다. 이러한 변화 과정에서 생산의 경제적 조건이 정치, 문화, 예술 등의 형태를 결정한다.

개인의 의식도 변화 과정에서 개인이 생각하는 대로 되는 것이 아니라 개인의 경제적인 생활과 관련되어져서 나타난다. 또한 사회전체에서 변화를 요구하는 힘과 개인들 간의 갈등에 의해서 개인의 의식이 변화된다. 이러한 변화과정에서 사회변화를 요구하는 원동력이 존재하는 한 사회질서는 되찾을 수 없으며 밝은 사회가 새로운 사회가 될 때까지 변화는 계속하게 된다.

마르크스의 역사적인 관점에서 사회발전을 보면 초기의 원시농업경제로부터 고대의 노예경제로 변화되었다. 노예경제는 장원제도로 변화되었으며 장원제도는 자본주의경제를 거쳐서 최종적으로 사회주의 경제제도로 변하게 된다.

경제이론

마르크스의 경제이론은 존 록크와 19세기 초의 경제학자들의 경제이론에 의해서 크게 영향을 받고 있다. 존 록크의 경제 원칙은 개인 기업은 정부의 간섭으로부터 탈퇴하여 자유롭게 운영될 때 국민 각자가 가장 적법하게 그의 노동대가를 받을 수 있다.

마르크스의 경제이론은 순수한 과학적인 경제이론은 아니다. 순수한 과학적인 경제이론은 경제가격이 어떻게 결정되고 영향을 받느냐 하는 것이다. 생산가격이 교환가격으로 바뀌는 데에는 생산원가 이외에 다른 요소들에 의해서 결정되어 간다. 마르크스는 도덕적이고 과학적인 차원에서 설명하고 있다.

마르크스에 의하면 상품의 가격은 교환가격에 의해서 교환되어져야 한다. 이렇게 될 때 노동자는 정당하게 노동대가를 받을 수 있으며 그의 노동에 상응하는 부를 누릴 수 있다. 그러나 과학이 발달된 사회에서는 제조된 상품들이 판매될 때는 노동자들은 그들이 투자한 순수한 노동력에다 노동에 상응하는 양적인 것도 포함시켜야만 된다. 마르크스는 자본주의 사회에서는 노동자들은 그의 노동의 대가를 보상받을 수가 없다는 것이다. 자본주들은 노동자들이 일해 놓은 노동의 대가의 일부를 가로 채기 때문이다. 자본주의 체제 하에서는 자본가들은 노동자와 그의 가족의 생활에 필요한 만큼의 임금만 지급하기 때문에 노동 그 자체를 교환가치로 이용하고 있다.

자본주의 체제 하에서는 노동자들이 일하는 시간보다 그들이 실제로 받는 임금이 훨씬 적다. 노동자들은 실제로 일하는 시간에서 나오는 임금에서 자본가로부터 받은 임금을 제외한 나머지 임금은 자본가의 주머니로 들어가게 된다. 노동자가 일한 대가에 맞추어서 받아야만 하는 임금에서 실제로 자본가로부터 받는 임금을 제외한 임금을 마르크스는 잉여가치라고 한다.

잉여가치는 자본가가 노동자들로부터 착취한 노동력이며 이것을 자본가들은 수익 또는 이익이라고 부른다. 노동자들로부터 얻은 수익은 상품을 만드는 공장주들을 비롯하여 돈을 융자해준 은행가, 건물주 등이 수익을 분배하게 된다. 그러나 마르크스의 주장은 이러한 노동자들로부터 착취한 노동의 대가를 상품을 만드는데 필요한 노동을 전혀 제공하지 않은 노동자가 아닌 사람들의 손으로 수익금이 들어가게 된다는 것이다.

마르크스는 자본주와 노동자는 생산에 있어서 서로 반대되는 입장에 있다. 자본가들은 수익을 올리기 위해서 임금을 줄이고 노동시간을 늘리며 노동의 속도를 집중화시켜서 자본금이 빨리 돌아가게 함으로서 자본가들의 수익을 올리고 있다. 반면 노동자들은 임금을 올리고 노동시간을 줄여서 소위 잉여가치를 적게 함으로서 노동자들의 이익을 얻을 수 있다.

마르크스는 노동자와 자본가들 간의 상반된 이익은 노동자들이 자본가 계급을 공격함으로서 혁명이 시작된다. 이러한 노동자계급의 혁명은 무산자 계급이 자본을 쥐고서 과거 낡은 생산 방법을 없앰으로써 무산자 독재사회를 형성하게 된다. 마르크스는 자본주의사회의 혁명 가능성은 단지 노동자와 자본가들 간의 이해관계에 의해서만 혁명이 발생하는 것이 아니라 자본주의 체제 하에서는 노동자들 간의 기만과 경쟁이 점차적으로 가속화되어 노동자들의 사정이 더욱 악화되어져서 결국은 노동자들이 사회혁명을 일으키게 된다는 것이다.

자본가들은 그들의 소득으로 새로운 기계를 구입하여 생산성을 넓혀 나감으로서 과잉생산을 초래하여 경제침체와 실업률의 증가를 가져오게 된다. 더욱이 이러한 현상은 자본가들끼리 경쟁을 통해서 큰 회사가 작은 회사를 통합해 버리는 현상이 나타난다. 마르크스는 자본주의 체제 하에서 노동자들의 이익의 증진을 잘 고려하지 않으면 결국은 노동자들이 혁명을 일으켜서 권력을 장악하여 노동자들의 이해에 맞는 사회체제를 만든다는 것이다.

무산자 혁명

유물론에서 마르크스는 자본주의의 파멸에 관해서 언급하지 않고 있다. 그러나 마르크스의 분명한 주장은 자본가 계급이 무산자 계급의 이익을 고려하지 않고서 자본가들의 특권만 유지하려고 한다면 결국은 노동자들에 의한 혁명이 일어난다는 것이다. 그러나 선거를 통해서 무산 계급의 강압에 못 이겨 자본가들이 양보를 한다고 해도 자본주의 체제 하에서 경제 정의가 민주적이고 평화적인 방법으로 성취된다는 것은 분명하지 않다.

마르크스의 사회혁명의 근원은 반드시 폭력에 의한 혁명이 아니라 사회생산 수단의 통제에서 발생하는 변화를 뜻하는 혁명을 말한다. 자본주의 사회에서 생산수단은 소수의 사람들에 의해서 독점되어져 있으며 다수의 사람들에게 불이익을 주는 수단이다. 사회혁명의 근본목적은 국가의 통제 하에서 사회생산 수단이 바뀌는 것이다. 다시 말하면 무산계급이 지배계급으로 등장하여 무산자들이 이익을 확보한다는 것이다.

마르크스에 의하면 자본주의 사회에서 노동자들에 의해서 생긴 잉여가치는 자본주들의 호주머니에 들어가지만 공산주의 사회에서는 노동자들의 노동에 의해서 얻은 어떠한 가치도 노동자들의 임금으로 돌아갈 뿐만 아니라 노동자들의 사회생활의 편의를 위해서 사용되어진다.

무산자 계급의 독재의 단계는 단지 변혁기의 과도적 단계에 불과하며 모든 생산과 전 국가의 광범위한 단체의 수중으로 집중되는 소위 계급 없는 사회의 단계로 넘어가게 된다. 이러한 사회에서는 대중의 힘은 정치성을 잃어버리게 된다. 정치적 힘이라는 것은 어느 한 계급이 다른 계급을 억압하기 위해서 조직된 것에 불과하기 때문에 계급 없는 사회에서는 정치적 힘이 필요 없어져 버린다. 이러한 계급 없는 최종단계의 사회에서는 무정부상태란 말은 법이 필요 없다는 뜻이 아니라 중앙정부가 필요 없다는 의미이다.

마르크스는 자본론에서 비록 중앙정부가 정치성은 상실한다고 할지라도 중앙 정부로서의 존재는 필수 불가결하다고 본다. 마르크스는 지역의 자원과 물자를 효과적으로 관리하기 위해서 중앙정부의 필요성을 강조하고 있다. 계급 없는 공산주의 사회에서는 민주적인 기초위에 있는 공권력은 정치적 특성을 상실하게 된다. 비록 공산주의에 반대하는 자본주의가 계속된다고 하더라도 얼마안가서 무산자 독재에 의해서 소멸하게 된다.

마르크스주의와 공산주의

마르크스는 자본주의 사회 이후에 나타나는 사회는 무산자 계급의 독재에 의한 사회의 출현이다. 무산자 계급의 독재주의 체제는 다시 계급 없는 공산주의 체제로 변하며 공산주의가 지상에서 존재하는 가장 이상적인 사회라고 본다.

마르크스 이론에 의한 공산주의와 무산자계급의 독재사회의 차이점은 공산주의 사회에서는 자유선거가 보장되며 정부의 계획에 대해서 비평은 마음대로 할 수 있다는 점이다. 그러나 무산자 독재 사회에서는 중앙정부의 어떠한 정책도 비난을 할 수 없으며 만일 중앙 정부에 어떠한 비난을 하면 그에 상응하는 벌을 받는다.

공산주의 사회의 궁극적인 목표는 인간의 필요를 가장 잘 만족시키는 사회정의를 실현 한다는 것이다. 마르크스주의와 공산주의는 근본적으로 차이점이 있다. 마르크스주의는 철학적이며 과학적인 가정위에 성립하는 것이다. 인간의 사상과 견해인 인간 의식은 자기 주변의 물질적인 환경과 사회생활 사이에 의해서 변화되어진다. 의식의 생산도 물질의 변화에 의해서 결정되어 진다.

마르크스 사상을 이론적으로 정리해보면 마르크스주의는 인간의 물질 조건과 경험에 의한 인간의 사상과의 상호작용에서 나타나는 현상을 조사함으로서 어떠한 법칙을 발견하는 것이다. 마르크스주의가 사회 진화 법칙에 의한 철학적이고 과학적인 이론인데 반해 공산주의는 어떤 국가가 정책적으로 어떤 목적을 위해서 고안된 정치적 프로그램이라 할 수 있다. 마르크스주의가 인간의 물질조건과 인간의 사상과의 관계를 조사하여 정당화시키는데 반해 공산주의는 정당화보다는 더욱 실질적으로 그들의 목적을 달성시키는 것이다.

무산자 독재인 사회주의와 공산주의의 차이점은 사회주의는 자유민주주의라는 기계를 통해서 그들의 목적을 성취하는 것이 그들의 목적이다. 그러나 공산주의는 자유민주주의라는 방법은 어쩔 수 없는 경우에만 받아들인다. 대부분의 경우 비합법적인 방법에 의해서 그들의 목적을 성취한다. 또한 무산자 독재인 사회주의와 공산주의 사상의 정책은 모두가 최대한의 만족한 생산력을 얻기 위해서 중앙통제의 경제방법을 채택하고 있다. 또한 공산주의와 사회주의는 사회의 부조리와 빈곤을 초래하는 시장경제나 자유방임주의 형태의 정책에는 반대하고 있다.

마르크스는 자본주의 자체가 인간의 불평등에 기초를 두기 때문에 자본주의가 존재하는 한 진정한 민주주의는 불가능 하다는 것이다. 민주적 평등은 지역의 경제조직이 잘 계획되고 통제될 때에 이루어진다. 마르크스가 자본주의의 멸망을 잘못 예언한 근본적인 원인은 그가 자본주의 체제 하에서 경제제도를 너무 단순하게 보았기 때문이다. 자본주의 체제 하에서 가격을 결정하는 중요한 변수는 수요와 공급 및 독과점 등을 들 수 있다.

마르크스는 자본주의의 모순점을 들어서 1930년대 자본주의의 멸망을 예언했다. 사실상 1930년대 초 미국을 비롯한 서방국은 경제공항을 맞아서 경제위기에 직면하게 되었다. 그러나 미국은 영국의 경제학자 케인즈의 고용이론을 적용하여 테네시주에 다목적댐 등의 건설 등의 경제정책을 펴서 실업률의 감소에 노력한 결과 경제란을 타개 할 수 있었다.

마르크스의 자본주의 멸망의 예언은 틀렸다. 그가 잘못한 이유를 여러 가지 관점에서 생각해 볼 수 가 있다. 그 근본적인 원인은 마르크스는 자본주의 사회에서 기술과 과학의 발달을 생각하지 못했다. 자본주의 체제 하에서는 자유경쟁을 통해서 생산기술과 더불어 과학의 발달이 자본주의 체제의 존속내지는 더욱 발전할 수 있는 원동력이 되었다. 한편 1990년대 초부터 소련을 비롯한 동구권 공산주의 국가들이 몰락하고 말았다. 또한 중국을 비롯한 대부분의 공산주의 국가들은 시장 경제의 도입 등 자본주의 체제로의 전환을 시도하고 있어서 마르크스가 예상했던 자본주의의 몰락이 아니라 공산주의의 몰락이 예상된다. 이러한 점을 감안 할 때 마르크스의 이론은 맞지 않는다고 할 수 있으나 그의 사상이 진보 사상사에 미친 영향은 엄청나게 크다.

마르쿠제 (Herbert Marcuse)

생 애

마르쿠제(Herbert Marcuse)는 1898년 독일의 베를린에서 태어났다. 그는 베를린 대학과 프라이버그 대학에서 공부하여 1922년에 박사학위를 받았다. 마르쿠제의 학위논문은 헤겔의 존재론과 역사철학과 존재론에 관한 연구였다. 나치전쟁 하에서 그는 독일을 떠나서 스위스로 가서 일년 동안 제네바에서 가르쳤다. 마르쿠제는 미국으로 이민을 하여 콜

롬비아 대학에 적을 두었다. 이차 대전 동안 마르쿠제는 미국무성의 정보연구소의 연구원으로 일했으며 연구소의 동유럽 분야의 소장직무대리로 일했다. 얼마 후 마르쿠제는 콜롬비아로 돌아왔으며 또한 하버드 대학의 러시아 연구소에서 마르크스 사상에 관해서 연구를 하였다.

1954년부터 1967년까지 마르쿠제는 캘리포니아 대학의 샌디 애고 분교에서 가르쳤으며 1979년 사망했다. 마르쿠제는 20세기 중반의 미국사회를 비평하고 분석했으며 특히 급진파 학생들에게 인기가 있는 진보주의 사상가 이다. 마르쿠제는 제3세계에 강한 영향을 주었으며 프랑크푸르트 사회연구소의 공동 설립자였다.

마르쿠제는 그의 대표작인 일차원의 인간을 1964년에 출간하여 수백만부가 팔렸다. 일차원의 인간에서 마르쿠제가 나타내고자 했던 것은 현대사회에서 인간을 억압하는 요소들이 무엇이며 인간의 목적을 달성하기 위해서 사회제도와 태도를 바꾸는 혁명적인 변화가 필요하다는 것을 제시하였다.

마르쿠제와 헤겔과의 관계

마르쿠제는 헤겔, 마르크스, 프로이드의 사상을 비판하고 해석함으로서 그의 이론을 전개해 나가고 있다. 헤겔 연구에 관한 마르쿠제의 첫 작품은 헤겔의 존재론이었다. 헤겔의 존재론에서 마르쿠제는 헤겔 사상의 세 가지 필요불가결한 면에다 관심을 가지고 있다. 이 세 가지는 인생에 관한 개념, 행동에 관한 개념, 역사 이론에 관한 개념을 들 수 있다. 마르쿠제는 존재가 헤겔이 역사를 구성하고 있는 가장 기본적인 요소로 본다. 헤겔의 존재 이외에 헤겔 사상에 유래되어 온 역사간의 모순점을 보여주고서 이들을 서로 분리하려고 노력했다. 헤겔의 개념을 통해서 마르쿠제는 자기 자신의 이론인 변증법, 자아의식 및 비판적 이론 등을 발전시켜 나갔다.

헤겔을 인용하여 마르쿠제는 변증법을 일반적인 사물의 실체를 부정하면서 더욱 나은 형태로 만들어 질 수 있다는 것이다. 변증법을 통해서 현존하는 사회질서는 더욱 나은 사회형태로 변화되어 질 수 있다고 보고 있다. 여기서 변증법은 사회변화의 논리적인 면에서 갈등의 단계를 거치게 된다. 헤겔에 의하면 이러한 과정을 개인의 사상과 전 세계의 역사가 바로 연결되어져 있다. 마르쿠제는 헤겔 이론은 마르크스주의자들에게는 가장 중요한 기초 자료가 된다. 노동을 통해서 인간은 자기 자신을 생산물과 서로 교환 할 수 있는 즉 인간은 자기 자신을 생산도구로 전략시킴으로서 자기 자신을 지역사회의 한 구성원으로 바꾸어 버린다. 자본주의하에서 개인의 노동은 노동이라는 본래의 의미를 상실하게 된다.

헤겔과 마르쿠제는 이러한 노동은 추상적인 노동이라고 부르고 있다. 마르쿠제가 보는 추상적인 노동은 개인들이 자기들이 필요로 하는 이상의 생산물을 생산하는데 소요되는 노동 이상의 노동을 의미한다. 따라서 마르쿠제가 보는 현대의 자본주의 체제 하에서의 노동자들은 자기들이 필요로 하는 생산물을 생산하는데 드는 이상의 많은 노동에 시달리고 있다.

마르쿠제와 마르크스와의 관계

마르크스의 이론은 혁명적인 진보적 행동의 이론이다. 마르크스에 의하면 인간은 노동을 통해서 자신이 사회에서 노동력을 수행하는 객체에 불과하다. 노동이란 바로 객관화 시키는 과정이다. 역사란 인간이 사회에서 활동하는 모든 형태의 행동을 말하는 것이며 인간의 역사란 이러한 행동에 자기 자신이 지속되어지는 것이다.

마르쿠제는 마르크스를 비판적이고 부정적인 이론가로 본다. 마르쿠제와 마르크스의 차이점은 마르크스는 무산자들이 독재국가를 만드는 것이다. 그러나 마르쿠제는 마르크스의 이론에 반대하고 있다. 마르쿠제에 의하면 무산자 계급의 독재국가란 현실적으로 실현된다는 것은 불가능 하다고 본다. 사실상 합리적인 사회에서 무산자 계급은 존재하지 않는다.

마르쿠제는 소외의 현상에 대해서 집중하고 있다. 마르쿠제가 보는 인간 소외현상은 사유 재산제도 아래서 생산으로부터 노동계급의 분리를 의미한다. 자본주의체제 하에서 생산자들이 더 열심히 일해서 더 많은 생산을 하면 할수록 자본의 힘은 더욱 커지는 반면 노동자들이 자기 자신의 생산물을 소유하는 힘은 점점 더 작아진다. 이러한 제도 하에서 노동자들은 자기 자신의 생산으로부터 소외감을 느낄 뿐 아니라 노동자는 자기 자신으로부터 소외감을 느끼게 된다.

노동자의 노동은 더 이상 자기 자신의 노동이 아니며 자기의 노동력은 다른 사람의 재산인 것이다. 노동자는 자기 자신을 생산제도가 요구하는 곳에다 맞추어야 한다. 이런 조건과 상황 하에서 사람들은 자기들의 근무처, 자기들의 친구, 그들이 일하고 있는 업무로부터 소외감을 느낄 뿐만 아니라 더욱 나아가서 그들이 일해 놓은 생산물로부터 소외감을 느끼게 된다. 마르쿠제는 현대사회에 살고 있는 모든 현대인은 누구나 이러한 소외감을 느끼고 있으며 이것이 현대인의 인간 소외현상이라는 것이다.

마르쿠제에 의하면 노동개념을 경제학의 과학적인 방법으로부터 해결하려고 한다. 노동의 개념들은 인간의 모든 행동의 모든 형태에까지 포함하여야만 한다. 그런 방법에 의해서 노동은 현존하는 모든 사회형태에까지 관련 지워 질수가 있다. 마르쿠제는 노동은 인간이 자연과 역사와의 투쟁을 통해서 인간의 능력과 필요를 발전시키는 수단이라고 본다.

자본주의 사회에서는 유형의 노동과 무형의 노동의 두 종류의 노동이 있다. 유형의 노동이란 사용가치를 가지고 있는 노동을 의미한다. 반면 무형의 노동이란 교환가치를 가지고 있는 노동을 의미한다.

마르쿠제는 상품의 값은 사회적으로 상품의 재생산을 위해서 필요로 하는 상품의 교환가치, 즉 무형의 노동량에 의해서 결정된다. 마르쿠제는 모순투성이의 노동체제를 없애야 하며 이러한 노동체제를 없애기 위해서는 자본주의 자체를 없애야 한다. 이런 자본주의 자체를 없애기 위해서는 자본주의 자체를 부정해야 하며 자본주의의 부정의 요구는 혁명으로 확산되어서 혁명에 의해서 자본주의는 멸망되어야 한다는 것이다. 마르쿠제에 의하면 혁명의 시작은 자아의 식계급 즉 지식인 계급이 자본주의를 부정하고 나섬으로서 혁명은 시작된다.

프로이드와 마르쿠제

마르쿠제는 프로이드 사상에다 그의 이론을 발전시켜 나갔다. 프로이드에 의하면 사회이론이란 두 가지의 대조적인 관계에다 기초를 두고 있다. 하나는 자유와 행복의 관계이며 다른 하나는 성욕과 문명과의 관계에다 기초를 두고 있다. 마르쿠제는 프로이드의 자유와 행복과는 관계가 있다는 것에 대해서는 인정하나 성욕과 사회의 문명과의 관계에 대해서는 프로이드의 이론을 반박하고 있다. 마르쿠제의 이론에 의하면 인류문화의 수단은 성욕의 절제로부터 성취될 수 있다. 인간의 성적 충동에 의한 난잡한 성적관계와 성적인 만족이 사회질서를 파괴하는 원인이 된다.

프로이드의 이론을 반박하기 위해서 마르쿠제는 두 가지 개념을 들고 있다. 하나는 과잉억제이고 다른 하나는 수행 원칙이다. 마르쿠제는 기본억제로부터 과잉억제를 구분하고 있다. 그에 의하면 기본억제란 인류의 문명을 보호하는데 필요 불가결한 요소이다. 마르쿠제는 프로이드의 인간의 문명의 보호를 위한 인간의 기본억제의 필요성에 동의를 하고 있다. 특히 인간의 금욕생활이나 기본적인 억제는 사실상 분명히 인류문명의 발전에 크게 도움이 된다.

마르쿠제에 의하면 인간의 경제적인 결핍은 인간이 그 결핍을 극복하기 위해서 일을 하는데 이 일이 인간의 문명을 보존한다. 그러나 문제는 인간이 과학의 발달과 물질적인 면에서의 진보는 인간들의 경제적인 결핍을 초래한 장애물을 제거해 나감에 따라서 억압은 인류의 문명에 요구되는 정도의 억압을 넘어서 과잉억압으로 되어가고 있으며 더욱 사회를 지배하는 특수하고 제거할 수 없는 형태로 되어가고 있다.

마르쿠제는 수행 원칙은 특수한 조건과 부족의 분배에 관해서 언급하고 있다. 그는 인간의 필요를 만족시키기 위해서 상품의 조달과 분배는 분배되는 방법 면에 있어서 개인의 가장 좋은 이익에 반대되는 방향으로 분배해야 된다고 주장하고 있다. 실체원칙의 내용과 본능의 수정이 수행 원칙을 구성하고 있다.

현대사회의 비평

진보적 사상가인 마르쿠제는 그의 저서 에로스와 문명에 의하면 현대 자본주의 사회는 몇 몇 소수의 그룹이 다수의 대중을 지배하고 있다. 그러나 이러한 소수의 지배에 대해서 부정적인 견해를 가지고 있다. 소수의 지배자의 권위는 인간의 발전 가능성에 근거를 두고 있지 않기 때문이다.

마르쿠제는 현대사회는 새로운 형태의 억압이 발달되고 있으며 이러한 억압들 중의 하나가 필요 없는 상품의 대량생산이다. 현대인들은 이러한 필요 없는 상품을 사서 소비함으로 자본주의 체제의 권위에 대해서 도전하고 있다. 현대인들의 억압된 성적 욕구는 현대 문명에 대해서 파괴적인 행위를 할 위험성을 초래한다. 따라서 현대인들이 자유롭다면 성적욕구의 억제로부터 해방되어야 한다. 성적욕구로부터 해방이란 모든 권위에 대한 도전을 암시한다.

마르쿠제는 과거의 낡은 사회구조를 새로운 사회로 변화시켜 나가기 위해서는 근본적인 변화가 필요하며 그러한 변화를 위해서 두 가지 전재조건을 제시하고 있다. 하나는 현대인들은 그들의 생활의 변화를 필요로 하며 다른 하나는 사회의 변화를 위한 그들의 의식변화이다. 인간들에게 새로운 사회의 필요성을 느끼게 하는 가장 큰 이유는 현대사회의 인간들의 소외현상의 증가 때문이다.

마르쿠제에 의하면 인간의 소외현상의 증가 그 자체가 잠재적으로 인간의 자유의 필요성을 증가시키고 있다. 개인에게 외부적으로 필요한 시간이 많아지면 질수록 개인이 실제로 필요로 하는 영역은 점점 더 작아진다. 현대사회에서 인간들이 물질적으로 부족함이 점점 적어지면 질수록 사람들은 현재 자기가 하고 있는 일에 대해서 더욱 더 관심을 가지게 된다. 그 결과 사람들은 새로운 필요성을 개발할 기회가 점점 더 많아진다. 새로운 요구는 그 체제를 변화시키는 새로운 의식을 탄생시킨다. 이러한 의식의 탄생의 원인은 각 개인에 따라서 다르다.

마르쿠제는 사회의 혁명을 일으키는 새로운 의식은 현대사회에 대해서 자아의식을 느낄 수 있는 소수의 사람들에 의해서 시작된다는 것이다. 억압이 없는 사회가 실현되기 전에 우선 무엇이 억압할 수 있고 무엇이 억압할 수 없는가 하는 것을 측정하는 사람은 자아의식을 느낄 수 있는 사람이다. 새로운 의식을 가지고 있는 사람은 사회의 노동 부분을 변경하려고 노력해야 한다.

마르쿠제는 사회를 완전히 바꾸고자 원했던 혁명사상을 가진 진보적 이론가였다. 혁명 사상가로서 마르쿠제는 억압적인 관용에다 기초를 두고 있다. 그는 현존하는 관용은 환상에 불과하기 때문에 잘못된 관용이다. 이러한 잘못된 관용의 의식과 싸워 나가기 위해서는 소수의 작고 힘없는 사람들의 도움을 받아야 한다.

마르쿠제에 의하면 오직 체제에 반대하는 사람들만이 올바르게 진리를 추구하는 사람들이다.

일차원의 사회

마르쿠제의 논리는 현대사회는 기술의 발달이 사회를 풍요롭게 만들었다. 기술의 발달로 인하여 반대의 목소리나 사회질서의 부조리에 대해서 개혁을 요구하던 사람들이 동화되어 버렸다. 인간들은 그들의 욕구를 만족시켰을 때 사회에 대한 반항이나 항의는 없어지고 현대사회에서 하나의 수동적인 도구로서의 역할에 만족하는 인간으로 전락해 버린다.

마르쿠제에 의하면 풍요로운 사회에서 소비의 형태는 두 가지 효과를 나타내고 있다. 첫째는 인간을 물질적으로 만족하게 만들어서 사회에 대한 불만과 항의를 없애준다. 두 번째는 기존 사회질서에 대해서 인간은 자기 자신을 맞추어 나가는 것이다. 노동자와 주인이 똑같은 텔레비전의 프로그램을 관람하고 똑같이 주말의 휴가를 즐긴다. 또한 회사의 여비서도 회사의 사장의 딸과 같이 좋은 옷과 화장품을 사용한다.

이러한 유사성에 대한 외적인 동화는 계급간의 차별의식을 감소시켜 모든 사람이 현 체제에 대해서 순응하려고 노력하고 있다. 따라서 사람들은 더 이상 이러한 사회와 체제로부터 해방되기를 원하지 않는다. 그 이유는 현대의 복지국가나 풍부한 사회에서는 그들을 행복하게 만들기 때문이다. 마르쿠제는 이러한 사회에서 사람들이 느끼는 행복은 진정한 행복이 아니다 라고 분명히 밝히고 있다.

마르쿠제는 현대의 풍요로운 사회에서는 여가는 자유가 아니라 그 반대로 자유를 구속하는 것을 의미한다고 주장한다. 이러한 행복은 사업가나 정치가의 목적에 의해서 운영되어지기 때문이다. 이러한 현상은 근본적으로 전체주의의 계승이라고 볼 수 있다.

마르쿠제가 보는 전체주의는 정치적인 독재를 의미하는 것이 아니라 인간의 이상과 개성을 나타내고 있는 인류 문화에 대한 전체주의이다. 현대의 모든 사람은 쉽게 미술품을 손에 넣을 수 있기 때문에 예술품으로서 본래의 고귀한 전통과 기능을 상실해가고 있다. 또한 약국에서 쉽게 환각제를 구입할 수 있는 편리한 생활을 누리고 있다. 이렇게 함으로써 그들은 그들이 만족을 찾는 문화에 도취되어 버린다. 마르쿠제는 이것을 현대문화의 기만행위로 본다. 이러한 현대인이 문화에 속임을 당하는 것을 마르쿠제는 이차원의 사회가 파괴되어 일차원의 사회로 변하고 있다는 것을 의미한다.

소련 마르크스주의의 비평

마르쿠제의 저서 소련 마르크스에 의하면 자본주의와 공산주의는 언젠가는 한점으로 모이게 된다. 그 이유는 공산주의와 자본주의 체제는 산업경제라는 한곳을 목표로 하기 때문에 근본적으로 똑같다고 할 수 있다. 마르쿠제는 소련 마르크스주의는 점차적으로 소련사회의 현실적인 면인 경제성장에다 역점을 두고서 발전되어 나가기 때문에 자본주의 사회에서 추진해 나가는 것과 같은 방향으로 가고 있다는 것이다. 따라서 소련 마르크스주의는 마르크스가 이해되고 있는 범위 내에서 전체적인 구조를 변화시켜 나가고 있다.

마르쿠제가 보는 소련의 체제는 사회의 경제적인 문제에다 역점을 두기 보다는 상부구조인 정치, 사회, 문화, 예술 등의 구조에다 더욱 역점을 두고 있다. 마르쿠제에 의하면 소련의 국가는 두 가지 의무를 가져야한다. 하나는 소련 본래의 마르크스주의를 다시 건설하는 것이고 다른 하나는 고전적인 마르크스주의로부터의 이탈을 비판하는 것이다.

마르쿠제는 현대의 발달된 산업사회에서는 경제적인 위기 보다는 오히려 경제적인 번영이 체제에 대한 비판과 반항을 초래한다는 것이다. 현대사회에서는 경제적인 위기가 더 이상 사회변화 즉 혁명을 초래할 불가결한 요소가 되지 못한다. 그는 혁명은 과거에는 일반대중인 노동자나 시민들의 관심 사항이었다. 그러나 현대사회에서는 시민들에게 혁명에 관한 관심 사항은 이미 지났다. 현대의 발달된 산업사회에서는 혁명을 이루어나가는 사회의 구성원으로서 안전운동 단체, 지식인, 학생 그리고 그 밖의 히피족 같은 그룹을 들 수 있다.

마르쿠제의 혁명에 관한 개념은 산업의 발달과 선진국에만 국한 시키고 있지 않다. 그의 혁명에 관한 개념은 산업이 발달한 선진 산업국에만 국한 시키지 않고 제 3세계에까지 똑같이 적용 시키고 있다. 그의 혁명에 관한 이론은 마르크스주의 이론에서 벗어났다고 할 수 있다. 정통 마르크스주의에 의하면 혁명은 무산계급인 노동자에 의해서 주도되어서 점차적으로 그 밖의 계급에까지 확산되어 간다. 그러나 마르쿠제는 그와는 달리 혁명은 소수의 사회 안전 그룹과 지식인으로부터 시작되어서 노동자 계급 등 일반 시민으로 확산되어 진다는 것이다.

마르쿠제는 그의 저서 역 혁명과 반란에서 마르크스적 예술의 견해에 대해서 비난하고 있다. 마르크스주의자들은 노동자계급의 물질적인 조건들을 그대로 묘사하는 형식주의적 미학을 중시하고 있다. 마르쿠제의 견해는 예술은 마르크스주의자들의 혁명적인 사상으로부터 분리되어져야만 한다. 그의 주장은 현대 예술과 마르크스 미학은 실패했으며 반면 부르조아 예술은 성공적이다. 부르조아 예술은 예술을 위한 예술이 아니라 사랑과 자유를 위한 예술이기 때문에 성공적인 것이다.

사상적 의의

마르쿠제는 부정적인 진보주의 사상가 이다. 부정적인 사상가란 현존하는 사회의 조건들을 비판하는 것을 의미한다. 존재한다는 것은 그것의 잠재력을 부정한다는 것이다. 존재하는 것의 완전한 잠재력을 개발함으로서 현존하는 질서의 부정적인 특성들을 긍정적으로 변화시키는 것이다.

마르쿠제의 사상은 인간은 자본주의 제도 하에서 완전히 포장되어서 쌓여져 있다는 것이다. 그의 대표작인 일차원의 인간에서 주요 쟁점은 현대의 발달된 단순한 사회에서 기술의 발달은 이전 사회에서 존재하던 체제에 대한 불만과 반대의사를 표시하던 개인의 갈등을 없애는 역할을 해왔다. 과거 시대의 물질적인 부족으로부터 해방은 현대인을 생산물의 노예로 전락 시키고 말았다.

마르쿠제에 의하면 이제는 현대인 개인 각자가 더욱 더 자기 자신을 잘 관리하고 있다. 다시 말하면 인간은 그들이 만들어 놓은 그물에 꽁꽁 묶어져 버리게 되었다. 과거 같으면 사회에 대해서 불만을 표시하고 범죄를 저지를 사람도 새로운 사람으로 변모하여 현 체제에 맞추어서 개방하여 사회에 적응하려고 노력하고 있다.

따라서 사람이 사회에서 인간답게 살기위한 새로운 개혁은 상당히 힘들어져 있다. 그 이유는 대부분의 사람들은 사회의 새로운 변화에 대해서 거부 반응을 보이고 있다. 뿐만 아니라 사회에서 실제로 힘을 행사하고 있는 사람들은 강하게 개혁을 거부하고 있다. 따라서 마르쿠제의 주장은 사회의 개혁은 사회로부터 소외되어있는 사람들에 의해서 주도 되어져야만 한다.

마르쿠제는 현 정부의 권위를 부정하고 있다. 현 정부의 권위를 부정함으로써 사람들은 자유의 필요성을 알며 피부로 느낄 수 있는 것이다. 자유란 단순히 그가 가지고 있는 사회의 신분을 의미하는 것이 아니라 자기 자신이 주체가 되어서 의식을 가지고 행사 할 수 있는 행동을 의미하는 것이다.

자유란 인간이 권리란 무엇인가 하는 것을 알고서 그것에 따라서 행동하는 힘을 말하는 것이다. 또한 자유란 자기 마음속에 가지고 있는 잠재력에 맞추어서 그 잠재력을 실제로 실체화 시킬 수 있는 힘을 말한다. 개인은 반드시 자기 자신의 상황을 판단하여 행동할 수 있어야 하며 단순히 그 상황에 따라서 행동하여야 한다.

마르쿠제에 의하면 일차원의 사회에서 인간은 더욱 감각적이며 더욱 강인한 감정을 가지고 있다. 일차원의 인간은 더욱 마비되어버린 인간이며 불행으로 가득 차 있으며 노동의 도구에 불과한 인간이다. 대량생산과 대량분배, 대량 소비는 인간을 개성 없는 대량 인간으로 만들었으며 개인은 사회가 요구하는 인간으로 만들어 버렸다. 그 결과 사회는 안정되고 평탄하고 합리적이고 민주적인 자유의 사회로 만들었다. 마르쿠제의 완전한 사상은 인간을 이러한 일차원의 사회의 죄수로부터 구출하는 것이 목적인 것이다.

마르쿠제는 현대사회의 현대인들에게 장래의 어떠한 밝은 전망을 제시하고 있다. 그가 보는 관점은 이 세계의 가장 나쁜 병폐는 사회의 풍부성 때문이다. 사회를 악화 시켜나가는 원인은 자본주의 체제의 경제성에 달려있는 것이 아니다. 경제력으로 인한 풍부한 사회에서 생기는 인간의 이기심과 더욱 풍부한 물질문명을 느끼고 싶어 하는 인간의 마음이 사회를 더욱 위험하게 만든 다는 것이다.

사르트르 (Jean Paul Sartre)

생 애

사르트르의 학문적 배경을 이해하지 않고는 그의 진보적 사상을 이해한다는 것은 불가능하다. 사르트르는 1905년 파리에서 출생했으며 1차 대전 후 교육을 받았다. 그는 유명한 에꼴노말러 슈빼리에 들어가 1929년 거기서 시몬느 드보봐르를 만났다.

1930년부터 1944년까지 사르트르는 고등학교에서 철학을 가르쳤다. 그리고 훗셀의 현상학과 하이데거의 실존주의의 아성인 독일 프라이버그대학에서 1년 간 공부했다. 사르트르의 교육경력은 전쟁으로 중단되었으며 1939년 징집되었으며 1940년 투옥되었다. 1941년 출감 후 사르트르는 멀로우 뽕뛰와 더불어 지식인 반항단체인 레지스땅스를 조직하였다.

사르트르의 레지스땅스 활동은 분명히 확인되지는 않지만 사르트르는 특별히 과격행동에는 개입한 것 같지 않다. 구토가 1938년 출판되었고 존재와 무는 1943년 출간되었지만 30대 초반부터 이 작품을 준비한 것 같다. 이 작품은 전쟁과 위기의 표현이라고 사르트르는 지적했다.

사르트르에게는 훗셀의 현상학이 전환점이 되었다. 1936년에서 1937년 사이에 출간된 자아의 초월이라는 논문에서 사르트르는 몇 가지 문제점을 제기했는데 그 문제에 대한 해답을 통하여 사르트르 자신의 독특한 현상학적 길을 열었다. 한편 2차 대전까지 사르트르는 정치에는 별로 관심을 갖지 않았다.

1945년 사르트르는 실존주의는 인간주의라는 유명한 강의를 했다. 그는 두 차례에 걸쳐서 도미 했으며 레지옹꼬노르 훈장 수여를 거절했다.

사르트르의 정치에 대한 관심은 그로 하여금 공산주의에 접근하도록 했다. 그는 자신을 마르크스주의자라고 묘사했지만 유물론자는 아니었으며 공산주의자도 아니었다.

1950년 사르트르는 마르크스시즘의 진보적 개혁을 시도했다. 1960년 사르트르는 마르크스시즘의 테두리를 벗어나지 않으면서 실존주의를 추구하는 거작 유물론 비판을 출판했다. 여기서 사르트르는 당대의 마르크스주의자들이 마르크스가 인정한 인간존재의 특수성을 발견하지 못했다고 비난했다. 사르트르는 마르크스의 소외와 유사한 소외의 개념을 소개한다. 그러나 그것은 존재와 무의 연장으로서의 특징을 나타낸다.

1948년 이후 사르트르는 정치와 윤리 문제에 꾸준한 관심을 보여왔다. 1968년 이후 소비에트 사회주의와 불란서 공산주의에서 점차 벗어나 점점 모택동 노선과 출판물에 심취하게 되었다.

훗셀의 현상학

사르트르의 진보적 사상을 설명하기 위해서는 훗셀의 현상학을 설명해야 한다. 현상학이란 말의 의미는 희랍어 현상(phenomenon)과 논리(logos)로부터 파생되었다. 현상학이란 현상의 내재적 실체를 발견하고자 하는 이성적 추구이다.

현상이란 무엇인가? 이 문제에 대한 해답은 현상학의 주요 테마로 이루어진다. 현상이란 인간이 의식하는 바의 그 어떤 것이다. 훗셀은 이 문제를 풀기위해서 인간의 의식이나 지식을 분석했다. 훗셀은 철학이 아직 과학이 아니라고 하면서 철학을 과학으로 만들기 위한 시도로서 현상학을 시작했다.

훗셀은 데카르트의 가정을 회피함으로써 데카르트의 정신에로의 복귀를 주장했다. 훗셀은 사물에 대한 전혀 새로운 시각을 제공하는 방법론을 주장했다. 전혀 새로운 시각이란 사물 자체의 복귀를 의미한다.

훗셀이 말하는 사물이란 무엇을 의미하는가? 훗셀이 말한 사물이란 현상을 말한다. 현상이란 의식 활동을 통하여 직접적으로부여되는 것이다. 또한 훗셀은 모든 경험은 그것이 나타난 대로 그리고 인간이 그것을 의식하는 대로 인정되어야만 한다고 했다. 어의를 더욱 분명히하기 위해서 훗셀은 종래의 철학적 견해인 주관-객관의 이분법을 피하고 새로운 용어법을 도입했다. 의식적 객관 즉 의식의 활동을 노에시스(noesis)라 명했다(noesis 란 희랍어 이다). 또 이러한 정신활동과 상호 관련된 본질은 노이마 (noema)라고 명명 했다. 노이마란 인식 또는 사고를 의미하는 희랍어이다. 의식의 노에시스-노이마 구조는 주관-객관구조와 일치 할 수는 없다. 왜냐하면 노에시스-노이마 구조는 주관-객관을 경험할 수 있는 가능성의 조건이기 때문이다. 철학자 나타산(Natansan)의 현상학 논문을 이용하여 훗셀의 현상학을 정의하고자 한다.

1. 현상학이란 특수 목적을 추구하는 독특한 방법론을 제시한다. 2. 현상학은 의식의 급진이론을 제시한다. 3. 현상학은 훗셀의 본질 이론과 연관된 신 의미론이다.

훗셀의 현상학과 사르트르의 실존적 현상학

훗셀로부터 사르트르가 얻은 바는 의식은 자연적 객체 즉 사물이 아니라 통찰력이다. 사르트르는 현상학의 전통에서 제기되는 의식의 본질에 대하여 철저히 분석했다. 사르트르의 현상론을 이해하기 위하여 우리는 사르트르가 현상학에 대하여 생각하고 있 는 바를 이해하려고 노력 해야만 한다.

현상학적 방법이란 주관에 대한 실존적 철학에 이르는 주관적 분석의 수단이다. 사르트르의 견해에 의하면 어떤 사물의 현상이란 그 사물이 현상적으로 가지고 있는 존재를 의미한다.

훗셀과 마찬가지로 사르트르는 의식을 연구함으로써 존재를 규명했다. 사르트르는 의식은 본질적으로 객관의 반대이며 따라서 존재의 반대이다. 말하자면 비존재인 것이다.

훗셀과 달리 사르트르는 의식을 행동의 총체라기보다 행동의 원천으로 생각했다. 즉 의식은 무 다시 말하면 허무의 원천인 것이다. 사르트르의 주요 저서인 존재와 무는 의식의 본질과 존재의 본질, 그리고 이두가지의 상호관계를 다루고 있다.

사르트르는 역시 훗셀이 강조한 의식의 노에시스, 노이마 구조를 사용하지만 그러나 이 두 관계를 표현하기 위하여 그 자신의 용어법을 개발하였다. 사르트르는 노에시스 대신에 for-itself를 사용했으며 노이마 대신에 in-itself를 사용했다. 대체적으로 말하면 for-itself는 의식을 말하며 in-itself는 존재를 의미한다.

for-itself와 in-itself는 하나가 없으면 다른 것이 존재 할 수 없는 상호적 관계에 있다. 이러한 수준에서 사르트르는 훗셀을 추종하고 있다. 그러나 사르트르는 for-itself가 객체 즉 자연적 사물이 아니기 때문에 무로 간주할 수밖에 없다고 주장한 점에서 훗셀을 능가하고 있다. 사르트르에 의하면 의식은 항상 존재이고자 하거나 무엇인가로 채워지고자 하는 부정으로 생각되고 있다.

사르트르는 존재는 본질에 앞서고 있다고 말하고 있다. 어떤 사물의 본질은 What it is에 관계되고 어떤 사물의 존재는 That it is에 관계된다. 사르트르에 의하면 인간은 본질을 가질 수 없고 단지 존재할 따름이며 그 자신의 선택을 통하여 자신의 본질을 구축해야만 한다. 실존적 개인은 무로부터 자신의 본체를 창조하고 그 본체에 대하여 전적으로 책임을 져야한다.

사르트르에 의하면 의식은 끊임없이 존재를 향하나 미래의 가능성을 도입함으로서 존재를 초월하고 있다. 사르트르의 의식의 기본구조를 이루는 존재와 무 사이에는 끊임없는 변증법이 적용된다. 의식은 고정된 실체로서는 자기 자신을 결코 볼 수 없는 그러한 형태로 자기 자신을 끊임없이 초월하고 있다.

자아에 대한 견해에 있어서 사르트르는 훗셀과 상당한 차이를 보이고 있다. 훗셀에 의하면 자아는 선험적이지 결코 실체적일 수 없다. 반면 사르트르에 의하면 자아는 의식과 일치하지 않는다. 물론 사르트르는 인간은 단지 사회적 경제적 조건의 산물에 지나지 않는다고 보는 변증법적 유물론의 결정론적 해석에 동의하지 않는다. 그러나 인간은 오직 행동에 의해서만 자신을 실현할 수 있다는 마르크스의 근본주장에는 동의하고 있다.

사르트르는 절대적 자유의 개념을 마르크스시즘에 도입함으로서 마르크스시즘을 정화시키고 구체적이고 개방적인 방향으로 이끌었다고 생각한다. 결과적으로 사르트르는 가장 철저한 마르크스적 사회주의의 비판자이자 동시에 옹호자이다. 따라서 이러한 태도로 말미암아 사르트르의 관심은 철학적 연구에서 정치적 진보주의적 행동주의로 옮겨갔다.

존재의 두 형태

사르트르에 의하면 의식의 세계가 무의식의 세계 즉 암흑의 세계와는 근본적으로 구별되는 존재형태를 나타낸다. 사르트르는 의식의 세계와 무의식의 세계를 구별하기 위해서 헤겔의 용어법을 사용하고 있다. 즉, in itself는 무의식, 즉 암흑의 세계이며 for itself는 의식, 즉 광명의 세계이다.

이러한 존재의 두 형태는 인간의 현실 세계를 통하여 나타난다. for itself는 스스로 in itself와 차이를 확인하며 이러한 과정에서 그 자신이 무의 세계라는 것을 밝힌다. 의식의 세계는 in itself에 비하면 의식만을 통해서 존재할 수 있고 인간을 통해서는 아무것도 존재 할 수 없다. 존재 밖에 인간이 존재할 수 있는 것은 오직 의식을 통해서 만이다.

의식의 개념

사르트르의 현상학적 존재론은 전적으로 의식의 현상학적 분석에 근거하고 있다. 사르트르는 의식의 분석에 집중적 관심을 집중시키고 있다. 그의 주장에 의하면 인간은 의식의 구조를 분석하지 않고는 인간의 실존적 상황을 이해할 수 없다는 것이다. 결국 사르트르는 의식을 여론의 출발점으로 삼았다.

의식이란 무엇인가? 우리는 어떻게 의식을 분석할 것인가? 사르트르에 의하면 모든 의식은 어떤 사물에 대한 의식이다. 의식의 활동은 개념적이다. 사르트르는 의식의 개념이론을 인정한 반면 훗셀의 선험주의에 대해서는 비판적이다. 사르트르의 주요 관심사는 정신활동은 의식 활동이라는 것을 보여주며 의식 활동은 결코 객관화 내지는 실체화 될 수 없는 그 무엇이라는 것을 보여주고자 하는 것이다.

우리가 즐거움을 경험하였거나 의자를 보았다는 의식은 결코 이 즐거움이 경험이나 의자를 보았다는 것과 분리될 수 없다. 의식은 활동의 일부이며 위상이나 대상이란 의미에서 실존하는 것은 아니다. 다른 말로 대상으로서 무엇을 가졌다는 의식 활동은 어떤 특수 실체로서의 의식의 존재를 의미하는 것은 아니다.

사르트르는 의식의 존재 형태를 강조하고 있다. 사르트르의 주요 논지는 우리가 무엇을 경험하고 있다는 의식은 비 반사적 속성을 지니고 있으며 또한 대상으로서의 자아의 실현과는 연관이 없다는 것이다.

사르트르의 주장은 존재란 지식을 객관화하기 전에 이미 존재하는 것이다. 이러한 이유로 사르트르는 데카르트의 실제론을 거부하고 있다. 데카르트는 생각하는 실체로서 나는 존재한다는 기본명제를 사용했듯이 사르트르는 이 명제를 거부한다. 사르트르는 또한 완제품으로서의 자아개념을 거부한다. 자아란 나의 존재의 저 밑바닥에 잠재해 있는 본질적 실체가 아니다. 그것은 이상이며 제한이며 나의 행동과정에서 끊임없이 나타나는 그 무엇인 것이다. 그것은 끊임없는 부재적 현재(absent present)로서 자기에게 부여된 그 무엇인 것이다. 자아란 다른 말로 끊임없는 창조의 과정에서 나타나는 것이다.

자유 개념

자유의 문제는 항상 중요한 사상의 태마가 되어왔다. 실존주의 역시 이 테마에 대하여 자기 나름의 고유 개념을 가지고 있다. 의식에 대한 사르트르의 현상학적 분석에서 그는 자유의 본질적 기초가 무엇인지에 대하여 설명하려고 한다. 사르트르의 자유의 개념은 독특하다. 즉 자유란 내 존재로서의 for itself와 일치한다. 사르트르의 자유는 무의 표현에 지나지 않는다. 실존주의의 제 1의 명제는 존재는 본질에 앞선다는 것이다. 사르트르는 인간은 하느님이 예상한 계획에 따라 산다고는 믿지 않는다. 태어나면서부터 인간은 단지 존재할 따름이며 그의 생을 영위하고 자신의 본체를 창조하는 것이 인간 각자의 임무이다.

존재는 사르트르의 사상 체계에 있어서 중요한 의미를 갖는 것은 아니다. 그는 존재를 채워지기를 기다리는 빈 그릇으로 생각하고 있다. 따라서 본체, 즉 그릇의 내용물은 인간이 직접 창조해야 할 중요한 문제가 된다. 인간은 스스로 이 문제를 해결해야만 하고 또 자신의 그릇을 채울 책임이 있다.

인간은 원래 선험적으로 본체가 없기 때문에 그의 선택에 따라 어떤 것이라도 될 수 있다. 따라서 인간은 평생을 두고 선택하지 않으면 안 되는 운명에 처해있다. 하느님이 창조한 인간의 본체란 존재하지 않고 인간이 그 자신의 존재와 세계를 창조해야만 하기 때문에 행동 그 자체가 존재인 것이다. 그것은 창조적 과정이며 인간은 선택과 행동을 거부 할 수 없다.

불 신

불신은 고통과 책임으로부터 탈출하려는 인간의 절망적 시도이다. 이러한 시도는 생활에서 일어나는 갖가지 변화를 생각하거나 수용하지 않는 형태로 표출되기도 하고 혹은 변화란 상황에 따라서 일어날 수 있다는 사실을 피동적으로 받아들이기도 한다. 반면 또한 인간은 과거의 자기 행동에 대하여 책임지기를 거부한다.

죽 음

죽음은 인생의 종말을 가져오지만 죽음이 인생에 어떤 의미를 부여하는 것은 아니다. 죽음은 한 개인의 인생에 있어서 어떤 목표도 될 수 없다. 사실 인간이 그 자신의 죽음의 가능성을 이해한다는 것은 불가능하다. 죽음은 인간의 이해 영역을 넘어서 있다. 왜냐하면 죽음은 개인의 모든 가능성에 대한 종말을 의미하기 때문이다.

개인은 죽음의 일반적인 개념은 형성 할 수 있지만 그 자신의 죽음에 대해서는 불가능하다. 개인의 죽음은 타인들에 의해서만 이해될 수 있다. 따라서 한 인간의 생의 의미는 그가 죽었을 때 살아있는 타인들에 의하여 평가 될 따름이다.

타인의 존재

타인 역시 살아있는 동안 그의 주변에 있어서 중요한 존재이다. 인간은 타인의 존재를 의식하고 있다. 타인의 존재는 타인의 시각에 의하여 밝혀진다. 다른 사람의 시각에 의하여 인간은 자기가 주체로서의 존재가 끝나고 관객의 소유로 떨어진 객체로서 전락됨을 발견한다.

이렇게 해서 개인의 내적 통일성은 파괴되고 따라서 인간은 이러한 종말을 극복하려는 노력을 해야만 한다. 따라서 주체로서의 인간과 객체로서 그를 바라보는 그들 사이에서 그리고 그의 자유와 그를 소유한 타인의 파괴 사이에서 끊임없는 갈등이 제기되고 있다.

인간은 그의 주위의 세계에 대하여 책임을 지고 있기 때문에 주위의 상황에 적극적으로 참여할 필요가 있다. 주위의 상황과 여기에 인간의 참여가 사르트르의 자유 개념의 요지이다.

사르트르의 정치관

정치 이론에 대한 사르트르의 기여는 자유의 개념형성에 있다. 사르트르의 본질론에 대한 분석의 반복은 생략하고도 이 자유 개념에 필요한 몇 가지 요소들을 언급할 수 있다. 인간의 의식 세계는 무이기 때문에 그 의식의 동기는 확인 할 수 없다. 또한 의식은 무에 의해 활동하기 때문에 외부의 영향에 대하여 결정될 수 없다.

따라서 인간은 자신의 동기를 자유로이 선택할 필요가 있게 된다. 이러한 자유가 개인의 도덕적 존엄성의 근원이다. 왜냐하면 인간은 자신을 창조함으로써 인간의 이미지를 창조할 수 있기 때문이다.

사르트르는 2차 대전부터 오늘에 이르기까지 그 자신의 정치활동을 통해서 그가 이해한 바의 실존주의적 정치이론을 우리들에게 예정해 주고 있다. 독일에 의한 불란서 점령시기 그리고 건강상의 이유로 독일 집단 감옥에서 풀려난 후 그는 레지스탕스 운동에 참여했다. 이 레지스탕스 운동은 순전히 개인적 동기에서 참여했다.

1949년 사르트르와 그리고 유사한 정치노선을 가진 몇몇 사람들이 정당을 창설한 바 있다. 이 정당은 다른 정당 특히 공산당에 비하면 내부적으로 보다 민주적인 개혁 정당이었다. 이러한 활동으로 많은 지식인들에게 상당한 관심을 불러 일으켰으나 대중의 지지를 얻지는 못했으며 얼마 안가서 해체되었다.

사르트르는 비엔나 공산주의 인민평화회의에 참석하여 지지 발언을 했다. 이러할 즈음 사르트르는 공산주의와 협력할 명분을 찾으려고 했으며 계속해서 불란서 공산당의 경직성과 침체성을 비난했다. 이러한 시절도 1957년 소련의 항가리 사태 진압을 비난함으로서 끝나버리고 공산당에 대한 동정적 비평가로서의 그의 역할을 포기해 버렸다.

한편 우리계획의 실현 수단으로서의 사회는 주위의 상황으로부터 만족을 얻고자하는 타인들의 계획으로서의 기능일 따름이다. 미래란 개인적 의지의 자유로운 창조물로 나타난다. 이때에 역사적 예지와 사르트르 철학의 접목이 나타난다. 인간은 인류 문명을 발명하고 그렇게 함으로서 역사를 창조한다. 사르트르는 역사의 원동력으로 주관적 요소를 강조함으로서 관습과 경제체제의 결정론적 영향력에 대하여 지나치고 있다.

또한 정치현상의 분석에서 객관적 요소를 무시하지 않음도 분명하다. 사르트르는 결코 파시스트가 아니다. 자신을 철저한 반파시스트로 묘사했다. 자신을 철저한 파시스트로 묘사했더라도 그의 정치이론이 파시즘의 이론적인 배경이 되었다고는 말할 수 없다. 그 이유는 사르트르가 목적이 수단을 정당화 할 수 없다는 이론을 인정했기 때문이다. 사르트르는 원천적으로 다른 정당보다는 공산당을 선호했음은 사실이다.

1944년부터 1957년까지 그의 정치활동은 역사 앞에 자신을 드러내고자 하는 열렬한 노력이기도 했다. 자유와 역사의 통합, 이것은 사르트르의 첫 번째 실존주의적 마르크스시즘에 관한 대작이다. 이때부터 사르트르는 개인주의적 입장에서 시작하여 차츰 차츰 인간의 사회적 성격을 중시하는 집산 주의적 입장으로 발전해 갔다. 철학적 측면에서 하나의 입장에서 다른 입장으로의 이러한 변화는 사르트르의 정치적 견해의 변화와 밀접하게 관계된다.

사르트르의 얘기를 미루어볼 때 사르트르는 반 마르크스주의자에서 마르크스주의자로 변한 것은 아니다. 분명히 사르트르는 항상 사회주의 노선을 취했으며 스페인 정부를 지지했고 자본주의를 싫어했다. 그것은 마르크시즘에 대한 신봉이라기보다는 정치에 대한 믿음일 따름이다. 즉, 집단적 행동이 효과적이며 그것을 통하여 개인뿐만 아니라 사회도 변화시킬 수 있다는 신봉을 의미한다.

사르트르는 혁명의 자본주의라는 논문에서 반역과 혁명을 구별하고 있다. 반역이란 억압받는 사회일부 계층의 활동이며 그것은 사회를 전복하려는 시도는 없다. 한편 혁명은 새로운 사회와 새로운 종류의 인간을 만들고자 한다.

사르트르는 불신의 정체를 묘사하기 위하여 소외라는 말을 도입하고 있다. 이것은 말하자면 사적 소외라고 불려 질 수 있다. 그러나 이 단계에서 그가 주로 관심을 둔 것은 공적 소외이다. 이것은 마르크스의 철학적 입장의 핵을 이루는 소외문제와 일치한다.

마르크스에 의하면 소외는 두 가지가 있다. 첫째 노동자에서 주로 나타나는 일의 소외, 말하자면 인간을 동물과 구별하는 것, 인간을 인간으로서 취급받지 않고 필요에 의해서 취급되어지는 외적소외를 말한다.

둘째의 소외는 자본주의 생산체계는 계급구조로 이어지기 때문에 인간을 동료로서 취급하지 못한 결과로 초래되는 자기 동료로부터의 소외를 말한다.

불신이 인간 본성에 대한 부정에서 논의되는 것과 마찬가지로 소외 역시 그러하다. 사르트르는 마르크스의 혁명노선이 인간을 평등하게 하는 시도이기 때문에 가장 인간적이라고 생각했다. 그러한 방법에 의해서만 인간소외의 외적현상을 제거할 수 있다고생각했다.

사르트르의 진보적 사상은 그의 작품의 다른 부분에서와 마찬가지로 합리적이다. 또한 사르트르의 마르크시즘에 대한 언급은 그보다 이전의 이론을 거부한 것도 아니다.

마르크시즘

사르트르는 종래의 그의 입장을 수정했다. 이러한 수정은 순수 현상학에서는 어떤 설명도 정당화도 될 수 없는 가정들을 수용한다는 의미이다.

사르트르의 의도는 마르크시즘의 지식체계에서 인간을 이해하는 것이다. 그러나 그가 진정 수용하고자 하는 것은 인간존재의 특수성을 지식화하고 일반적인 개념으로 바꾸는 것이다.

사르트르는 마르크스의 기본교의를 인정하고 있다. 보다 넓은 역사적 사회적 맥락에서 개인이 발전하고 성장하며 그러한 맥락의 일부로서 개인을 바라보게 되었다.

따라서 개인보다는 집단을 보다 강조한다. 사르트르는 개인적 자유는 타인의 자유에 의해서 제약을 받는다는 점을 강조하는데 그것은 다른 사람들의 자유에 대한 어떤 의무를 의미하기도 한다.

사르트르는 "존재와 무" 에서 한 개인의 존재는 다른 사람의 존재에 의하여 복잡하게 엉켜져 있다는 것을 보여주려고 했다. 유아독존적 존재란 불가능하다고 그는 주장했다.

그러나 사르트르의 초기의 관점에서 볼 때 타인이란 오직 나의 본질적 고독을 강조하기 위해, 그리고 나의 자유와 타인의 세계사이의 간격을 상기시키기 위해서 존재하는 것 같지만 현재는 나 자신과 타인이 공동세계에서 공존하여 나의 집단에서의 타인이 어떤 상황에서는 나 대신에 나의 결정을 할 수 있는 점을 인정하고 있다. 그리고 사르트르는 집단과 단체의 역할을 강조하며 개인에 대한 영향력을 강조하고 있다.

실존주의의 기본과제는 마르크시즘을 인간화하는 것이며 그리고 마르크시즘에 있어서 인간에 대한 고려를 하도록 하는 것이다. 마르크시즘에 있어서 중요한 역할을 하며 사르트르가 실존주의와 마르크시즘 사이의 연결고리로서 간주하고 있는 한 가지 개념이 있으니 그것은 프락시스이다. 프락시스는 단순하게 표현하면 행동이라고 할 수 있다.

마르크스에 의하면 역사적 변증법은 인간의 프락시스를 통하여 작용한다. 마르크스의 견지에서 볼 때 프락시스는 무엇보다도 현장에서의 활동이다. 그 활동은 인간의 사회적 경제적 정치적 활동을 포괄하고 있다. 사르트르는 이러한 활동의 철학적 분석에서 마르크스 철학의 기본골격을 벗어나지 않고도 그의 초기 실존주의 개념들을 사용할 수 있다고 생각한다.

사르트르에 의하면 프락시스의 개념은 필요의 개념과 분리될 수 없다. 인간적 프락시스는 필요의 표현이며 선험적 성격을 내포하고 있다. 프락시스는 현실의 초월이며 아직 실현되지 않고 달성되지 않은 것을 향한 자신의 투사이다. 그리고 인간존재의 제약조건을 뛰어 넘으며 이러한 조건들을 개설하고 변화시키려고 한다.

인간의 활동은 인간이 견디어내지 않으면 안 되는 결핍의 제약조건에 비추어 검토되어야 한다. 인간은 결핍의 제약조건 하에서 살아가고 일한다. 인간의 프락시스가 지향하는 바는 이러한 결핍을 극복하고자 하는 것이다.

사르트르에 있어서 인간적 프락시스는 변증법적 총화라고 일컬어지는 역사적 과정을 나타낸다. 총화와 개념은 사르트르가 존재와 무에서 이미 사용한 또 하나의 개념이다. 그러나 마르크시즘의 맥락에서 볼 때 이 개념은 약간 다른 의미를 가지고 있다. 사르트르는 for-itself를 in-itself와는 일치하지 않는 결핍으로 해석했다. 이러한 결핍은 영속적이며 for-itself의 총화를 향한 모든 노력은 실패할 수밖에 없다.

결핍은 인간존재의 상태인가? 아니면 그것은 인간이 살고 있는 계속된 역사적 상황의 특징인가? 마르크스의 시각에서 볼 때 결핍의 상황은 영속할 필요가 없는 역사적 상황이다. 마르크스주의자들은 우리의 현재의 행동을 결정하고, 현 사회구조를 형성하는 결핍이 더 이상 존재하지 않는 미래의 신 사회를 그리고 있다.그러나 새로운 사회의 건설이 for-itself의 결핍에 기인한 for-itself안에서의 영원한 간격으로 특징 지워지는 인간의 본질론적 상황을 변화시킬 것이라고 생각할 수 없다.만일 그렇다면 필요와 결핍은 영원히 존재할 것이다.

본질론적으로 볼 때 사르트르의 자유란 for-itself의 비 객관화의 표현에 지나지 않는다. 사르트르의 주장에 의하면 for-itself의 본체는 그것이 대상으로서의 자신을 결여하고 있다는 점이다. 이러한 결여를 극복 한다는 의미는 자유를 완벽하게 파괴한다는 것이다. 자유와 결여는 항상 병행한다.

마르크스의 견지에서 볼 때 자유란 역사적 의미이며 현존하는 계급구조에서 인간의 소외로부터 인간을 해방시키는 문제와 연관하여 고려되어야만 한다. 진정한 자유란 사회구조가 급진적으로 변화하고 결핍의 전제가 극복되기 전에는 달성될 수 없다. 우리는 여기서 자유의 두 가지 관념을 발견한다. 하나는 실존적 자유이고, 다른 하나는 사회적 역사적 자유이다. 이 두 가지의 자유의 관념이 통합될 수 있다는 것은 자명하다.

사르트르는 역사적 필요성의 관념을 비롯하여 마르크시즘의 기본교의를 모두 인정하고 있다. 사르트르는 그의 새로운 이론 변증법적 비판에서 자유와 필요가 프락시스에서 변증법적으로 통합된다는 점을 보여주려고 했다. 사르트르에 의하면 모든 문제는 자유와 필요의 변증법적 통합의 형태로 취급되고 있다.

사르트르의 목적은 실존론을 마르크시즘에 도입하고 개인의 의식을 출발점으로 함으로써 마르크시즘을 수정하는 것이다. 프락시스로서의 의식은 실제적인 의식, 즉 사고를 통한 개인과 자연, 개인과 타자간의 관계를 의미하기 때문에 개인 상호간의 관계는 제외될 소지가 내재되어 있다. 진실로 인간적인 관계가 되기 위해서 이러한 관계는 상호성과 평등성에 기반 해야만 한다. 한 사람의 프락시스는 다른 사람의 프락시스를 인정해야 한다. 실제적으로 인류역사에서 상호성의 논리는 결핍의 현 상태에 거의 발견되고 있지 않다.

상호적 종속 없이 다양한 개인 자유가 어떻게 공존할 수 있는가? 대답은 사실상 공동사업 하에서만 개인의 프락시스는 자신의 고립을 극복할 수 있다는 것이다. 공동의 사업, 그것은 일체화된 모든 의식 및 그에 수반되는 행동이 지향하는 집단적 목표인 것이다.

따라서 사르트르가 발견한 바는 자유는 오직 집단구조 하에서만 발견될 수 있다는 것이다. 집단은 서약 내지는 약속을 필요로 하며 테러의 행사를 필요로 한다. 집단은 외부의 적으로부터 나아가 내부적 분열의 위기에도 불구하고 공동사업의 전제조건에 대한 구성원들의 자율적 복종으로 말미암아 의지력의 표현으로 계속 존립하는 것이다.

사르트르의 새로운 진보 지향

사르트르는 마르크시즘 지식인으로서 고별을 선언했다. 1968년 5월, 사르트르는 급진 지식인은 무엇보다 먼저 자신의 지식을 "대중을 위해 사용하기 위하여" 자신이 지식인이라는 인식부터 버려야 한다고 결심했다. 결국 사르트르는 이론과 실제를 구별하고 있는 것이다.

1968년 이후 사르트르의 태도는 행동적으로 또 다른 변화를 했다. 그는 행동하기 시작했다. 거리에서 사르트르는 모택동 신문을 배포하자 당국은 이의 단속에 나섰다. 1971년 사르트르는 당시 불란서 사회현상을 모택동의 문화혁명의 모형으로 간주했으며 공산당의 노선을 이탈, 독특한 당 노선을 지향할 수 있다고 했다. 또한 쿠바혁명노선도 인정했다. 쿠바혁명노선은 지향점이 존재하지 않고 이데올로기가 없으며 역사의 법칙에 관심이 없기 때문에 사르트르는 그것을 찬양했다.

1971년 한 인터뷰에서 사르트르는 급진적 지식인이란 어떻게 해야 하는가에 대한 대답에서 지식인은 행동해야 하며 급진적 지식이란 무엇보다 체제에 대한 저항노선을 행동적으로 보여야한다는 새로운 노선을 밝혔다. 이것은 사르트르의 새로운 지향이며 1970년대의 좌익 지식인으로서의 사르트르는 쿠바의 회상에서 반 지식인적 노선을 계속하면서 정치에 대한 가치판단을 거부하고 나섰다. 오늘날 사르트르는 정치적 행동주의와 작가의 위치까지도 구별하고 있다. 30년간 의문과 명상 끝에 장 폴 사르트르는 드디어 급진지식인에 대한 결론에 도달했다. 그는 오직 행동주의만이 지식인을 정당화 할 수 있다고 주장했다.

사르트르는 인간을 자기 자신으로부터 구원할 수 있는 것은 아무것도 없다. 하나님의 존재마져도 이는 불가능하다는 점을 깨닫고 인간은 자기 자신의 복귀방법을 간구해야 한다고 했다. 이 말은 인간철학의 지향 점을 분명히 시사하고 있다.

그러나 사르트르는 어떤 때는 인간의 이런 측면, 때로는 저런 측면을 강조하기 때문에 마르크스주의자들은 그가 비합리주의자이며 인간성에 대한 사회적, 환경적 결정측면을 무시하고 있다고 비난하며 자유주의자는 그의 허무주의에 대하여 기독교인들은 그의 비관주의에 대하여 비난하고 있다. 이러한 모순에도 불구하고 사르트르는 이론적인 측면에서도 인간은 다양할 수밖에 없다고 주장함으로써 그의 입장을 정당화하고 있다.

한편 사르트르는 그의 본질론의 근거를 훗셀의 본질론의 출발점인 주관주의에 두고 있다. 훗셀은 의도주의의 고찰에 엄격한 방법을 개발한 반면 사르트르는 그러하지 못했다. 사르트르는 의도주의를 포기함으로써 훗셀 현상학적으로부터 과감히 이탈했다. 훗셀의 의도주의에 대한 논쟁의 결과는 각종 이상주의는 초월적 존재를 발견할 수 없다는 것이다.

사르트르의 현상학을 이해하기 힘든 가장 큰 이유는 그의 현상학을 훗셀의 현상학을 완전히 포기했기 때문이다. 사르트르가 의도주의를 자기이론의 출발점으로 하고 있지만 이것이 훗셀의 의도주의를 의미, 성격, 용도 면에서 그대로 채택하는 것은 아니다.

사르트르가 마르크시즘을 채택한 것은 의식을 현상학적으로 분석한 결과 자기가 처한 어려운 상황으로부터 벗어나기 위해서다. 이러한 분석으로 그는 본질로서의 의식의 형태와 객체의 특징으로서의 무의식의 형태를 구별하며 의식은 본질적이라는 결론을 내렸다. 사르트르에 의하면 인간의 주관이란 본질적으로 설명할 수 없는 부정의 복합체이다.

인간은 자유를 향유하지만 자유란 단지 인간자체의 무력성과 존재 자체의 불합리성을 노출시킬 따름이다. 자유란 자신의 의식결정에 대하여 전적으로 홀로 남는다는 의미이다. 즉, 그것은 모든 외적제도, 체제, 이론에 대하여 영원한 존재론적 초월을 의미하며, 그것은 인간의 주관에 대한 객관화는 불가능하다는 사실을 상기시킨다. 이것은 사르트르의 실존적 현상학적 분석의 결과이며 이러한 논리로 볼 때 인간이 어떻게 제3자와 관련되느냐 하는 단순한 문제들도 쉽게 해명할 수 있는 것 같다.

사르트르의 또 다른 약점은 자신의 과거다. 끊임없이 개인적 프락시스를 강조함으로써 자유존재의 본질적 구조를 규명하는 초기의 "존재론적 본질론" 을 반영하고 있다. 사르트르는 그의 본질론을 변증법적 유물론으로 대치하면서도 자기도 전적행위에 대한 자신의 관심은 버리지 않으려고 한다. 이러한 시각은 현상학이나 마르크시즘의 시각과는 일치하지 않는다.

사르트르는 실존주의와 마르크시즘 사이에 존재하는 몇 가지 유사점을 발견했다. 그 유사점중의 하나는 실존주의란 단순한 이론보다는 행동을 강조하며 현실에 대한 학구적 초월보다는 개입을 강조하고 있다는 것이다. 실존주의는 학문으로서 철학을 배격하며 "행동 없는 설득을 반대한다." 이러한 점이 사르트르가 마르크시즘은 호소력이 있다고 생각한 이유이다.

마지막으로 결론을 내린다면 사르트르의 진보적 사상은 인간적이라는 것이다. 왜냐하면 사르트르가 제시한 인간형은 자유롭고 주도적으로 행동하며 행동을 통하여 자신을 창출하는 인간이다. 자유인간은 모든 동료에 대한 자기책임을 발견한다. 따라서 결론은 존재는 본질에 선행하며 자유는 이성을 만든다는 것이다.

결 론

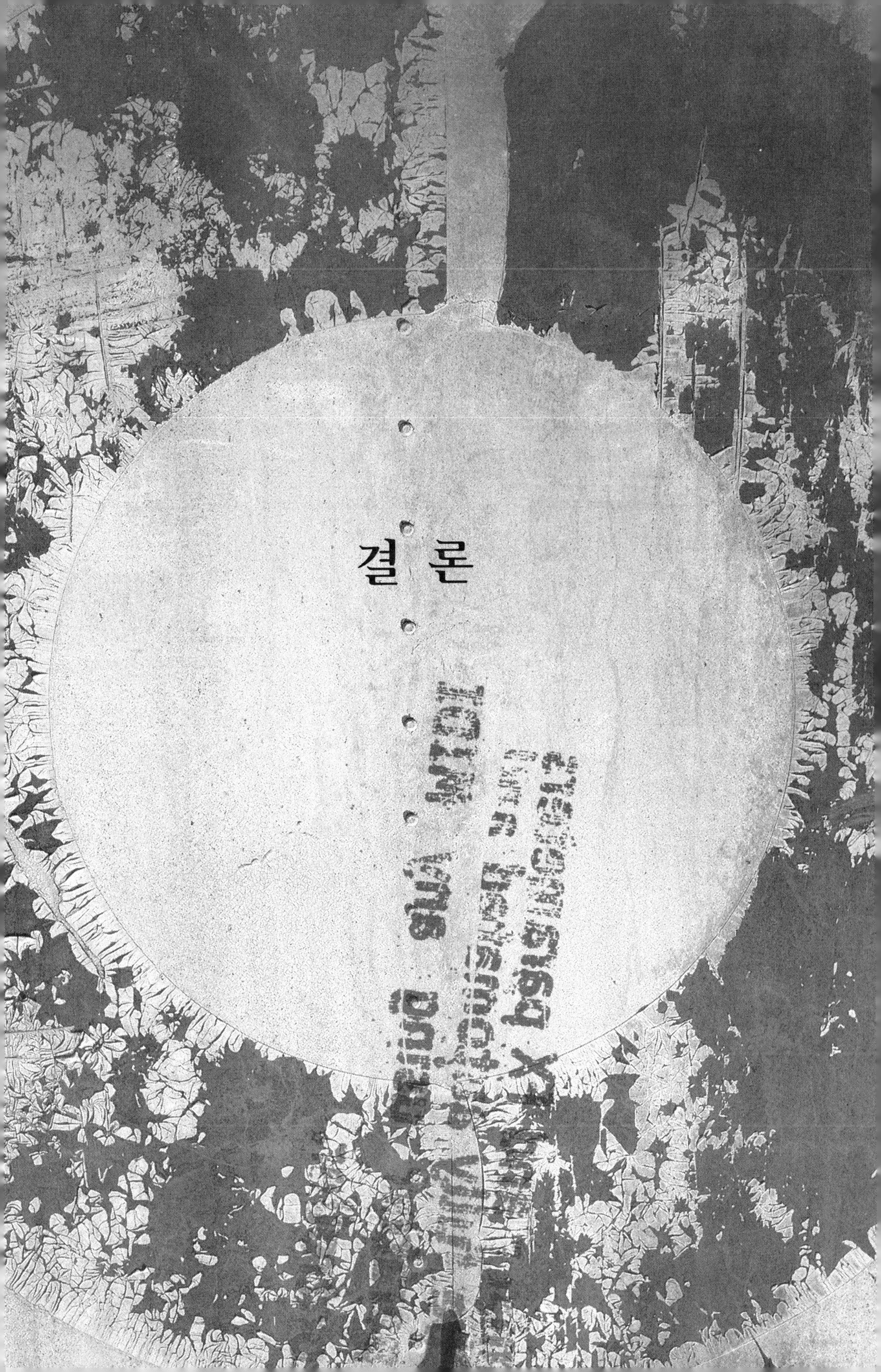

역사는 진보를 먹고 자란다.

인류의 역사는 마르크스가 주장한 것과 같이 필요에 의한 인간의 작용과 반작용의 노동의 연속이라고 규정하고 있다. 마르크스와 헤겔의 변증법과 연관시켜서 우리는 과거와 현재와 미래의 역사를 규명해 볼 수가 있는 것이다. 인간은 필요에 의한 작용과 반작용의 연속의 과정 속에서 인간은 내면에 존재해 있는 인간 본연의 욕망을 달성하기 위해서 힘에 의한 투쟁을 계속해 나왔다.

인간의 역사를 필요한 목적을 달성하기 위해서 힘에 의한 투쟁을 작용과 반작용과 연관 시켜서 생각할 수가 있다. 인간이 자기가 필요로 한 것을 달성하기 위해서 노력을 한 후 목적을 달성한 후에는 그것을 놓치지 않고서 계속해서 현상을 유지해 나가려고 한다. 목적을 달성해서 현상을 유지해 나가려는 계층을 일반적으로 기득권층이라고 부른다.

기득권층은 작용에 의해서 한정된 것을 소유함으로서 일단 목적을 달성하였기 때문에 반드시 그것을 필요로 하는 다른 계층으로부터 반작용을 받게 된다. 반작용을 가하는 계층을 진보라고 한다. 진보는 인간의 내면에 깔려있는 기득권층이 소유하고 있는 것을 다시 찾으려는 욕망이 잠재해 있는 것이다. 그러나 표면에 나타나는 것은 내면에 잠재해있는 욕망보다는 사회적 개혁과 혁명 등을 통해서 사회의 급진적인 변화를 요구하고 나서는 것이다.

과거 불란서 혁명이나 레닌혁명 등 인류역사의 많은 혁명을 통해서 보수와 진보의 대결구도는 이러한 맥락에서 계속되고 있는 것이다. 미시적인 차원에서는 작은 개인들로 구성된 집단에서부터 거시적인 차원에서는 국제간에서 발생하는 세계전쟁에 이르기까지 우리는 이러한 보수와 진보의 대결구도로 규정할 수가 있는 것이다.

국제관계에서도 독일의 두 차례에 걸친 이차세계 대전은 기존의 보수적인 국제사회를 유지하겠다는 구라파 보수국가와 그 기득권을 빼어 보겠다는 새로운 진보 층과의 힘의 균형이 깨어진 결과 일어난 세계대전인 것이다. 국내적인 차원에서 보면 불란서 혁명 등 많은 혁명도 통치권이라는 기득권을 쥐고서 그 통치권을 계속해서 유지해 나가겠다는 기득권층과 그 통치권을 다시 양도 받아서 다른 층에 넘기겠다는 피 기득권층간의 갈등에서 일어난 현상인 것이다.

권력구조적인 관점에서 보다도 사회발전적인 차원에서 보면 사회를 점진적인 차원에서 서서히 변화를 추구해 나가자는 사상이 바로 보수적인 사상인 것이다. 반면에 좀더 급진적인 차원에서 변화를 추구해 나가자는 사상이 진보적인 사상인 것이다.

서양의 역사를 그리스 초기의 역사로부터 현재까지를 단계적으로 분석해 보면 우리는 몇 단계를 거치면서 진화되어 왔다고 할 수 있다. 그리스 초기의 자연주의 사상 시대부터 도시문화국가를 거쳐서 천년간 계속된 신 중심 사회의 문화를 거치면서 인간의 역사는 많은 광란의 역사를 거치게 되었다. 계속된 사회를 변화시키는 과정에서 주도적인 역할을 한 사람들이 바로 진보적인 사상가들이다.

진보주의자들은 사회전면에 나서거나 뒷면에서 사회의 변화를 요구하고 나섰다. 사회의 변화를 요구하는 초기의 진보적 사상가들은 누구든지 사회에 대해서 배척을 당했다.

진보적 사상은 이상적인 접근법을 사용하기 때문에 현실적이고 합리적인 대다수의 당시 사회로부터 소외를 당하게 된다. 따라서 그 당대에는 진보의 전도사들은 환영을 못 받았지만 후세의 사회에서 그들의 사상은 빛을 보게 되는 것이다.

인문주의 사회의 복귀인 르네상스 시대를 거치면서 본격적인 민족국가 중심사회를 이루면서 개인의 중요성이 부각되고 인류의 역사는 소용돌이의 역사가 계속되었다. 이러한 소용돌이는 인간사회가 더욱 발전적인 단계를 마련하는 기반을 구축하게 되었다. 진보냐 보수냐를 규정짓는 명백하고 현존하는 사상을 가름하는 척도도 더욱 분명하게 되었다.

에드먼드 버크냐 토마스 힐 그리인 사이의 진보성과 보수성을 명백하게 규정지을 수 있게 되었다. 보수주의자들을 대표하던 버크는 불란서 혁명을 인류전체 사회를 파괴하는 행위라고 규정지었다. 보수주의자들이 당시 생각하는 위험성을 가진 불란서 혁명은 진보주의자들이 이루어 놓은 인류의 정치 사회의 역사를 한 단계 발전시키는데 크게 공헌한 역사적 사건인 것이다.

인류의 역사는 끊임없이 계속되는 필요에 의한 인류의 작용과 반작용의 연속인 것이다. 이러한 역사 속에서 인류는 끊임없는 갈등을 계속하면서 발전해 나가는 것이다. 거시적으로는 국가와 민족의 패권을 위해서 투쟁을 계속해 나가는가 하면 국내에서 자신의 기득권을 위해서 끊임없는 변화를 추구해 나가고 있다.

사르트르는 인간은 태어나서부터 죽는 날까지 만족스럽게 살지를 못한다고 한다. 그것은 인간이 지구상에서 지층의 압축에서 무기질에서 생겨난 결과 불만족한 상태에서 조금이라도 모자라는 것을 메우기 위해서 끊임없는 변화를 추구해 나가는 것이다. 인간은 누구나 완벽하지를 못하기 때문에 불만인 것이다. 이러한 인간의 불만은 결국 인류의 역사를 광란의 역사로 만들었다. 불만에서 시작된 인류의 역사는 다른 동물과 다르게 발전의 원동력을 가져오게 되었다.

인간이 다른 동물과 다른 점은 항상 불만족한 상태에서 삶을 유지해 나가는 것이다. 이러한 불만족한 현상은 인간이 다른 동물과 다른 고도의 문화를 창조하게 만든 것이다. 공리주의자 존 스튜어트 밀의 말을 인용하면 만족스러운 돼지보다는 불만족한 소크라테스가 되라는 말이 있다. 인간은 항상불만족스럽기 때문에 이상을 지향하고 그 결과 다른 동물과 다르게 개인과 사회를 발전시키는 원동력을 만든 것이다.

역사적인 시각에서 조명해 볼 때 우리 인류의 역사는 진보와 보수의 갈등에서 발전하게 되었다. 보수와 진보는 모두 인간사회의 발전을 위해서 기여하고 있다. 그러나 보수는 보다 합리적인 차원에서 점증적인 변화를 요구하고 있다. 반면 진보는 이상적인 차원에서 급진적인 변화를 요구하고 있는 것이다. 일반적으로 안정된 사회일수록 보수적인 사상이 주류 이루고 있다. 미국의 경우도 건국 초기에는 진보와 보수는 상당한 차이가 있었다. 그러나 사회가 안정되면서 진보와 보수는 같은 길을 걸어가게 된다. 현재 미국의 진보를 대표하는 민주당과 보수를 대표하는 공화당은 동전의 앞면과 뒷면 정도의 차이에 불과하다.

마지막으로 국제화 시대에 인류 역사의 발전을 위해서 앞장섰던 세계의 진보의 선구자들의 사상이 인류의 발전에 얼마나 크게 공헌했는가를 이 책을 통해서 다시 한번 생각해 보자.

마작하는 공자 옆에 스타하는 플라톤

2006년 5월 25일 초판1쇄 인쇄
2006년 5월 30일 초판1쇄 발행

저 자 조 해 경
펴낸이 임 순 재
펴낸곳 한올출판사
등록 제11-403호
121-849
주 소 서울특별시 마포구 성산동 133-3 한올빌딩 3층
전 화 (02)376-4298(대표)
팩 스 (02)302-8073
정 가 9,800원

홈페이지 www.hanol.co.kr
e - mail hanol@hanol.co.kr

저자와의 협의하에 인지생략